RENÉ SCHNEIDER

Ancien élève de l'École normale supérieure
Agrégé des lettres

ROME

Complexité et Harmonie

PARIS

LIBRAIRIE HACHETTE ET Cie

79, BOULEVARD SAINT-GERMAIN, 79

1907

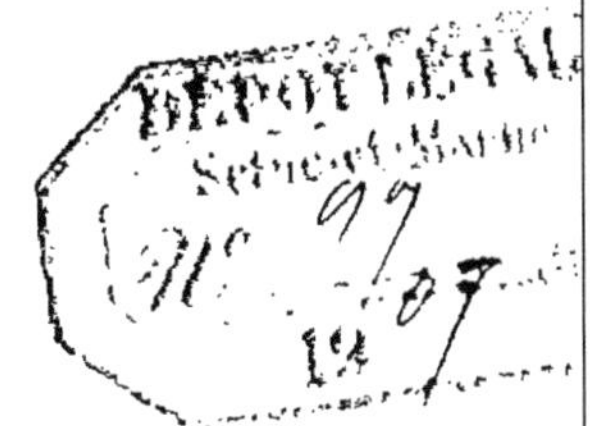

ROME

A LA MÊME LIBRAIRIE

Schneider (R.). *L'Ombrie*, l'âme des cités et des paysages. Un
vol. in-16, broché. . . . . 3 fr. 50

Ouvrage couronné par l'Académie française.

1423-06. — Coulommiers. Imp. PAUL BRODARD. — 12-06.

RENÉ SCHNEIDER

Ancien élève de l'École normale supérieure
Agrégé des lettres

ROME

Complexité et Harmonie

PARIS

LIBRAIRIE HACHETTE ET Cie

79, BOULEVARD SAINT-GERMAIN, 79

—

1907

PRÉFACE

Encore un! mais oui : et si je viens après tant d'autres,
d'autres viendront après moi pour ajouter au perpétuel
hommage. Rome est inépuisable, et nos sensibilités sont
diverses : il y a là deux infinis qui laisseront toujours
place aux initiatives un peu généreuses. C'est dire que je
n'ai pas cherché à épuiser l'Océan et que ce livre est tout
a fait incomplet; mais, comme une goutte d'eau, quand
elle est pleine et pure, est un microcosme où le tout se
reflète, j'ai choisi vingt sujets qui m'ont paru très riches
de sens. Quel que soit le lieu de Rome où l'on soit, Rome
est toute où vous êtes : pourtant certains de ses sites,
édifices ou œuvres d'art, ont ce pouvoir de résumer plus
fortement ce que la Cité de l'Ame a d'universel et d'éternel.
Aussi ai-je essayé en chaque chapitre de fixer un accord
et de fondre tous ces accords en une souveraine harmonie,
qui est Rome.

Tout ici est harmonie. Dans l'esprit et les traditions les
Romes successives se sont légué des héritages que celle

d'aujourd'hui accumule. C'est pourquoi elle est d'une complexité infinie où viennent s'unifier bien des civilisations. Tel, forgeron merveilleux qui martelait ses sujets, a voulu fragmenter cette plénitude, débiter en menue monnaie, monnaie des Césars, monnaie du Pape, monnaie du Roi, monnaie de la démocratie future, la richesse compacte que les siècles ont solidifiée; mais elle reste cohérente, intégrale, comme le bronze de Corinthe où l'incendie de Memmius allia tous les **métaux** précieux. En ses modes divers Rome m'apparaît une, depuis la bourgade romuléenne, qui elle-même ne fut point primordiale, jusqu'à la capitale de la troisième Italie, qui se rue à toutes les modernités sans vouloir ou pouvoir secouer le poids des testaments qu'elle a reçus. Le progrès s'accomplit ici dans la continuité. Aussi Rome est-elle la cité historique par excellence, celle où chaque pas vous communique des pieds à la tête le sentiment quasi olympien de l'Évolution, où les contradictoires se fondent.

Cette évolution harmonieuse est sensible aux harmonies extérieures. De la ruine archaïque au palazzo d'aujourd'hui il n'y a pas seulement juxtaposition, mais pénétration intime. Au Forum, la préhistoire prête sa base de tuf aux blocs de la République, où s'appuient l'Empire, puis le paléochristianisme, et enfin le « temple » néo-classique de la Renaissance, repris et adorné par le baroque xviii° siècle; matériaux, principes de construction, système décoratif se transmettent, donc se perpétuent. Comme dans l'âme romaine où les traditions s'amalgament, il n'y a souvent qu'une Rome dans le bloc de briques ou de pierres où chaque âge a maçonné ses vestiges. Il y a ici entre tous les legs du passé, moellons ou sentiments, la cohésion que donne le fameux ciment romain.

Une harmonie profonde fond ces choses dans le pittoresque. Le mot est italien; et la végétation y fait trembler ses feuilles. Nulle part le végétal ne s'attache plus intimement à la ruine ni ne décore mieux l'édifice moderne; c'est sans doute parce que la ruine est œuvre de mort que les guides de Stendhal au Palatin voulaient que la flore en fût vénéneuse. Les orangers *devaient* embaumer la voluptueuse Farnésine, et les cyprès balancer sur la villa d'Este la majesté qui convient à la fois au souvenir des vies princières et aux horizons du Latium. Les lauriers impériaux couvrent de gloire le Forum; la dénomination populaire appelle encore aujourd'hui telle église S. Salvatore in lauro.

A la ruine, à l'édifice d'hier ou d'aujourd'hui, au végétal s'accrochent la légende, la chronique ou l'histoire. Les pierres ici sont de l'âme figée, et sous les arbres d'Italie, oliviers, chênes-verts ou pins-parasols, tous plus épais de souvenirs que de frondaisons, on est envoûté à la fois d'ombre et de passé. Et c'est une harmonie de plus en plus touffue qui fait la joie de l'esprit après l'enchantement des yeux.

Pour soutenir et envelopper tout cela il y a les choses éternelles, le sol, l'air et la lumière. C'est une harmonie plus large encore, suprême, qui s'impose ici plus fortement qu'ailleurs. Le langage en a gardé le sens : le Janicule, qui est la colline à double face, claire et sombre selon les évolutions de Djanus, est aussi dans les vieilles chroniques la colline « au sable d'or » (in mica aurea). Le Tibre est le fleuve, Ruma, qui donne son nom à

Rome ; il détermine avec les collines sa physionomie, et fait aux Transtévérins, qu'il isole, un tempérament particulier. Le climat de Rome, qui en certaines saisons « suffit au bonheur », dit Stendhal, a sollicité hors des façades la loggia aérienne. Les œuvres de l'Angelico, suavement mystiques en Ombrie, à Fiesole et à Florence, s'harmonisent à la grandeur de la Ville éternelle ; la tramontane déshabille les statues de marbre du Bernin. L'Art est ici plus qu'ailleurs une mélodie que soutient un accompagnement universel.

Si vous voulez goûter dans sa plénitude l'harmonie des harmonies romaines, regardez, par exemple, la Farnésine : le jardin est mutilé et les fresques pour la plupart effacées ou repeintes ; mais le charme s'épanouit dans la concordance du jardin, de l'architecture et des fresques, puis de tout cela avec le goût de la volupté chez Agostino Chigi, avec la qualité des anecdotes qui furent ici vécues au fil des heures heureuses ; il est dans l'accord de cette volupté du maître et de ses hôtes avec le génie des artistes romains ou siennois qu'il fit venir, du génie de ceux-ci avec l'âme païenne de l'âge de Léon X ; le tout enfin est inséré, comme une note nécessaire, dans le morceau que composent le Tibre jaune, le Janicule feuillu, le Transtevère grouillant de Fornarines et les lignes augustes que développent sous le bleu des dieux les façades grises, les campaniles roses et les toits bruns. Quand on croit avoir affaire à l'un de ces participants, l'autre est là, tout près, qui vous sollicite, en souriant comme le Janus bifrons de vos velléités d'analyse ; et toutes leurs voix, que notre abstraction isole péniblement, vont d'elles-mêmes se fondre en un chœur immense où la résonance de chacune se multiplie : il en monte une ivresse que seule Rome nous procure et qui est précisément l'état d'élection où Rome se révèle.

Cette synthèse harmonieuse, j'y songe, c'est le paysage historique. Ailleurs il est surtout un genre, une conception artificielle et aujourd'hui surannée : en Italie il est une réalité permanente et universelle dont l'art, né spontanément comme une fleur indigène, a dessiné la formule et le style. Et Rome est sa terre d'élection : où donc le paysage peut-il être plus historique et l'histoire plus mêlée au pittoresque de la ruine ou du site? Dans le fond la ligne grave des monts, plus près un castello qui sourcille sur sa rocca ou un monastère qui médite sous les cyprès; au premier plan, le bloc de vieilles pierres ou briques, où des cytises se cramponnent en voilant de leur « beau feuillé » une inscription mutilée; la masure ou le palais s'appuient à ces autorités antiques, le paysan vaque à la rusticité parmi les poules, le pérégrin contemple ces accords où il participe, le passant rythme de son pas le passé... : voilà ce que les graveurs de la Renaissance, les Dupérac, les Israël Sylvestre, puis les Pinturicchio, les Poussin, Guaspre, Vanvitelli, Swanevelt, Piranesi, empruntent à ce pays de prestiges pour le transmettre aux peintres du XIXe siècle. Le paysage historique pousse dru à la Galleria Nazionale d'Arte Moderna à Rome, et je l'ai vu plus florissant que jamais à l'Exposition des Beaux-Arts de cette année. C'est ici et à Castel Gandolfo que Corot a écouté, puis noté les aubades que chantent ensemble à l'orée des bois, dans les matinées vaporeuses, les peupliers d'Italie, les pierres roses, les hamadryades mythologiques et les bergers joueurs de flûte; ici que René Ménard,

René Binet et Maurice Denis ont pris le goût de ces tableaux où l'humanité, par les personnages ou les œuvres d'art, fait son concerto dans la vaste symphonie des choses.

J'ai essayé de donner aux uns l'avant-goût de cette musicalité, et d'en rendre aux autres le souvenir. J'ai appelé les textes originaux de la légende et de l'histoire, l'art, le pittoresque (ici les sensations se confondent avec les idées) à me restituer, si possible, l'âme complexe de Rome. Et puisqu'il faut rentrer modestement dans sa subjectivité, j'ai voulu surtout rendre en moi plus consciente la pensée que Gœthe écrivait à Seidel, et que nous avons tous eue ici dans une minute quasi mystique : Qui a bien vu Rome en garde du bonheur pour la vie.

Rome, Mai 1906.

I

SUR LES COLLINES

I

ROMA SEPTICOLLIS, ROMA ROTUNDA

C'est sur des collines que s'est accompli le destin
de Rome. Elle est née sur le Palatin où les vautours
étrusques apportèrent sur leurs ailes épandues sa virtualité. Elle a successivement englobé les citadelles
latines et sabines juchées sur les collines prochaines.
Sur le Capitole elle établit la sienne et sa grande Trinité divine. Sur l'Aventin, comme sur le mont
Sacré, la plèbe balbutia d'abord ses droits. Sur le
mont de Palès les Césars installèrent leurs palais,
dans ces palais l'Empire républicain, puis libéral,
militaire ensuite, enfin administratif. C'est par les
collines du sud que Rome commença de mourir : par
les extrémités d'abord se retire la vie des agonisants;
la vie n'y est point revenue. Sur les monnaies de la
République[1] *Dea Roma* est figurée par une femme
coiffée d'un casque comme la ville est casquée de collines; à l'avers d'une médaille elle est assise sur les

1. Cf. Babelon, *Monnaies de la République romaine.*

collines elles-mêmes, accoudée au roc, les pieds sur la vallée où glisse le Tibre visqueux. Une fête et deux mots célèbres fixèrent cette vision et ce destin. La fête était le « Septimontium » de décembre, fête quasi mystique où la ville est figurée par le nombre sacro-saint. Les deux mots furent prononcés par le christia-nisme respectueux ou haineux : « Roma Septicollis », dit Prudence, et l'Apocalypse lui lance de Pathmos cet outrage : « Grande prostituée, assise sur sept montagnes ! [1] »

En vérité, il n'y en a pas sept, mais onze. Avec le Tibre elles donnent au visage de Rome ses traits les plus personnels : il est d'un modelé ferme, où collaborent à la fois les reliefs du sol, les con-trastes de la lumière et de l'ombre. En effet, mon-tez au Janicule, et regardez : la Terre artiste a soulevé çà et là sur l'espace sacré des éminences, qui scandent sa ligne comme on rythme une mélo-die. Tous les jours sur la terrasse de Saint-Pierre in Montorio, des étrangers se recueillent à écouter leur cadence. Et lorsque le soleil descend derrière vous, qu'il a déjà abandonné les vallées où s'étale le soir, ses rayons s'accrochent encore là-haut aux cam-paniles de l'Angelus, aux façades des monuments solitaires, aux pointes des cyprès et à la coupole immobile des pins. Aucune ville n'offre par ses col-lines une physionomie plus diverse : une cosmogonie

1. XVII, 9.

sculpturale l'a formée, ménageant les saillies et les creux selon une loi infaillible de beauté; et chaque jour les dieux lumineux combinent des harmonies qui varient son expression vraiment humaine. Toute image de Rome, estampe, peinture, par quelque côté qu'on ait pris le modèle, est une ligne brisée dont la logique vivante a pour une âme d'artiste l'éloquence d'un sentiment.

Ce visage était plus expressif encore; moins doux assurément, mais plus énergique : car le relief des collines s'est au cours des âges, par l'hostilité des éléments et le labeur des hommes, atténué, égalisé. Ces effigies vigoureuses sont des « médailles romaines », presque effacées par l'usure séculaire. Martial et Juvénal se plaignent de l'essoufflement quotidien à escalader les pentes qui mènent chez les riches patrons. La cime du Capitole était plus fière, quand s'y dressait la citadelle où nos pères se voulurent hisser, et le bois de l'asyle ombrageait une dépression profonde. Les vers de Virgile, où se creuse la caverne de Cacus, où s'effile l'aiguille rocheuse renversée par Hercule, évoquent du vieil Aventin une vision hérissée. Un monte Giordano, aujourd'hui disparu, domine les chroniques du moyen âge; et le tunnel du Quirinal transperça une maison étrusque ou italiote, dont l'âme ténébreuse est restée dans le souterrain. Je sais bien telle ruelle, au pied du Capitole ou du Janicule, dont les amoureux de Rome sont presque jaloux parce qu'ils y retrouvent la chère illusion de la colline vierge; mais dans l'aspect général on ne trouve plus qu'urbanité. C'est qu'elles ont envoyé leurs terres à la plaine; et Rome est en un sens oppressée aujourd'hui sous le genou des sept collines comme le Titan sous l'Etna. Il est vrai que ce qu'elle perd d'un côté elle le regagne de l'autre, car si ses éminences primordiales s'abaissent vers la plaine, d'autres ont surgi de la plaine même : le Testaccio est fait de poteries brisées, le monte Citorio de décombres et de gravois. Et ainsi le visage de Rome, qui d'ailleurs connaît les convulsions sismiques, a la mobilité interne de la vie. Telle qu'elle est, portant ses collines et assise dans le grand cirque du Latium, elle justifie encore l'étymologie orgueilleusement fausse des anciens : elle est Ῥώμη, la Force.

C'est au Belvédère du Vatican, près du torse d'Hercule, que j'ai le mieux perçu cette plasticité vigoureuse. Le dynamisme de la colline s'achève, se formule tout naturellement en l'œuvre d'art. Sa loi profonde, qui n'était que nécessité, prend conscience d'elle-même dans l'effort du demi-dieu, et s'épanouit en beauté. Mais, surtout, penchez-vous au balcon de la salle ronde contiguë, qui vous amène devant le Soracte, la Sabine et le massif Albain. Regardez le torse, puis les monts : la ligne de l'un, l'échine des autres se développent suivant un rythme identique; une même finalité organique soulève les protubérances du Soracte et celles du vainqueur d'Antée; un même principe d'adaptation nécessaire a modelé dans l'œuvre grecque ces biceps montueux, et dans la nature ces épaules presque héroïques. Que la Terre, sous le froid des antiques glaciers, se raidisse; qu'Hercule contracte ses muscles pour les douze travaux, c'est le jeu des forces éternelles. Aujourd'hui Hercule et les monts se reposent; mais l'on imagine très bien, gravée à la base des collines intérieures ou extérieures de Rome, la signature d'un sculpteur, comme celle qui s'inscrit au socle de la statue : « Apollonios Nestoros d'Athènes exécuta ». Par là elles sont humanistes, je veux dire qu'elles ont la vocation de l'humanité : le Soracte, dans une grisaille de J. Romain au Vatican, prend à sa cime la forme de saint Oreste; le Capitole et le Palatin, non seulement ont porté les dieux et les hommes, mais encore ont reçu de ceux-ci une forme voulue, ont été taillés à la main pour les nécessités de la défense ou la beauté du piédestal. Ils me rappellent cette montagne de marbre, sur la mer, aux environs de Carrare, que Michel-Ange, selon Condivi[1], voulait tailler en colosse; ces reliefs géologiques sont des morceaux du Cosmos sculptés par l'anthropomorphisme.

Sur plusieurs des collines montent des escaliers, degrés de gloire et de pouille. Préférable est la route, plus poétique souvent en ses tournoiements, et où l'on possède la terre fameuse, chaque pas étant acte de maître. Mieux vaut encore le sentier, quand il y en

---

1. *Vita di M. Buon,* chap. XXIV.

a un : le vicolo San Pancrazio, au Janicule, sommeille entre des jardins ; les raidillons du Pincio, derrière Sainte-Marie-du-Peuple, virevoltent dans un bois sacré, et l'échelle de Cacus bouscule les plus vénérables débris de la Roma Quadrata. C'est dire que la solitude y monte en notre compagnie. Dès le vi⁰ siècle l'exode vers le Champ de Mars était accompli : les aqueducs éventrés n'apportaient plus d'eau là-haut. Sur les hauteurs, du reste, la vie toujours se raréfie. Seuls le Quirinal et l'Esquilin portent la fébrilité moderne ; sans doute aussi les somptueux équipages roulent sur le sable du Pincio et les automobiles halètent sur la croupe du Janicule ; mais ce n'est plus l'activité nécessaire qui vaque en bas aux besoins de l'existence : c'est la vie des riches loisirs. Sur les autres se déploie, surtout le soir, un magnifique silence. L'Aventin est resté désert depuis l'antique malédiction, le Cælius méridional croupit dans la malaria et les déjections de la misère, le Capitole n'a que sa vie municipale et celle des touristes intermittents ; le Palatin, à peine réveillé dans la journée par le caquet des archéologues improvisés, se rendort au coucher du soleil sous le vol sombre des corbeaux. Nulle part la solitude des crépuscules n'est plus tragique.

La végétation, les églises et les couvents ont remplacé la vie. A la nature comme à la foi sont propices la liberté et l'isolement des hauteurs. Qui n'a dans les yeux les lauriers du Janicule, les chênes-verts du Pincio, les cyprès graves de la villa Mills, les frondaisons délicieusement romantiques de la villa Mattei où se nichèrent de royales amours? Et ne serait-ce, sur l'Esquilin aride, devant la basilique Eudoxienne, que ce svelte palmier solitaire, élégiaque et nostalgique comme si on l'avait exilé d'une fresque du Pinturicchio! Le Capitole lui-même n'a pas voulu mentir au souvenir de l'intermontium buissonneux où Faunus faisait sa sieste. Sous le silence de ces feuillages, ou auprès, la foi psalmodie encore. Toutes ces collines ont des basiliques, certaines comme l'Aventin et le Cœlius en portent cinq ou six, isolées chacune en sa prière, là même le plus souvent où s'érigeait le temple antique dont elles ont emprunté les colonnes. Au « tramonto », bien que Rome ne soit plus l'« Isle sonnante », les campaniles, par toutes leurs baies carminées comme des lèvres, épellent l'Ave Maria.

A mesure que l'on monte des bas quartiers sur la colline, le tumulte, la plainte de l'humanité s'apaise : on entre dans la sérénité. On a plus de ciel autour de soi, les horizons reculent de tous côtés jusqu'à la Sabine, aux monts Albains, à l'Étrurie. Dans les soirs radieux, l'Ara Cœli et la Trinité des Monts tendent comme des ostensoirs leurs façades qui flamboient. Même pour ceux qui n'ont conservé qu'une vague hérédité chrétienne les collines de Rome sont des « Méditations poétiques et religieuses ». Honni soit qui mal y pense, chacune d'elles est une « Élévation ».

Et chacune a sa physionomie. A force de prononcer

ou d'entendre leur nom, on finit par voir en elles des personnes, plus petites dans la grande. Je monte au Pincio comme on gravit l'escalier d'une maison à trois étages pour visiter un ami. Leur souvenir très distinct s'est même fixé pour moi dans un geste ou une attitude historiques, où l'âme de chacune a passé. Toujours je verrai sur le Janicule le Tasse aveugle et fou, assis près du chêne que la foudre a cassé, et regardant à travers ses yeux embrumés l'espace où il ne fait plus qu'entendre Rome. Le Pincio m'est inséparable de Bélisaire épris de remords, songeant devant Rome étalée qu'il a violé la Cité sainte, déposé le Pape Sylvère par la fantaisie d'Antonine. Sur le Palatin le bâton de Romulus découpe dans le ciel l'espace augural que vont traverser les vautours; de ce geste circulaire qui fauche l'horizon comme le paysan fauche son pré, l'Arcadien Évandre montre à Énée les environs où déjà les souvenirs poussent dru. Sur le Capitole, Rienzo explique au peuple déchaîné ses droits, tels qu'ils résultent de la Lex Regia, conservée aujourd'hui au musée d'à côté. Dans la haute tour du Latéran, à la lueur d'un flambeau qui scintille dans la nuit, le Pape Sylvestre rêve que malgré l'an mille la Papauté n'a pas fini son destin. En son aspect actuel, chaque colline reste individuelle : si la Célimontane est une paysanne qui cultive des légumes, si la Pinciana est une cosmopolite qui offre des fleurs de cinq à sept avec un sourire fardé, la Vaticane est une nonne qui marmotte ou intrigue, et la Capitoline

une virago assez vaniteuse, qui gère les affaires muni-
cipales sous l'enseigne S. P. Q. R.

Le relief des collines de Rome s'est imposé à son
âme, qui est fort diverse. « A Rome, dit Stendhal, la
largeur d'une place change les mœurs. » L'uniformité
croissante de l'éducation les égalise de plus en plus,
comme le temps nivelle les collines elles-mêmes;
mais naguère encore, si le Tibre faisait aux Transte-
vérins, aux *insulani* une âme renfermée, le *Rione
Monti* avait « des gens terribles ». Stendhal, père
spirituel de Taine, se pâme d'aise devant les beaux
crimes où explose l'énergie des Montigiani. Aujour-
d'hui elle s'est adoucie : sur l'Esquilin et le Quirinal,
là où les jardins et les vignes manifestaient jusqu'en
1870 encore la spontanéité de la nature, des maisons
de rapport, des pensions de famille et des hôtels se
sont élevés, où l'on n'assassine plus que la bourse de
l'étranger. Chaque colline produit son cru sous le
soleil : à l'ouest et jusqu'au sommet du Pincio on
héberge le barbare nordique et on l'entoure de moder-
nité, en deçà la bourgeoisie vaque à ses affaires. Le
Vatican, qui fut la colline des oracles et le siège du
Phrygianum où le sang des tauroboles pleuvait sur
les dévots de Cybèle, est resté la colline sainte et
sacerdotale : le monde noir y va et vient autour du
Palais, j'allais dire de la Regia, d'où le *Pontifex
Maximus* fait descendre sur la catholicité la parole
infaillible : Vates, Vaticanum !

Chaque colline a son « point de vue ». C'est dire

que Rome en a beaucoup, et qu'aucun n'est identique à l'autre. Elle est ainsi à elle-même un miroir multiple et complaisant; d'ici ou de là, tournant autour de nous comme un univers, elle est l'Orbs et l'Urbs. Toujours nouvelle à mesure qu'on change de poste, c'est la ville aux centres divers, dont la circonférence se déplace comme eux. Elle finit par rester dans l'imagination avec cette forme circulaire qui est chez Dante et dans presque tout le moyen âge la figure mystique de l'infinitude et de l'éternité. Elle est Roma Rotunda.

Aussi l'antiquité et le moyen âge ont-ils perçu sa secrète harmonie avec la forme supposée du monde, qui ne lui était que ceinture ou couronne. Circulaire dans l'anneau des sept collines, elle a élargi presque indéfiniment les ondes circulaires de son Imperium. La caput trouvée sur le Capitole, le milliaire d'or au Forum et au centre du système des voies romaines, la légende médiévale des clochettes du Capitole où tintait immédiatement l'écho des émeutes en quelque point de l'Empire, la légende de l'Arche de Noé s'arrêtant dans le Déluge sur le Janicule ou le Palatin, l'autorisèrent à s'identifier presque à l'univers, dont elle se crut l'ombilic[1]. Voilà pourquoi Roma Rotunda est restée par essentielle destination Cosmopolis; et pourquoi, ouverte à tous et vraiment mondiale, bien qu'en un autre sens que sous l'Empire, elle a aimé

1. Cf. Arturo Graf, *Roma nella memoria e nelle imaginazioni del medio evo*, Turin, 1883, 1ᵉʳ vol.

d'un instinct confus l'architecture circulaire qui s'arrondit dans ses théâtres, ses amphithéâtres, ses mausolées, ses cintres graves, ses temples à coupole, ses voûtes et absides. C'est la courbe autochtone, à son tour génératrice, que le génie romain prit à la forme de son horizon et à la vieille cabane italiote pour en faire le schème de soi-même et de son idéal.

II

SUR LE PINCIO

L'attrait passionnant du Pincio est en lui-même et dans ce qu'il montre. Placez-vous sur la terrasse qui s'avance comme une proue au-dessus de la place du Peuple : les colonnes rostrales achèvent l'illusion d'une galère en marche vers le Tibre. La ligne de l'horizon se module dans le bleu avec une netteté vigoureuse et grave. Trois notes de contralto lui donnent son rythme : à gauche le Janicule, long plateau que scandent à son tour les pins solennels et le Garibaldi équestre, d'un héroïsme si tranquille ; au milieu, Saint-Pierre sur sa colline vaticane, qu'assombrissent les jardins pontificaux ; à droite le mont Mario, qui bombe comme un bouclier sur la terre martienne. Des trois, celui-ci est le plus fier : comme il s'érige et s'isole avec décision, il s'impose aussi fortement à l'imagination qu'à la plaine. Dante en fait le symbole de Rome même, qu'il annonce et domine. Les pèlerins du moyen âge, à genoux là-haut, faisaient courir leurs cantiques sur ce prélude de la vaste symphonie étalée à leurs pieds. Au Vatican, dans les fresques du Triomphe de la Foi, de Léon Ier arrêtant Attila et de la victoire de Constantin, Raphaël et Jules Romain dressent à l'arrière-plan sa force calme. Quant à l'ensemble, c'est un fond de majesté et de noblesse prédestiné au « tableau historique ». Si notre Poussin venait ici même le contempler si souvent, à l'heure vespérale où les profils s'épurent, c'est qu'il y reconnaissait, réalisée, concrète, la loi de son propre génie : cela est en effet admirablement « composé ».

Entre cet horizon et le Pincio, c'est la vallée, qu'oppresse le tumulte des toits bruns ou gris, le Saint-Ange casqué et ceinturonné comme un féodal, et les maisons modernes à cinq étages. Le Tibre laisse à peine entrevoir sa boue jaune. Ce furent là jadis les prés de « Néron », où son âme maudite errait la nuit sur l'aile des corbeaux. Le Tibre y poussait parfois sa colère, et, quand il se retirait, mal apaisé, laissait dans le limon dragons et serpents qui vomissaient la peste. Après la peste, le meurtre : sur les berges autrefois désertes don Juan de Gandia fut assassiné par son frère César et jeté à l'eau. Tout cela est du passé, mais revit, du moins en son aspect du xviiie siècle, dans les merveilleuses petites aquarelles de Vanvitelli : j'y ai revu l'herbe rase, et des flâneurs à l'aventure sous le frisson des peupliers[1].

Ramenez vos regards sous la proue, je veux dire sous la terrasse. C'est la place du Peuple, où s'ouvre la Rome mondaine et riche : le Pincio, en effet, écran aristocratique, intercepte à demi la vieille cité, moins peuplée et plus pauvre. Ici, entre l'obélisque de la Trinité et la colonne de la Conception, « l'Enfant de Volupté » a suspendu en ex-voto son cœur catholique et païen. De cinq à sept en avril et mai, entre les étalages d'objets d'arts, le miroitement des équipages et les bottes de fleurs, on trouve « recueillie comme une essence dans un vase toute la souveraine douceur de Rome ». Quant à la piazza elle-même, comme elle est jolie, et italienne ! Trois églises, comme une triple bénédiction ; trois fontaines, dont deux s'épanchent dans des sarcophages antiques, et l'autre chante autour d'un obélisque égyptien, qui marque de son ombre allongée l'écoulement des heures. Les jardinières qui viennent de la campagne s'arrêtent, les chevaux s'abreuvent lentement, puis repartent dans un cahot de vieille ferraille pour alimenter le bien-être voisin. Grandeur et familiarité, tout se mêle en cette ville, qui, bien que trois fois millénaire, recommence une Vita Nuova. Rappelez-vous la place de la Concorde, et comparez. Mais c'est la porte du Peuple, autrefois la porte Flaminia, qui nous attire. Tant de

1. Aux Uffizi de Florence et au Musée des Conservateurs.

hontes, tant de gloires y ont passé ! Tant de bonheurs aussi !

C'est par là qu'entrait l'extase des pèlerins du Nord, chrétiens mystiques ou néo-hellènes. « En chemin, dit Gœthe, je craignais encore, et ce n'est que sous la porte du Peuple que j'ai été bien sûr de posséder Rome. » Le beau mot d'amoureux, et sensuel ! Mais des souvenirs innombrables qui s'accumulent sous le cintre, je ne veux retenir que deux : un triomphe pontifical, un triomphe militaire ; car le glaive et la croix ont tour à tour traversé la baie qu'il dessine. En l'an 800, le pape Léon III rentre en maître à Rome. Deux ans avant, Paschal et Campulus neveux de l'ancien pape, qui le guettaient devant S. Lorenzo in Lucina, l'avaient assailli, dépouillé de ses ornements pontificaux, terrassé, avaient tenté de lui arracher la langue et les yeux. A demi aveugle, à demi muet, il s'était échappé auprès de Karl le Grand, avait guéri. Et voici qu'avec l'aide de l'Empereur le Pape balafré s'approche de la ville apostolique, avide de le revoir. La vieille chronique[1] défile, en masse compacte, avec une solennité à la fois guerrière et liturgique. « Les Romains, dans une immense joie, s'en vont au-devant du Pasteur. Aux vigiles de saint André apôtre, les princes des clercs avec tous les clercs, les optimates et le Sénat et toutes les milices, et tout le peuple romain avec les moines et

1. *Liber Pontificalis*, éd. Duchesne, II, p. 6.

les diaconesses et les plus nobles matrones, ainsi que toutes les femmes, et ensemble toutes les colonies de pérégrins, c'est-à-dire des Francs, Frisons, Saxons et Longobards, l'allèrent recevoir au pont Molvius et conduisirent le Pontife en la basilique du Bienheureux Pierre apôtre. » Et voilà que peu à peu le cintre de la porte s'achève à nos yeux en couronne : celle que Léon posa sur la tête de Charlemagne, d'un beau geste qui compliqua jusqu'à l'inextricable durant cinq siècles l'Histoire européenne.

Sept cents ans plus tard Charles VIII, allant châtier Naples, franchissait à son tour la porte Flaminienne. C'était la première fois que les Italiens voyaient l'organisation d'une armée ultramontaine : la terreur de cette force paralysa leur amour du pittoresque. Pendant trois heures de jour et trois heures de nuit le cortège, descendu du mont Mario, défila dans un étourdissant cliquetis d'armes. Elles étincelèrent au soleil de l'après-midi, puis flamboyèrent dans le clair obscur des torches. Quand un fracas de tonnerre annonça les canons qui bondissaient sur le sol, on vit paraître sous la porte, à cheval, lance en arrêt, le jeune Roi. Il avait l'air dédaigneux, et ses genoux cagneux faisaient saillie sous les chausses. Les cardinaux Asc. Sforza et Giul. della Rovere, qui fut Jules II, l'accompagnaient à chaque étrier. Sans doute, c'est en passant sous ce joug de la porte, sous ces Fourches Caudines, que Julien, qui avait le génie de la haine, en accumula tant contre l'étranger. Le même seuil

qui vit ce jour-là son amertume vit aussi son triomphe
quand plus tard il nous poussa hors de l'Italie en
criant dans sa barbe : « Fuori i barbari! » Pendant
que la colère grondait au cœur du futur pape, la terreur tenaillait l'impulsif Alexandre VI Borgia, bloqué
au château Saint-Ange, la fine prudence de Com-
mynes réfléchissait que cette équipée n'était que
folie [1], en attendant que Brantôme se pourléchât
un jour à nous conter ce « vrai tremblement et
foudre de guerre ». Voilà comment la porte, qui
regarda passer l'histoire, surplombait aussi sur le
secret des âmes. Pieux à la ville sainte, qu'il violentait,
Charles VIII dédia sur le Pincio l'église de la Trinité.
Comme la Villa Médicis toute proche nous appartient,
et que les jardins publics furent créés par Valadier,
sur cette colline romaine un peu de France est par-
semé; dans l'air qui passe, comme dans l'inspiration
de Ronsard, il y a un mélange d'antiquité et de christianisme, de souci de l'art, l'esprit de la guerre et les
verdures pacifiques.

En effet, quand le regard remonte sur le Pincio, il
entre dans la paix des arbres : sveltes cyprès, larges
pins parasols, chênes verts aux feuilles métalliques.
De Sainte-Marie-du-Peuple à la Trinité, il est coiffé de
poésie méditerranéenne. C'est qu'en vrai Romain il
est resté fidèle à son passé, même à ses origines [2] : il

1. Dans le *Recueil de Buchon*, VI, **x**.
2. Cf. le Pincio aux xvii⁰ et xviii⁰ siècles, d'après la fresque de la
Bibliothèque vaticane et les Vanvitelli de la galerie Corsini.

fut la « Collis Hortorum », où les Acilii, les Dolabella, les Domitii, les Pincii se prélassaient, comme aujourd'hui Cosmopolis, dans le triple décor que posent autour des heures légères les grands feuillages, toute Rome et tout le ciel. J'y ai entendu rôder, vers le soir, le souvenir de quelques destinées qui saisissent l'imagination : destinées faites d'amour, de volupté et de mort, tels une élégie passionnée de Properce ou un tableau sombre de Tacite. Ici même dans les jardins des Domitii, une nuit de l'an 69, Néron était clandestinement inhumé par sa nourrice Eclogé et sa maîtresse Acté, toujours amoureuse, peut-être soucieuse de son devoir de chrétienne[1]. Son fantôme erra longtemps autour de son tombeau jusqu'au jour où Paschal II purifia le lieu par une église. Vers la « Trinité » s'épanouissaient les jardins où Lucullus, vainqueur de Mithridate, avait fait planter les luxuriances de l'Asie, et des cerisiers. Regardez, gravé sur la médaille de son triomphe, le visage de ce raffiné jouisseur : à l'avers il sourit sous son casque; au revers Roma, debout sur un quadrige, tient à la main un sceptre que termine une fleur : branche et fleur de cerisier? Sa sensualité est mieux qu'un souvenir. Au bas de la villa Médicis un jardin en terrasses s'étale; les orangers, les œillets et les roses sont là pour le seul luxe des yeux; mais l'héritage de Lucullus, ce sont ces petits cerisiers aux branches basses, arrière-neveux de ceux que le vainqueur du Pont rapporta de

1. Suétone, L.

Cerasos et acclimata dans ses villas de Tusculum, de Naples, d'ici. La jalousie du Sénat lui fit attendre un an le triomphe : épicurien avisé, il se consolait sans doute en croquant ces baies fraîches, pourpres comme la toge triomphale, inconnues encore à la gourmandise des Quirites.

Voués aux voluptés patriciennes, les jardins de Lucullus furent possédés par Messaline : il y avait gavé sa gourmandise, elle y roula sa luxure. Voyez, sur l'admirable camée du Cabinet des Médailles, cette opulente beauté, si riche capacité de plaisir. Mais tout s'achète, même pour une Augusta, et comme elle se faisait payer par ses clients d'une heure dans les bouges de Suburra, il fallait qu'elle payât au Destin, dont elle avait usé la complaisance. Maîtresse de Silius, à la nouvelle que Claude accourt d'Ostie pour se venger, elle se retire dans ces jardins. L'empereur, dans la chaleur d'une bonne digestion, est repris par « le souvenir du lit conjugal » : il demande à la voir pour écouter sa défense. Mais Narcisse veille : il donne l'ordre immédiatement à l'affranchi Evodus, accompagné d'un centurion et d'un tribun, d'aller la tuer. Evodus monte ici, la trouve dans le parc, étendue sur le sable. Il l'injurie avec la goujaterie d'un esclave, le tribun s'incline en silence comme un soldat. Elle a compris. Comme elle promenait faiblement le poignard autour de sa gorge, le tribun la transperce d'un coup d'épée. Quand on vint annoncer à Claude la mort de sa femme, il était à table : il demanda à boire [1]. Les jardins, la bacchanale, les pressentiments, le meurtre, quelle vision et violemment contrastée! Elle dramatise pour jamais cette partie du Pincio, qui lui prête à son tour la splendeur de son décor. D'autrefois à aujourd'hui s'échangent ainsi des correspondances où le passé reprend vie, où le présent recule indéfiniment : c'est là l'éternité spéciale de Rome. Mais quel artiste du sombre que ce Tacite! Quel Caravage, plus sobre! Quel Ribera, plus passionné! En mai dernier, j'entrai de nouveau à la « Trinité » : là où clamait en l'an 48 le lyrisme de la luxure, les voix blanches des pensionnaires du couvent chantaient le *Stabat Mater*.

Mais le génie du lieu se retrouve en d'apparentes coïncidences. Ici fut trouvé le Rémouleur de la Tribuna des Uffizi, c'est-à-dire le Scythe aiguisant le couteau avec lequel Apollon va écorcher Marsyas. Dans ces jardins, durant des siècles, un dieu écorcha un satyre : musique apollinienne, air de flûte où s'expriment les instincts orgiaques, cruauté froide, s'exerçaient sous ces frondaisons. Pareillement, les jardins de Salluste sur la partie est du Pincio nous rendent témoignage que, selon le mot de Lucrèce, « toutes choses sont les mêmes toujours » : dans les bijoux des Romaines qui roulent en équipages je reconnais ceux de Crepereia Tryphœna, qui y vécut et mourut. En un sarcophage de marbre, aujourd'hui au musée des Conservateurs, elle repose, ou plutôt

---

1. Tacite, *Annales*, XI, 37.

s'effondre sous les bagues gemmées, les pendants d'oreilles en or et un gros camée serti d'or au milieu du thorax. Et quand je vois passer et repasser les Messalines tarifées, je songe que dans la via Veneto fut découvert le merveilleux trône grec de la Naissance d'Aphrodite : durant des siècles encore, sur ce Pincio, le mystère se perpétua dans la pierre, et pendant que les nymphes laissaient couler sur ses épaules la chemisette à petits plis, qu'une épouse alimentait la lampe sacrée du foyer et qu'une courtisane nue jouait de la flûte, sans cesse la déesse faisait ici son avènement au monde.

Le coucher du soleil est d'ici un spectacle « antique », vraiment impérial; de multiples bourgeois, appuyés au parapet comme au podium d'un amphithéâtre, se remémorent des pages de romans historiques, s'assouvissent de décadence latine. Il commence au-dessus du Janicule; dans le pêle-mêle des ors, de la pourpre et du sang passe Messaline, robe défaite, échevelée, brandissant la torche vespérale dans l'évohé des nuages. C'est l'orgie avant la mort, car le cortège, descendant du Janicule vers la colline vaticane, va s'abîmer derrière le mont que le moyen âge appela le mont Maudit. Plus émouvant encore est le reflet sur le Pincio. La façade de la Trinité est en flammes : quand on la regarde de la via Condotti, rougeoyante, dressant ses deux campaniles comme deux bras, on croirait voir renaître de ses cendres l'incendie de Rome. Le spectacle est néronien cette fois, surtout lorsqu'au bas des escaliers monumentaux croulent les pyramides de tubéreuses et de roses. Au-dessus des « prés de Néron », du Pincio, de la « tour de Néron » et de Rome entière semble alors se dresser, vêtu d'écarlate, le cabotin sinistre qu'évoquent l'Apocalypse et le Poète :

> Exterminez !... Esclave ! apporte-moi des roses,
> Le parfum des roses est doux !

II

AUTOUR DE L'ANTIQUITÉ

I

LES HARMONIES DU FORUM

(Avrils 1903, 1904, 1905 ; mai 1906.

S'il est malséant de ne chercher sur le visage d'une personne chère que le souvenir de ce qu'elle fut, c'est mal aimer le Forum que d'aimer exclusivement son passé. Au moins une fois, regardons-le pieusement tel qu'il est, dans les accords merveilleux qu'ont su composer avec ses ruines, sa végétation et sa faune, les deux subtils harmonistes : la nature et le temps.

Tel qu'il est, il est charmant, surtout en avril et mai. Sans doute, à première vue, c'est une immense carrière de pierre et de marbre qu'exploite l'infatigable Giacomo Boni : les blocs gisent dispersés, une grande toile abrite des restes précieux, une poulie enjambe un trou noir d'où l'on voit sortir des excavateurs ; des tas de poteries brisées et d'éclats de marbre s'amoncellent dans les coins. Et l'on sent monter à son cœur un regret, une nostalgie, devant es estampes d'Isr. Silvestre, de Dupérac (1575) et de

Cruyl (1650), devant les tableaux de Claude Lorrain, de Vanvitelli ou d'Hubert Robert, comme en lisant les descriptions de Chateaubriand et de Barbier, surtout en écoutant les souvenirs de ceux qui ont vu, avant 1870, la majesté solitaire où les poules picoraient[1]. Mais on ne fait point sa part à la Nature. La Nature est revenue. Et précisément, par un singulier retour, les feuilles même renouvellent, étendent le sein fécond où descendra sa force génératrice ; en chaque cloaque ouvert s'insinuent immédiatement les plantes humides, chaque trou est un vase tout prêt pour recevoir les fleurs ; les gravats et décombres recomposent à mesure un humus fertile où les germes se lèvent. Voilà comment le Commandeur Boni, directeur des fouilles, architecte, archéologue, est aussi presque sans le vouloir le plus ingénieux des jardiniers. Comme les vieilles peuplades italiques, la terre célèbre ici chaque année la fête du Ver Sacrum, du Printemps Sacré, et pose sur ces blocs gisants comme sur autant d'autels les prémices de sa riche Géorgique. Elle est la Vie victorieuse : sur les ruines des triomphateurs les végétaux muets de Lucrèce chantent le *Io triumpe*.

Il ne s'agit point de reprendre ici l'éternel lieu commun à la Chateaubriand. De toute l'envergure de son romantisme il a plané très haut sur le Forum, sur tous les aspects de Rome, et, comme une mouette

---

1. Cf. E. Gebhart, *Débats* du 10 décembre 1902.

des plages bretonnes, il a jeté sur eux sa plainte mélancolique. Mais il n'a presque rien perçu ni su du détail, dont une grande part du reste était encore enfouie sous le sol. Quand par hasard il voulait se documenter il envoyait un de ses secrétaires fouiller dans les archives romaines (cf. Stendhal). A l'égard des choses, nature ou monuments, il fut comme à l'égard des hommes : très distant. Aussi a-t-il bien vu et dépeint la Campagne Romaine : elle n'a point de détails, ou plutôt ils se perdent dans sa majesté. Mais le Forum actuel n'est que détails, en chacun desquels d'ailleurs réside un infini de beauté, d'histoire et de légende. Voilà pourquoi, à se pencher sur eux, il y a de l'amour sans emphase et aussi sans petitesse.

.·.

A vrai dire on a beaucoup planté au Forum. C'est la volonté humaine qui fleurit dans les grappes de lilas blanc sur le haut de la via Nova et dans les grappes d'or du cytise au fond de la basilique Julia. Virgile eût aimé ces cytises, lui qui les prodigue aux chèvres de ses Bucoliques, et ils sont bien ici dans ce qui fut le campo Vaccino près du monte Caprino. On me dit même qu'une association de dames romaines s'est formée pour semer parmi les pierres le sourire de Flora ; toujours est-il que sur le soubassement du temple de Saturne, sur les pentes de la Curie et les Horrea s'épanouissent des roses, des œillets d'Inde

et des iris. On dirait qu'elles ont voulu suivre près
de ce grand tombeau qu'est le Forum l'appel du poète
devant les restes de Marcellus : « Jetez les lys à pleines
mains ». Et ce geste leur siérait, comme le mot sied
à Virgile, qui fut si féminin. Là où l'archéologie
creuse la poésie crée, et sur le grand squelette que
le commandeur Boni ausculte tous les matins, une
pudeur charmante jette un manteau de pétales. La
casa des Vestales révèle un sens exquis des harmonies :
dans les cubicules habitent des boules de neige d'une
blancheur sacerdotale ; le long de l'atrium grimpent
des rosiers blancs ou thé, qui perpétuent le parfum
de la virginité consentie. Virginité orgueilleuse, parfois
défaillante ! C'est ce que disent les petites roses pourpres
autour des piscines. Aussi voit-on avec surprise au
pied des murs tant de violettes sous leurs feuilles, qui
jurent avec le sens de ces statues alignées, surtout
avec les trois inscriptions qui proclament la fidélité
de Flavia Publicia, grande Vestale, à ses vœux de
pudeur et de chasteté.

Mais c'est le laurier qui domine. Regardez le Forum
du haut du Palatin : il est lauré comme une médaille
de l'Empire. Dans l'avenue qui y pénètre, ils font
escorte militairement ; des colonnes mutilées sont
couchées sur le talus : Gloria victis ! Sur le haut de
la via Sacra ils se raidissent comme des légionnaires. Mais nulle part ils n'ont plus d'expression que
dans le petit cortile solitaire du temple du « divin
Jules », où le silence a tant de voix : six lauriers

césariens montent la garde autour de la mémoire dictatoriale ; leurs feuilles de bronze sont des pointes de lance, leurs tiges lisses sont des hampes. Ils semblent prêts à fournir d'eux-mêmes une couronne triomphale, et, tout jeunes dans ce petit espace, ils sont déjà augustes.

Comme l'esprit romain est resté pratique, à côté du décor il a planté l'utile. Au temps du Pogge le Forum était un potager, et au xixe siècle encore les Goncourt s'y heurtaient à des trognons de broccoli. A vrai dire les jeunes figuiers qui étalent çà et là leurs larges lobes paraissent plutôt mûrir des pensées archéologiques : Pline nous dit qu'il en poussait un auprès du putéal de Curtius, et celui du Comitium passait pour être le Ficus Ruminalis sous lequel les jumeaux velus avaient tété la louve, et qu'un miracle avait ici transporté ; je l'ai retrouvé en effigie sur les bas-reliefs des deux plutei de marbre. Mais sûrement nulle archéologie n'a planté ni choyé la vigne qui grimpe sur treille au bas de la dernière colonne honoraire, ni telle petite plate-bande d'aulx autour de la guérite d'un custode. Varron disait pour désigner un pauvre diable : « il sent l'ail » ; comme au temps de la plèbe, une gousse d'ail parfume ici les longues heures de vigilance.

Malgré tout la nature spontanée nous attache davantage, et elle étend au Forum, tranquillement, infailliblement, son imperium. Les plantes aquatiques se souviennent que le Forum fut un marécage : il a gardé ses eaux, mais en les disciplinant, comme il sied à un Romain de race. Partout les tuyaux de plomb reparaissent, courant comme des artères sur ce sol toujours vivant ; les canaux antiques ont repris leur travail et leur bruit souterrain. Et je me souviens de ces canalicoles dont parle Festus, pauvres hères ainsi dénommés parce qu'ils passaient leur temps au Forum autour des canaux. Ici l'eau stagne, comme un stoïcien dans les mauvais jours, là elle bavarde comme un avocat dans les basiliques. Sur la fontaine de Juturne pèse un silence religieux et frissonne l'horreur sacrée ; l'eau inquiète paraît attendre un prodige comme le jour où les Dioscures, vainqueurs au lac Régille, vinrent abreuver leurs chevaux[1]. Je ne parle pas des inondations qui naguère encore noyaient le Forum ; mais aujourd'hui, sitôt que Jupiter pleut, des flaques s'étalent qui lui renvoient sa face auguste. Le lac de Curtius a reparu : dans un avril pluvieux j'ai vu le cercle de tuf et la cavité du sacrifice qui commémoraient le dévouement du vieux Sabin : une eau saumâtre, rougeâtre, baignait tout cela, comme si c'était encore le sang de Galba qui tomba ici même assassiné[2]. Dans les fosses sépulcrales préromuléennes les pompes ne parviennent pas à épuiser les infiltrations des pluies : quand on se penche sur ces profondeurs d'histoire et d'eau, on ne sait plus au

1. Cf. le bas-relief de l'autel, tout à côté, et le beau denier de la gens Postumia, Babelon, *Monn. de la Rép.*, II, p. 379.
2. Tacite, *Hist.*, I, 41.

juste quel est le vertige qui en monte. Aussi la flore humide est folle. Dans la vasque de Juturne, dans le putéal de Barbatius Pollio, autour du sacrarium de Venus Cloacina mousses, capillaires et langues-de-bœuf s'évertuent; des taches vertes dorment sur les viscosités de la Cloaca Maxima, des fougères s'irradient hors des fentes des blocs.

Mais le soleil est plus propice à la vie spontanée. C'est sur le sol que chante sa joie. Au pied du temple de Saturne s'élargit une touffe d'acanthe, luisante et grasse, contournée en volutes opulentes. Regardez là-haut les trois chapiteaux du temple de Vespasien : les voilà, les mêmes, stylisés par le ciseau du marbrier. Vitruve eût été content. Nulle part d'ailleurs on ne perçoit mieux qu'au Forum les correspondances étroites de l'art décoratif et de la nature. Dans l'Ara divi Julii tel beau laurier semble avoir projeté sa propre image en la couronne sculptée qui s'appuie au mur d'en face. Entre les débris travaillés qui gisent parmi les végétaux et ceux-ci la filiation saute aux yeux : la tige qui s'épanouit au marbre a sa racine en terre.

Mais le Forum, c'est surtout la fête des graminées, des herbes; il est beau, il est bien que les « simples » se complaisent emmi ces grandeurs. Tous les avrils, le trèfle monte au temple de Castor et Pollux et à l'assaut de la colonne de Phocas; sous le Tabularium et autour de la Cloaca j'ai vu un vrai pré de mai, étoilé de boutons d'or et de mauves; devant la basilique Emilia j'ai senti le foin coupé. Entre les dalles où les anciens joueurs de dés ont dessiné des cercles l'herbe dessine des graffiti d'émeraude, sa fantaisie prime-sautière suit les cassures des basaltes polygonaux de la via Sacra. Ce sont les jeux de la Nature et du Hasard. Le poétique air de flûte : « Des choses défuntes naissent les nouvelles, et les fleurs viennent bien sur la poussière des morts », est ici une vérité... terre à terre. Autour de la lapis niger sont groupés une douzaine de pozzi faits de grosses pierres plantées en cercle comme nos cromlechs; on y jetait avec des débris d'ex-voto les reliefs des sacrifices et des festins sacrés : les ossements poudreux y ont formé un terreau fertile où poussent dru tiges, lancettes et gerbes, si bien que ces puits sont des « corbeilles » naturelles, millénaires, dignes du peuple roi et des dieux. Voilà comment, après avoir éprouvé ici, comme les premiers romantiques, la haute mélancolie que donne « la chute des Empires », puis la colère que soulèvent avec la terre les excavateurs plus ou moins patentés d'aujourd'hui, on revient peu à peu à la sérénité parmi ces rameaux, ces pétales, ces pollens où sommeille le Désir sacré. On exhume tous les jours des pierres, mais les voilà au niveau des sèves : ainsi se résigne le Faune épris des choses qu'en Italie chacun de nous porte en soi.

C'est dire que la vie animale s'ébat au Forum côte à côte avec l'autre. Cette fois encore il se souvient de son passé, que hantèrent les bœufs. Je ne veux point parler des animaux, pourtant si vivants, que le ciseau des artistes créa dans la pierre. Voyez seulement les trois victimes du suovetaurile sur les plutei : grassement modelés dans le marbre, dont le brillant me rappelle la jolie épithète « nitidus » qui signifie proprement le lustre de la santé et de la rondeur, le porc ne peut se tenir sur ses courtes pattes, la brebis est une pelote de laine, la tête du taureau est submergée dans les flots mouvants de ses fanons. Tous trois, couronnés de bandelettes, ceinturonnés, sont impérissables bien qu'ils aillent au sacrifice : ils sont éternels et parfaits, aussi absolus dans la chair marmoréenne que les Prototypes de Platon. Il n'y a pas seulement ici des simulacres d'animaux, il y a leurs restes ou reliques : os calcinés, déchets de sacrifices. J'ai vu dans le dépôt de Saints-Cosme-et-Damien des bucrânes blanchis, encore mêlés de la cendre où ils allaient s'effondrer. Des bœufs d'Evandre à ceux-ci, que Rome immola, jusqu'aux bœufs du campo Vaccino, le Forum leur fut tour à tour un pacage, une tombe, parfois une hécatombe.

Tout autour, les vraies bêtes vivantes courent, volent ou nagent. Pline l'Ancien aurait eu de quoi observer pour son Histoire Naturelle, depuis les têtards qui accomplissent dans les ténèbres de la Cloaca le cycle de leurs métamorphoses jusqu'aux papillons éphémères qui palpitent sous l'haleine d' « Alma Venus ». Des lézards verdâtres filent de tous côtés : amis des vieilles pierres et du soleil, ils sont ici chez eux. N'est-ce pas en les voyant fuir dans les fourrés, puis en regardant courir son muscle sur son bras ramassé, que le Latin primitif appela ce dernier « le lézard », lacertus? Dans les roseaux de ces marécages et dans les sillons prochains est née cette langue latine qui sent la bonne terre. Au-dessus, les moineaux piaillent, pillent et se houspillent. Petits Alarics, ils recommencent parmi ces ruines les grandes invasions : mâles cuirassés de noir et femelles fauves, ils font un « tumulte » dans les lauriers césariens, et sur le passé de la Ville Éternelle fientent éperdument. En voyant des Anglaises oublier un instant l'archéologie pour leur jeter les miettes du déjeuner fait sur place, j'ai songé aux Frangipani : ils avaient à la fois l'humeur féroce des barons et quelque pitié des pauvres gens; ils doivent leur nom au beau geste de rompre le pain pour les affamés. Du reste, c'est une femme de leur sang, madonna Giacomina Frangipani de'Settesoli, qui s'attacha l'une des premières à la robe de saint François. Et voilà que leur nom se pare, en ce Forum où ils s'installèrent, d'une poésie nouvelle : les Frangipani de passage « frangent » la mie aux mendigots ailés. Tous s'éparpillent dans un froufrou d'ailes quand se rapprochen les corbeaux. Innombrables, on ne sait de quel côté se tourner pour ne point les avoir sinistres. La plupart gîtent dans les trous qu'ont laissés aux blocs du temple de Faustine et du Colisée les crampons de bronze arrachés par le moyen âge. Quand ils volent au-dessus du Forum, lentement, lourdement, on croirait voir passer les âmes chargées de méfaits des barons, des Annibaldi qui nichèrent au Colisée, des Frangipani qui couvaient leurs complots sur l'Arc de Titus. Jadis ils prédisaient la mort de César, dont le cadavre fut brûlé là, tout près, ainsi que la mort de Claude [1] : maintenant ils croassent tous les soirs à la mort du soleil.

De par les lois de la nature comme par l'effort des archéologues le Forum d'aujourd'hui rejoint peu à peu la Préhistoire. Le panthéisme y ressuscite, inconscient et innombrable. Humide, propice aux végétaux, hospitalier aux bêtes, la vie immortelle y perpétue entre les ruines le souvenir des Origines presque sauvages. De celles-ci aux blocs gisants un brin d'herbe, parce qu'il est tel qu'au temps où paissaient les bœufs d'Hercule, suffit à faire la transition ; une flaque d'eau, parce qu'elle est telle que le lac où s'abreuvèrent les chevaux des Dioscures, nous grise de rétrospectivité. Entre le sepulcretum préromuléen et la colonne de Phocas, qui marquent le principe et la fin d'une grande destinée historique, il y a tout juste la portée du vol d'un moineau.

1. Tac., *Annales*, XII. 48.

II

LES HARMONIES DU PALATIN.

Le Palatin est grand comme un monde, et chacun peut y choisir le site de son rêve. Il en est deux, d'où s'élèvent des harmonies plus riches qu'ailleurs, et plus pénétrantes. L'un est le temple de Cybèle, qu'un bosco ombrage : dépositaire d'un mythe et d'un culte très anciens, il est au centre d'une harmonie profondément archaïque. Sur ce promontoire, le Germalus, qui ressemble à la proue d'une galère, on a la sensation d'être lentement submergé dans le passé insondable ; le sol tout autour est bossué, soulevé de petites ou grandes vagues de pierre, dont chacune porte une légende ou de l'histoire et a sa voix bien lointaine ou plus proche ; et toutes ensemble montent autour de ce sanctuaire, qui est ainsi comme au milieu et au-dessus de la durée. Le prestige du lieu nous identifie à la Magna Mater elle-même qui régna sur le Temps, les hommes et les dieux.

Regardez dans le rayon immédiat : voici la vénérable citerne antérieure même à l'époque étrusque, et le puits qu'elle alimentait, avec sa margelle usée. Là le pur autochtone venait puiser, de ce geste primordial et universel dont l'art de tous les peuples a consacré la musicale beauté. Puis c'est la poterne de la Roma Quadrata, vieux blocs de tuf sans ciment où grimpe une scalette de basalte : on la fermait tous les soirs, quand les bœufs rentrés du labour avaient poussé vers le couchant le meuglement suprême. La casa de Romulus dessine son petit carré, si plein de majesté, au lieu même où se dressa la chaumine de Faustulus le berger. Rusticité, odeur de paille et de fumier, visions de gestes nécessaires et simples adaptés au rythme de la vie primitive, surgissent de ce sol sacré. Le temple de Jupiter Victor nous mène des Rois à la République, la maison de Livie nous fait pénétrer dans l'Empire, la maison de Tibère sommeille sournoisement sous les jardins Farnèse, la maison d'Auguste et celle des Flaviens sous les cyprès et pins parasols de la Villa Mills, où les corneilles mortuaires tournoient. Partout les arbres piétinent les ruines, enfoncent dans le passé défunt, puis font monter vers la gloire chaude de ce ciel leur sève qui ne tarit jamais. Dans la vallée même où nous surplombons les souvenirs fabuleux et la vie d'aujourd'hui, la sainte vie des hommes cette fois, se touchent, se mêlent pour nous faire perdre le sens de la durée. Là où le brigand Cacus volait les bœufs d'Hercule et où plus tard le Grand Cirque s'effondrait sous les applaudissements en délire, s'érigent les cheminées de l'usine à gaz. Nous sommes sur la terre des mythes, où tout contraste s'achève en symbole : cette fumée, c'est toujours, c'est encore Cacus, vaincu par la civilisation héroïque et qui vomit de sa caverne en feu l'haleine de sa rage. Tournez-vous vers le Vélabre.

Ce fut la vallée marécageuse où poussaient des roseaux : aujourd'hui, comme sous l'Empire, c'est la fourmilière populaire où l'on travaille dur. De tout cela monte en « crescendo » jusqu'au temple de Cybèle, où j'écoute, un immense chœur orgiastique, qui grise notre cerveau débile mais doit combler d'aise la Déesse. Le temple est en effet au centre même du chœur, au milieu de la Préhistoire, de l'Histoire faite, de l'Histoire qui se fait, et de l'enveloppante poésie des choses.

Lui-même réunit dans sa petite cella le mythe oriental, le culte oriental et la superstition romaine sous la perpétuité des feuilles. En l'an 548 de Rome, pendant la deuxième guerre Punique, les livres sibyllins déclarent que la victoire ne sera obtenue que si on installe à Rome la pierre noire, siège de Cybèle, qui était d'abord à Pessinonte et actuellement à Pergame. L'ambassade envoyée en Asie Mineure est de retour, à l'ancre devant Ostie. Alors le Sénat organise pour la réception une cérémonie vraiment curieuse, d'un rite minutieux, d'un rythme grave, à ravir ceux qui ont le sens de la primitivité; la phrase de T. Livius [1], plus solennelle aussi en cette circonstance religieuse, marche à pas comptés comme une procession. Scipio Nasica (Nez Pointu) est choisi comme étant dans toute la cité de Rome le meilleur parmi les bons, pour aller au-devant

---

1. XXXVI, 35.

de la déesse à Ostie avec toutes les matrones, la recevoir sur la nef même, la porter à terre et la transmettre aux matrones. La nef s'approche de l'embouchure du Tibre : selon le rituel fixé, Scipio se fait porter jusqu'à la nef, reçoit la pierre noire des mains des prêtres et la transporte à terre. Les premières matrones de la cité, parmi lesquelles Claudia Quinta, dont la pudicité mise en doute fut réhabilitée par ces fonctions saintes, la reçoivent à leur tour, se la passent de main en main avec recueillement, la première la reprenant à nouveau des mains de la dernière jusqu'à Rome, jusqu'au Palatin, où la Grande Mère des Dieux, petit aérolithe rugueux d'un noir carbonisé, fut enfermée plus tard dans le temple où je songe. Une monnaie de la République[1], et surtout un cippe du musée Capitolin, dédié par Claudia Synthyche, me remémorent une version légèrement différente : c'est Claudia Quinta elle-même qui, soupçonnée à tort d'inceste dans son office de Vestale, hala le long du Tibre la sainte nef envasée, que des vaches traînèrent ensuite jusqu'à la porte Capène. Et, en effet, la voilà qui s'arcboute sur le rivage, retrousse sa robe d'une main, tire de l'autre sur la chaîne, et fait glisser victorieusement la galère aux deux pointes recourbées où la Grande Mère est assise. Il était juste que la statue de Cl. Quinta Navisalvia (« celle qui sauva le bateau ») fût dressée plus tard dans le vesti-

---

1. Cf. Babelon, *Monnaies de la Rép.*, 1, p. 354.

bule du temple, et elle le fut. Quant au temple de la
République, j'en ai retrouvé l'effigie sur un des bas-
reliefs de l'Ara Pacis, encastré dans la façade de la
Villa Médicis. Mais le peu qui en reste ici est une
puissante évocation. Les murs de la cella carrée, en
blocage et briques, ont près de six mètres par derrière ;
des fragments de colonnes cannelées, un morceau
d'entablement, des blocs en pépérin encore recouverts
de stuc, le piédestal où était posée la Pierre divine,
se redressent, se complètent, se tiennent debout dans
notre imagination que stimulent à la fois les récits
des historiens comme Tite-Live et des poètes comme
Ovide, les œuvres d'art, le génie même du lieu [1].

Ici, en mars et aux Mégalésies d'avril, lorsque
la Grande Mère, la Nature, se prépare après l'hiver
à engendrer encore ; lorsqu'Atys, qui se mutila
sous un pin et mourut, renaît avec la végétation,
l'espace où je n'entends plus que le remuement des
feuilles retentissait du délire des Galles : furieux, ils
se tailladaient le corps, quelquefois s'émasculaient
comme Atys. Mais le lendemain, la joie revenait
avec Atys ressuscité. Lucrèce, Ovide, Catulle, Apulée
et les épigrammes de l'Anthologie ont perpétué jusqu'à
nous cette frénésie orientale ; mais à Rome il faut se
livrer aux choses et savoir avant tout ce qu'apprennent les yeux. Nous pouvons assister aux fêtes de
Cybèle : sur un couvercle de sarcophage du cloître de

----

1. Cf. aussi, pour la translation de Cybèle, l'ode à *Roma*, de
G. d'Annunzio.

San Lorenzo j'ai vu passer la déesse sur un char traîné par quatre éléphants, puis portée en lectisterne sur les épaules des Galles pendant que deux autres sacerdotes précédaient jouant de la trompette. Sur quantité de monuments, sarcophages ou cippes, j'ai revu le tympanon, le pedum, la syrinx et les castagnettes ; j'ai même retrouvé le tambourin, ici tout près, suspendu à une jolie guirlande peinte dans le triclinium de la maison de Livie, comme si l'écho des fêtes était allé d'un bond se figer sur ses parois.

Mais de plus vivantes effigies nous restituent, à Rome, celle à qui allait ce culte. En faisant le tour de la cella, me voici devant Cybèle assise : c'est la statue de marbre, authentique, qui fut placée ici au début de l'Empire. Elle n'a ni tête ni avant-bras, mais la robe magnifiquement drapée semble vouloir enfermer le monde dans l'ampleur de ses plis : très creusés, le jour et l'ombre s'y livrent au cours des heures des combats mystérieux. La pluie qui féconde, le soleil et l'air qui font pousser les germes tombent sur son sein maternel, qui semble tressaillir dans les vibrations lumineuses de cet été. Chaque grain de marbre étincelle comme un flambeau. Sur le socle une tête et des griffes de lion sont posées. Une jeune touriste s'est juchée près d'elle, par fantaisie ou par instinct, et se retient à l'un de ses genoux puissants : elle semble se blottir dans le sein de la Grande Mère, de la bonne maman allais-je dire, pour qu'elle soit favorable et propice à sa jeunesse. Quant à Atys, on l'a séparé d'elle, mais on le rencontre souvent dans les galeries d'antiques, où ses formes équivoques contrastent avec les musculatures vigoureuses qui l'entourent. Je ne puis oublier l'Atys des Uffizi, au nombril découvert pour le baiser des foules, ni surtout celui du Latéran : étendu avec une mollesse orientale, coiffé du bonnet phrygien que surmonte un croissant aux rayons encore dorés, couronné des fruits des saisons, il est le Dieu des mois, dont l'évolution lunaire scande le retour ; il tient d'une main le bâton du berger, de l'autre un bouquet d'épis et laisse voir une aine asexuée qui n'est même pas de l'hermaphrodisme.

Mais il est superflu d'aller chercher Atys et Cybèle dans leurs simulacres : il n'est que de regarder et d'écouter en ce bosco de chênes-verts leur présence réelle, si aisément perceptible à ceux qui ont gardé, comme un vieil Ionien ou comme saint François d'Assise, le sens du divin partout épandu. Je ne vois plus la ciboulette dont les Galles parfumaient le fromage rituel pour les repas religieux, ni les violettes que fit naître le sang du berger bien-aimé; mais le bosco perpétue le souvenir du bois sacré qui entourait le temple de la Déesse. Il ne l'entoure plus : il l'envahit; car Cybèle, qui n'entend pas qu'on lui fasse sa part, est sortie de l'étroite cella pour couvrir tout l'édifice de son grand manteau végétal. Le chêne-vert a remplacé le pin à aiguilles, que choyait la confrérie des dendrophores; mais le même symbole reste attaché aux petites feuilles raccornies, qui ne meurent ni ne tombent d'une saison à l'autre. Sur le sol feutré comme un pulvinar se pose un silence de bon augure. Par les matins d'avril j'ai pressenti Cybèle humide et tiède, et j'ai senti l'odeur fauve de son sexe. Dans les fins de septembre j'ai entendu les cigales cricrisser éperdument dans les rameaux : Atys, Atys! L'âme de la Grande Mère était en elles, elles pleuraient en ce crépuscule d'été la mort prochaine du Phrygien. Quelques étrangers sont là, las d'archéologie, assis sur le blocage de la cella, les yeux vagues et la bouche entr'ouverte; des dames s'accoudent en poses d'Ariadne : tous laissent doucement monter en eux l'âme immense de la Bonne Déesse. En Ombrie, qui a le cœur généreux connaîtra l'ivresse du mysticisme chrétien : c'est ici qu'il faut venir, dans ce « Sancta Sanctorum » du paganisme, pour goûter toute l'ivresse panthéistique.

*
* *

A l'extrémité opposée du Palatin est un autre promontoire de ruines, d'où surgit une harmonie plus grandiose. Celle-ci est impériale, en tous les sens : la majesté de Septime Sévère régna dans cet énorme palais, le palais élève sa note sur le Palatin, le Palatin dans Rome, Rome dans la Campagne Romaine, et celle-ci dans le grand paysage du Latium. C'est un crescendo qui va s'élargissant toujours jusqu'aux monts d'Albe, de la Sabine et de l'Étrurie, où il se heurte un instant pour repartir vers l'indéfini.

Ce qui confond l'imagination, c'est que ces ruines ne sont que la substruction du palais. Pour le porter plus haut vers l'apothéose, elles soutiennent la colline de leur échine arquée, la haussent d'un coup d'épaule et l'étendent en superficie. L'orgueil impérial, essentiellement monarchique avec Sévère, a ici dompté le tuf comme il avait dompté Rome même, avec une maîtrise qui égale celle des Basileus de Suse. Sévère assiégea et prit Babylone, comme le montre un bas-relief de son arc de triomphe au Forum : est-ce là-bas qu'il prit l'idée de ces architectures vraiment babyloniennes? Avec les thermes de Caracalla, son fils, et la basilique de Constantin, fils d'une Asiatique, ce sont les ruines romaines où s'affirment le mieux la folie exotique de l'énormité et l'exaltation monstrueuse du Moi. L'Africain de Leptis qui entassa arcades sur colline et palais sur arcades pour installer au sommet son despotisme lauré, voyait tout de très haut. « Choyez le soldat, disait-il, et moquez-vous du reste. » Proprement, ces ruines se moquent de Rome et du monde. Même sous l'effondrement d'aujourd'hui, elles proclament le dédain; on se perd dans ces chambres obscures où l'humidité et le salpêtre succèdent aux officiers de service, aux soldats de garde, aux gens de la maison impériale. La tête de Sévère [1] m'est le

____

1. Cf. surtout le buste du Musée du Capitole.

meilleur commentaire de ce palais : grosse, énergique, tenace, elle a bien l'expression que dut avoir ce Dominateur au moment de mourir, en disant : « travaillons » (laboremus).

Mais c'est là-haut, sur le faîte, qu'on découvre le mieux son âme. Une terrasse suspendue sur le vide offre un des plus beaux « points de vue » de Rome ; un garde-fou, qui garde du vertige physique mais précipite dans l'autre, va jusqu'au milieu ; dans les fentes de la brique, qui éclate comme la pourpre au soleil, poussent des plantes que les guides s'obstinent à déclarer vénéneuses. Lorsque Sévère venait plus haut encore, avec Papinien, le juriste de son despotisme, et sa femme Julia Domna, Syrienne saturée de littérature décadente et toujours éblouie de rêves, s'exalter devant cet horizon, quels souvenirs, quelles pensées en recevait-il ? Sans doute il ne prêtait plus attention à ses rhumatismes, que le grand soleil dissolvait ! Se rappelait-il que dès son entrée à Rome en triomphateur il avait fait mourir, sans procès, quarante sénateurs à la fois, et qu'il n'avait épousé Julia que parce qu'un oracle avait prédit à celle-ci un roi pour époux ? Dans tous les cas la sagesse tardive et attristée d'Auguste ne lui pouvait venir ici.

Regardez : d'après ce qu'est le spectacle aujourd'hui nous pouvons juger de ce qu'il fut et disait. Le Colisée montre son visage de vieux guerrier, percé de trous, hérissé de bosses et fendu de haut en bas par une nasarde. Si la Rome de la Renaissance a aimé sa fière physionomie jusqu'à la mettre un peu partout[1] dans ses peintures, comme on suspend à la muraille un portrait d'ancêtre balafré, quelle leçon de puissance et d'orgueil il devait envoyer à Sévère ! Sur le Cælius le Latéran élève son faîte de statues ; plus loin, vers la via Appia, dont le vieux général foula si souvent le dallage à la tête de ses légions, les thermes prodigieux de Caracalla, son premier-né ; c'est ensuite l'Aventin, avec ses églises grecques qui ont l'air de s'ennuyer : colline maudite et déserte depuis que la plèbe la marqua de sa tare. Le cimetière juif s'isole sur la pente, devant un rideau de cyprès : c'est ici la fin de leurs destinées particulières ; derrière le Palatin l'arc de Titus commémore la fin de Jérusalem : entre les deux bas-reliefs où défile le butin pris au Temple leurs aïeux s'interdisaient de passer ; au Colisée sept mille des leurs travaillèrent sous le fouet ; à ma droite s'entrelacent les ruelles du Ghetto, que des chaînes fermaient le soir. Décidément la cime de ces ruines est pour eux aujourd'hui un beau sujet de déploration. Et pourtant Sévère, qui avait le sang punique, les cheveux crépus et une femme syrienne, patrona leur race. Et même, la gravité mélancolique qui s'élève de ce cimetière et qui est familière au génie sémitique entrait parfois en lui : « J'ai été tout,

1. Cf. surtout, dans les appartements Borgia, le *Saint Sébastien* du Pinturicchio ; dans les chambres du Vatican, la *Rencontre de Léon et d'Attila*, la *Harangue de Constantin* ; dans la Sixtine, le *Baptême du Christ*, du Pinturicchio ; dans la galerie Colonna, les *Romains et Sabins*, de Cos. Rosselli.

disait-il, et tout n'est rien. » Mot presque moderne, et qui n'est point de sensibilité occidentale ! Enfin, plus à droite, Rome s'étale, qu'il méprisa comme une prostituée, puis le Janicule où descend le soleil. Derrière cet horizon immédiat le désert romain roule ses ondulations vers les monts Albains et Sabins. D'ici Sévère pouvait recommencer le geste orgueilleux de Properce vers l'espace où transparaissaient dans la brume Bovilles et Fidènes et où l'on distingue aujourd'hui Frascati et Tivoli. C'était même trop peu pour lui : Africain, époux d'une orientale, général sur le Danube et sur l'Euphrate, il eut une pensée vraiment « cosmique », dont l'envergure se mesurait au monde, et ses yeux d'imperator ne regardaient qu'à vol d'aigle.

C'est bien un orgueil hypertrophié que ce spectacle quasi universel envoie au cœur. Le « mundus » était le centre du Palatin, le Palatin le centre de la ville, la ville le centre de l'Imperium, l'Imperium à la fois le centre et la circonférence du monde connu. Si, dans leurs ouvrages, Urbs et Orbs sont si souvent rapprochés, ce n'est pas que l'oreille s'amusait d'une allitération, c'est qu'ils y voyaient (et Sévère mieux que tous), réunis l'un à l'autre dans un élargissement splendide, le Principe et la Fin. La plupart des statues officielles d'empereurs ont la main et le regard tendus en avant, non seulement vers les légions supposées qu'ils haranguent, mais aussi vers les lointains indiscernables où aboutissait l'auctoritas. L'art romain, toujours réaliste, aima dès le

début creuser dans leurs yeux les prunelles qui parti-
cularisent et déterminent; mais parfois, surtout au
premier siècle de l'Empire, l'œil de marbre ou de
pierre, dépourvu de point visuel, s'arrondit et s'harmonise à la forme même du monde. Le regard n'est
point vague : il est précis comme l'universel. Du haut
de ce palais, entre ciel et terre, la pensée de César,
tout comme les corneilles qui s'enlèvent hors des
ruines d'un grand coup d'aile, tournoyait; le dessin
qu'elle eût projeté eût figuré des ondes concentriques
parties du Palatin, étendues progressivement jusqu'à
l'orbe embrumé où le soleil se traîne à terre. Voilà
pourquoi Sévère disait de lui-même que « l'Univers
ne l'avait pu contenir », et pourquoi les Romains
d'aujourd'hui, petits-neveux plus ou moins de Septime
Sévère, vous serrent quelquefois la main « romaine-
ment et mondialement ». Fiers à bon droit du merveilleux développement actuel de la « Quatrième
Italie », le rêve de l'impérialisme est revenu les
hanter, du moins de cet impérialisme légitime qui
consiste à vouloir une belle place dans le monde.
« Soyons, en prose et en vers, dit l'un d'eux [1], les
rapsodes de l'avenir de l'Italie. Concourons à créer
sa future grandeur, qui est certaine, comme le
légionnaire romain avec les lambeaux de sa chair et
les gouttes de son sang construisait lentement, de
génération en génération, « l'Impero di Roma ».

---

1. Enrico Corradini, dans le *Marzocco* du 22 octobre 1905.

Ces grands espoirs et ces vastes pensers sont les plantes naturelles de ces ruines, dans ce site et cet horizon. Il est six heures : en même temps que le soleil, je redescends du haut de ces substructions, rompues d'avoir porté le Monde.

III

L'ANTHOLOGIE EN MARBRE

C'est une joie, quand on a longtemps vénéré dans les galeries du Vatican, des Thermes, du Capitole et des Conservateurs les Olympiens et les demi-dieux, les Césars et les personnages officiels, de redescendre vers les petits sujets de genre. Nous revivons avec eux l'époque hellénistique dans Alexandrie, Pergame, Antioche, délicieuses cités qui ne voulaient plus connaître que la douceur de vivre. Lassitude heureuse ! Rien d'héroïque : la Religion, la Patrie sont mortes ; mais rien d'humain n'est étranger à ces âmes, sceptiques parce qu'elles sont trop intelligentes, et souriantes parce qu'elle sont sceptiques. L'Art désormais condescend à leur mesure, rétrécit ses dimensions, s'amuse aux détails de la vie bien observés, bien rendus, et ne se défend jamais d'aller de la grâce jusqu'à la manière, de l'ingéniosité jusqu'à l'esprit. La place publique, trop grande, lui fait peur : il lui faut l'intimité de la demeure privée ou la pénombre du musée. Qu'Hèrôndas nous fasse visiter, en compagnie de rustres ébahis, la galerie publique de Cos, ou que Christodore de Coptos se fasse notre cicerone au gymnase public le Zeuxippe, les petits sujets font prime, fleurettes envolées du bouquet de l'Anthologie devant le flair émerveillé des critiques d'art ou des amateurs, qui se pourlèchent les babines, voire les badigoinces. Or nous retrouvons tout cela à Rome, qui de bonne heure copie cet art, et même commence par là puisque l'Art romain est né vieux, du moins en sculpture. Qu'il soit patricien, publicain, affranchi enrichi, le Romain réaliste aime les sujets d'un « vérisme » ingénieux; collectionneur fieffé, il en peuple son atrium et surtout son jardin.

Il est ravissant de flâner parmi ces fantaisies d'une époque qui ressemble furieusement à la nôtre; car ce passé, c'est encore, c'est toujours le présent. L'alexandrinisme est dans la vie avant d'appartenir à l'Art; il est donc de tous les temps. Il erre dans la Rome moderne comme dans celle d'Auguste, des Flaviens ou des Antonins. Au musée, il n'est que de se pencher à la fenêtre pour apercevoir dans la rue le joli sujet que la fantaisie du gréco-romain a stylisé ou que son réalisme dilettante a croqué tel quel. C'est la vie familière, l'épisode quotidien du corso ou du vicolo, fixé jadis dans le marbre ou le bronze comme il pourrait l'être aujourd'hui, tel qu'il est toujours. Allez au Transtevère ou sur le campo di

Fiori, le matin : voici, sous vos yeux, non plus les grands accidents qui secouent la sensibilité, mais l'anecdote amusante où se heurte le pied du passant, j'allais dire du flâneur. Déambulons dans Rome alexandrine.

Veut-on pénétrer dans la vie des atriums ou des péristyles? De même qu'aujourd'hui, sur le pas de la porte, le paillasson du custode aux Epipoles de Syracuse me dit Χαῖρε et que les paillassons romains me disent souvent SALVE (tout comme les mosaïques de Pompéi), voici l'enfant d'Esculape, Télesphore[1], qui sourit avec une santé joufflue et nous en souhaite autant; Harpocrate[2], qui met un doigt sur sa bouche pour vous dire « Chut! » Tel bambin que vous connaissez aime à faire l'ogre? Celui-ci, cambré en arrière dans un éclat de rire, se coiffe d'un vilain masque barbu de Silène, tout heureux de la piquante antithèse qu'il crée[3]. Plus heureux encore celui qui soulève sa tunique, bombe son ventre, poli comme une de ces boules de jardin où nos petits bourgeois se mirent, et fait pipi. En vidant ainsi sa petite amphore, se doute-t-il que son geste se répétera un jour dans les Mannekenpiss des pays de bière? Sans sortir d'Italie allez voir, quand vous passerez aux Uffizi de Florence, la merveilleuse Bacchanale de Rubens qu'un bambin rose arrose avec tant de satisfaction.

1. Vatican.
2. Capitole.
3. Capitole.

Mais le spectacle de la rue, surtout, devait allécher un art qui s'éprenait de plus en plus des scènes de genre. Sur la piazza de Santa Maria in Cosmedin que de fois j'ai vu jouer au palet! Je retrouve un de mes joueurs au Vatican, penché en avant, le manteau sur le bras gauche; s'il est nu, ce n'est pas seulement pour avoir les gestes libres, c'est que dans les faubourgs de Rome alexandrine et de Rome moderne les petites académies vivantes ne sont guère vêtues que de lumière, de patine bronzée et de crasse. Bien entendu la pudeur virginale a plus de scrupules : la joueuse d'osselets[1] que Pigalle copia est accroupie, tout comme les fillettes qui s'amusent sur les escaliers de la Trinité des Monts et autour de la barchetta du Bernin, dans un abandon adorable; appuyée sur le bras gauche, elle vient de jeter les osselets, et, les prunelles fixes, épie le résultat de la Fortune, maîtresse capricieuse du monde. Fille des Tanagréennes et aïeule de nos fillettes, dont le cœur adolescent commence à s'émouvoir de l'inconnu, elle est antique et toujours jeune en ses quinze ans perpétués; et voilà pourquoi la jolie crépelure de ses cheveux paraît frisée d'hier.

Pour aller dans les faubourgs, il est inutile de quitter les galeries des Thermes de Dioclétien, du Vatican ou du Capitole. Le vieux pêcheur est là, coiffé du chapeau de paille que vous connaissez chez

---

1. Vatican, palais Colonna.

ceux que le goujon taquine sur les rives de Seine ou du Tibre. Si même vous voulez connaître le site probable, alexandrin encore, où le pescator jetait sa ligne, allez tour à tour au musée des Thermes et sur les rives tibérines : sur les jolis stucs de la villa de l'époque d'Auguste, qui affleurait l'eau à la place où est aujourd'hui la Farnésine, voici des maisons à loggias, un pont en dos d'âne, un pêcheur immobile devant l'écoulement de l'eau et un nageur qui va plonger du haut d'un roc : pêche et plongeons seront heureux, n'en doutez pas, car cet hermès au phallus dressé porte bonheur. De là allez, non pas à la Farnésine elle-même puisque les hautes digues ont détruit le pittoresque ancien des berges, mais plus bas, vers la Marmorata; regardez le fleuve courir au pied de l'Aventin, les gamins nus courir le long du fleuve et « piquer une tête », les pêcheurs du dimanche fixer l'œil sur le bouchon ou se diriger vers l'osteria dei Pescatori, et dites si ce n'est pas là une fresque hellénistique, où colline, rivière, « fabriques » et personnages s'ordonnent si intelligemment qu'on croirait à l'artifice.

A vrai dire, mon vieux pêcheur du Capitole n'est pas un amateur du dimanche : il porte l'épervier, le panier de jonc, le bâton des campagnards, et sa poitrine nue s'offre au vent de l'espace. Il est vêtu de loques et bien misérable : s'il a les yeux fixés vers le vague, c'est qu'il marche en rêvant dans le songe d'or qu'il a fait cette nuit. « Je me vis juché sur un rocher où je m'étais assis pour guetter le poisson. J'agitai du bout du roseau l'appât trompeur : un poisson, un énorme, le saisit. Il était bien pris par l'hameçon : son sang coulait, ses soubresauts ployaient le roseau…. Je le tirai doucement, et j'amenai sur la berge un poisson d'or, oui, tout recouvert d'or[1]! » Pauvre Asphaliôn! encore dupe de l'espérance à son âge! Car il est vieux; sa poitrine ridée, tannée par l'alternative de l'humidité et du soleil, ses chevilles variqueuses me rappellent le saisissant réalisme d'une statuette de vieillard que ce délicat de Pline avait dénichée chez quelque brocanteur[2] : Romain plus qu'à demi, Pline se pâme d'aise à ces nerfs tendus comme des cordes, à ces creux que la sueur ou les larmes avaient dessinés à l'avance pour le ciseau. On sent sous les mots le clignement de l'œil, le geste du pouce qui suit la ligne dans l'espace; et la patine, Messieurs, quelle patine! Décidément le prestige de cet art, implacable en sa franchise, ne nous voile rien ni des décrépitudes séniles ni des laideurs de la misère. Il les recherche : par exemple, il va dans les faubourgs de la grande ville au-devant des pauvres diables qui ont bu le Léthé, je veux dire l'oubli, jusqu'à l'ivresse. C'est précisément sur la voie Nomentane, aujourd'hui encore bordée « d'osterie », en allant vers le mont Sacré toujours cher aux prolétaires, qu'on a trouvé la Vecchia Ebbra du Capitole. Oh, la vigoureuse

1. Théocr., *Idylles*, XXI.
2. *Lettres*, éd. Keil, III, 6.

effigie! Affaissée, la tête renversée en pâmoison, riant d'un rire hébété où bégaie l'instinct mystérieux, elle avale encore, elle savoure, elle hume. Dans son attitude revit le souvenir des plaisirs plus vifs dont sa vieillesse est sevrée : elle a posé l'amphore entre ses jambes, et d'une main sensuelle étreint passionnément le goulot. « Heureuse vie, mes enfants, que celle de la grenouille! Elle n'a point à surveiller qui lui verse à boire : sa boisson est inépuisable[1]! »

Nous voici avec la vieille ivrogne sur le chemin de la campagne. Grec ou romain, l'alexandrinisme, qui aime comme tous les raffinés la vie des simples, a été l'y surprendre. L'anthologie se promène à pas menus, et précautionneux, dans les étables des environs de Pergame et de Tarse; Théocrite va trouver les bouviers sous les olivettes de Syracuse, où je les ai reconnus; Virgile va ramasser ses Bucoliques sous les claies où s'égouttent les fromages blancs; et de Ronsard à Henri de Régnier nos artificieux poètes se roulent (délicatement) dans la rusticité. Ainsi font les artistes. L'un d'eux a rencontré à l'orée des bois cette vieille paysanne qui porte un agneau[2]. Le réalisme en est plus répugnant que dans la statue du vieux pêcheur, car la sénilité féminine est plus triste que la nôtre. Certes l'art antique a toujours eu moins de pitié que de dilettantisme; pourtant, le sentiment, je dirais presque la sensation de la misère et de la décrépitude

1. Théocr., *Idylles*, X.
2. *Aux Conservateurs.*

est ici tellement intense, qu'une arrière-pensée humanitaire, à la Millet, se révèle. Pour en raviver en nous l'impression, il n'y aura qu'à errer par les champs, le soir, autour des « casale » de la voie Laurentine ou de la voie d'Ostie, quand les troupeaux rentrent en piétinant avec un bruit d'averse et que le pâtre à l'arrière porte le dernier-né qui bêle : quadro antique, et toujours actuel, que de l'alexandrin à Charles Jacques tous les naturistes se sont transmis comme un des épisodes les plus touchants de l'éternelle Églogue. C'est aussi à la campagne que Boethos de Chalcedôn a été croquer ce joli enfant à l'oie [1], retrouvé sur la voie Appia, et qui a dans les galeries d'antiques tant de petits frères. L'oie crie, bat des ailes ; arcbouté et impassible comme un petit Hercule, il serre le cou, il serre à pleines mains. Avez-vous vu, dans un tumulte de cris et d'envols, des espiègles poursuivre autour des paillers les poules éperdues ? Ici, un autre joue avec un oiseau, et je me souviens des brèves épigrammes funéraires où tel enfant pleure sa mésange, telle autre sa perdrix ou sa sauterelle apprivoisée [2] : joyaux exquis où s'est cristallisée une larme !

La galerie des Candélabres pullule d'enfants et d'oiseaux : tout nus (les enfants) ou à peine vêtus d'une minuscule tunique, l'un étreint un petit éclaboussement d'ailes, l'autre lève les bras vers le

1. Capitole, Musée des Thermes, Vatican.
2. *Anthol. gr.*, trad. Jacobs, de 189 à 213.

fugitif, un autre offre à son prisonnier une grappe de raisin. Il ne restait plus au sculpteur qu'à confondre enfants et oiseaux : dans des nids haut perchés des bébés frais-éclos dorment, ou se dressent tous ensemble, bouche ouverte, comme des béjaunes à la becquée ; mièvrerie paradoxale qui ravale l'homme à la bête. Je préfère l'autre, celle qui élève l'oiseau à la dignité du bébé : c'est celle de Catulle quand il pleure en hendécasyllabes le moineau de Lesbia, celle de notre marquise quand elle dédie à son serin le petit mausolée de Cluny, où je l'ai vu gisant sous la faux et le sablier, symboles du Temps qui n'épargne rien, derrière une plaque de marbre noir où se lit l'épitaphe : « Cy gist Fifi ». Comme il fallait s'y attendre, la sensiblerie des touristes s'émeut : les dames en chapeaux de plumes et à boas de plumes gloussent devant ces couvées. Pas un regard pour l'admirable coureuse laconienne, miracle de beauté virginale, de grâce hellénique et de mouvement rythmé. C'est en vain qu'un peu « de ce zéphyr qui souffle à Salamine » colle sa petite tunique contre ses jambes lisses : elle court dans le désert.

Des enfants encore, toujours, quand ce ne sont point des vieillards! Il faut à cet art les extrêmes : l'un lui permet toutes les audaces réalistes, l'autre lui laisse toutes les naïvetés. Acerbité et dégénérescence ravissent tour à tour ce blasé! Voilà pourquoi notre Pigalle lui aussi, vrai fils du xviiiᵉ siècle, c'est-à-dire alexandrin encore, en même temps qu'il pourtraicturait Voltaire parcheminé sculptait selon le mode antique l'Enfant à l'Oiseau et le délicieux Enfant à la Cage[1]. Mais le chef-d'œuvre en ce genre est, au Capitole, la fillette qui protège une colombe contre un serpent. Allégorie ou scène vue? J'ai troublé moi aussi la sieste des serpents dans les fourrés de Tusculum, parmi les rocailles de Capri, et surtout (je me souviens) ceux qui se chauffent innombrables, à la place des anciennes roses, sous les acanthes de Pæstum ; mais je n'y ai vu que corbeaux, point de colombes, et les jeunes filles qui offraient de danser la tarentelle au « Saut de Tibère » et sous le portique du temple de Poseidôn n'avaient d'oiseau à protéger que leur vertu. Et précisément, c'est le symbole qu'on a voulu voir dans la fillette du Capitole qui sauvegarde si vivement sa colombe et que la photographie d'Ernesto Richter donne comme « l'Innocenza ». Symbole à la Diderot et à la Greuze! Des Ptolémées à Louis XV l'alexandrinisme tresse une guirlande à peu près continue, que Chénier et Prud'hon vont enrichir encore. Au Capitole, où nous sommes, l'enfant témoigne à sa colombe une tendresse qui n'a d'égale que la frayeur avec laquelle elle regarde le reptile, dans un retourné hardi et gracieux. Et les plis, la parlante eurythmie des plis! Participant de la sensibilité qu'ils recouvrent ou plutôt qu'ils révèlent, ils fuient tous parallèlement la bête veni-

1. Louvre.

meuse et accourent vers l'oiseau de candeur. Ils ne
soulignent pas le geste, ils font le geste à leur tour ;
une expression sort de ces sinus répétés que chaque
effort de la fillette défait et recompose ; les jeux de
l'ombre et de la lumière y recréent à tout instant le
mystère inquiet de la vie, ou pour mieux dire
l'Inquiétude elle-même.

L'inquiétude en vaut la peine, car Rome alexandrine a aimé la colombe. Elle est l'oiseau d'Aphrodite, nourri avec sollicitude autour du temple d'Eryx ;
elle picorait dans les agoras où les amoureux enviaient
ses ébats ; elle chantait sur les ormeaux dans les
midis accablés de Sicile, où Théocrite nota ses modu-
lations, qui sont à la fois tendres comme un murmure
d'amour et tristes comme un gémissement : ce sont
précisément les deux mots que la jolie langue virgilienne, toute pleine de la voix des choses, a trouvés
pour les rendre. Voilà pourquoi Sosos de Pergame
les a éternisées dans une mosaïque fameuse, que
reproduit celle du Capitole. Sur le bord d'une bassine
où l'eau dort elles sont posées : l'une se repose,
l'autre se retourne inquiète ; l'une boit, l'autre lustre
son aile à reflets ; et cela est ravissant de naturel instantané. Après qu'on a remarqué la fluidité de l'eau,
le moelleux des plumes, le moiré ou le mordoré des
couleurs que renvoie le glacis des petits cubes de
verre, il faut regarder par la fenêtre les colombes
qui s'abattent sur la place « del Campidoglio », sur la
main tendue de Marc-Aurèle ou entre les oreilles de

son cheval. Souvenez-vous surtout de celles qui tourbillonnent, dodelinent du cou et roucoulent sur la place Cavour à Padoue, sur la piazza de Venise, au pied du campanile de Giotto à Florence, en déplaçant de la beauté. Après avoir séduit l'alexandrinisme, la colombe d'Aphrodite deviendra celle de l'Arche au rameau d'olivier, que l'on rencontre ici partout dans les armes des Doria-Pamphili, puis la colombe mystique qui grappille la vigne de l'Eucharistie dans le mausolée de Galla Placidia, dans les catacombes et sur tant de sarcophages paléochrétiens; jusqu'à ce qu'elles reviennent à l'amour, ou plutôt à la galanterie, et échangent bec à bec leurs voluptés sur les trumeaux et meubles de la Rome de Casanova et de Bernis : voyez les crédences et consoles du casino Borghèse.

Qui va dans la campagne s'expose aux épines plus encore qu'aux serpents. Le Battos de Théocrite saurait bien qu'en dire : « Par Zeus, Corydon, regarde! une épine vient de m'entrer dans le talon. Ces chardons ont les piquants si longs! Male mort à la génisse! C'est en rageant après elle que je me suis fait mal. Vois-tu quelque chose? — Oui, oui, je la tiens avec les ongles : la voici! » Et voici le Spinario du Capitole et des Uffizi[1]. Quel mouvement mélodieux de tout le corps! L'inflexion du dos, de la jambe levée, le rythme d'ensemble de toutes ces courbes si souples

---

1. Cf., dans la galerie des Candélabres, un *Satyre enlevant une épine du pied d'un berger*, n° 74.

et si jeunes égale celui des vers du poète; la statue est expressive comme un morceau poétique, et l'art de Théocrite est plastique comme la sculpture; le dessin, le modelé, la forme achevée enfin surgit lentement comme une anadyomène de ces beaux mots, qui sont nets et brillants comme le marbre des Uffizi et ont la plénitude ferme du bronze des « Conservateurs ». Ici, les yeux d'émail incrustés avaient l'acuité de la vie. Le chef-d'œuvre enchanta Raphaël qui l'a placé deux fois, à peine modifié, dans le Parnasse et l'École d'Athènes, où le pâtre devenu éphèbe écrit sur son genou le chant d'Homère et l'enseignement de Platon.

Qui donc se pique plus souvent aux épines que les chasseurs? La chasse est une scène de genre que l'Alexandrinisme devait trouver, toute chaude, à la campagne. L'écorcheur de la collection Albani[1] fouille à pleines mains dans les entrailles d'une bique pendue à l'arbre, et pendant que les intestins descendent, glissent onctueusement, il rit d'un rire bestial. Il me rappelle les échaudeurs du musée de Naples qui ébouillantent un cochon dans un chaudron, et le raclent. Charcuterie et cuisine ne déplurent jamais à Rome alexandrine; mais la chasse, qui d'ailleurs alimentait ces fonctions, charma ses sculpteurs, non seulement parce qu'elle pullule de « traits » (honni soit qui mal y pense), mais aussi parce qu'elle éveille

1. Maintenant au Louvre.

l'idée de la mort, si familière aux sarcophages, et surtout les instincts foncièrement cruels de la race. La
salle des Animaux au Vatican aboie, hurle, brame,
mugit et rugit; et toutes les espèces d'animaux, depuis
les domestiques comme le chien, les représentatifs du
patriotisme comme la louve de Romulus et de Remus
ou la truie blanche d'Albe, jusqu'au gibier que déchire
la meute et aux bêtes exotiques de ménagerie ou
d'amphithéâtre, éléphants, tigres, chameaux, sont
sculptés, quelquefois peints dans la polychromie du
marbre avec une vérité anatomique qui ferait envie à
notre Barye. Les plus nombreux sont encore les animaux de gibier : en bas-reliefs, en sculptures, en
mosaïques, en fresques, ces Romains, quand ils ne
chassaient plus, chassaient encore; race de proie, que
les fils de la louve !

Nous voici arrivés à la louve fameuse des « Conservateurs ». Il est probable (probable seulement) qu'elle
est un original étrusque ou grec du vi⁰ siècle; mais
elle est si parfaitement archaïque en sa forme carrée
et sèche, en sa facture âpre et fauve, qu'on la croirait
et qu'on l'a longtemps crue archaïsante. Dans le cas
où elle serait « à l'étrusque », il faudrait reconnaître
que la primitivité en est merveilleusement réussie, car
le frisson du vieux Latium hérisse ses flancs maigres
où halète la Préhistoire. Elle n'est peut-être qu'un
heureux effort de l'Alexandrinisme en veine de pas-
tiche. Le Romain de l'Empire, forcé comme tous les
virtuoses de décadence de recourir au vieux pour

avoir de l'ingénu, était de même séduit par l'énigma tique sourire des yeux fendus en amande et des lèvres aux coins relevés. Dans l'impossibilité d'avoir des originaux il fallait bien copier ou imiter : de là ces « primitifs » comme la prétendue Pénélope affligée du Vatican, dont la douleur contenue ne dérange ni les traits ni la robe aux petits plis parallèles, pressés et compassés comme ceux de nos surplis.

Il ne manquait plus à la fantaisie alexandrine que de tourner résolument le dos au réel, même quand il est joli, et de tomber dans la mythologie galante. Au Vatican, sur les sarcophages du Cabinet des masques, des Amours cochers courent dans le cirque, au Capitole ils lutinent un lion comme dans tel piquant biscuit de Sèvres par Gardet. Tout le monde a frôlé à Pompeï, sur les parois de la casa des Vettii, les Amours ailés qui vendangent, pétrissent le pain, forgent sur l'enclume, pèsent des poudres pharmaceutiques, bons à tout faire pour distraire le regard ennuyé du banquier et des siens. C'est ici l'esprit, suprême fleur de décadence dans l'art. Mais précisément l'esprit, qui souffle où il veut, souffla plus souvent dans la Grande Grèce, en Campanie, dans le vrai monde hellénistique, qu'à Rome où je veux rester. Rome Martienne s'évertuait à sourire à la grecque, mais ce sourire ne lui est pas naturel. Néron, tout pénétré d'hellénisme, peignait et ciselait ; mais d'un coup de pied au ventre il tuait Poppée enceinte ; Hadrien, dans sa villa de Tivoli, buvait à longs traits le plaisir esthétique à la coupe où Sosos de Pergame posa les colombes, et s'extasiait devant les centaures d'Aristeas et Papias [1], que des amours chevauchaient; mais il envoyait aux bords du Styx son beau-frère, vieillard de quatre-vingt-dix ans, et son neveu, qui n'en avait pas vingt. Force et violence! Allons revoir la salle des Animaux.

1. Au Capitole, grande salle.

III

AUTOUR DU CHRISTIANISME

I

Il y a une Jérusalem dans Rome : c'est, sur les dernières pentes méridionales du Cælius et de l'Esquilin, la grande vallée qui s'étend de Saint-Jean de Latran à Sainte-Croix. Nul site n'est plus propre à exalter la sensibilité jusqu'au lyrisme : il a tenté en un jour d'inspiration le pinceau néo-primitif de Maurice Denis [1]. La place, immense et presque déserte, peuplée d'herbe et de silence, serait triste à pleurer si l'espace et la lumière n'y versaient inlassablement une joie évangélique. Au loin, les monts d'Albe et de la Sabine sont tout bleus d'oliviers galiléens ; la campagne romaine étale sa mer Morte, où le faubourg de la via Appia Nuova enfonce sa proue ; près du mur d'enceinte le Cédron, je veux dire le Marrana de San Giovanni, croupit ; le mur même, fait de soleil capté comme si Josué avait arrêté l'astre sur sa crête de brique, est coiffé par les

---

1. Appartient à Mme Félix-Faure-Goyau.

graminées d'une douceur nazaréenne : de beaux pins d'Alep, moines décapuchonnés, y rêvent la tête au vent ; à son ombre, de piteux Mardochées mendient et psalmodient. Par la porte San Giovanni des contadins arrivent de la campagne et s'arrêtent devant la douane avec des jardinières, des ânes, tels ceux qui apportaient des palmes dans les rues de Sion pour l'entrée de Jésus ; quelques touristes, reluisants comme des rois mages, reviennent des tombeaux de la voie Latine et se dirigent vers Sainte-Marie « à la crèche » ; au faîte du Latran les apôtres et docteurs font des gestes imprécatoires ; près de là est le pseudo-escalier de Ponce-Pilate, et à l'extrémité opposée une autre église abrite les restes de la croix, retrouvée par sainte Hélène à Jérusalem. Sur cette solitude j'ai vu descendre le frais sourire des aubes d'orient, à midi je l'ai vue criblée de soleil comme un morceau de Judée, et, le soir, j'y ai entendu la grenouille pousser au fond de l'herbe sa monocorde jérémiade.

Tout ici fait revivre Jérusalem, non seulement le génie des choses, mais la volonté formelle de Rome. Elle a prétendu l'absorber, capter toute sa riche spiritualité. Pour attirer chez eux les dieux protecteurs des villes étrusques les vieux Romains les « évoquaient » trois fois ; Rome chrétienne s'est cru plus de droits que n'en donne la conquête : si Jérusalem a semé, elle a moissonné, et la bonne nouvelle qui partit de là-bas elle la répandit par l'apostolat, la confirma par le martyre, en assura la perpétuité par l'Église. Regardez tour à tour le Latran et Sainte-Croix en Jérusalem : celle-ci est dans un fond, beaucoup plus petite, presque humble malgré sa face « baroque » ; l'autre se lève, hautaine et déclamatoire, sur la montée du Cælius. L'Église des gentils a le triomphe bruyant. Elle a d'ailleurs dépouillé Jérusalem aussi consciencieusement que l'avait fait Titus ; inutile d'aller au lieux saints, comme on faisait aux IVe et Ve siècles : on les a transportés ici. L'escalier du Prétoire, le bois de la crèche, la colonne de la flagellation, une autre du temple de Salomon, le puits de la Samaritaine, d'autres reliques innombrables dont l'authenticité n'est pas ici en question prétendent perpétuer partout la Bible et l'Évangile : le pèlerin passionné marche dans les vestiges de Jésus. Seules, les mosaïques de Sainte-Marie Majeure nous mettent sous les yeux personnages et épisodes de l'Ancien Testament ; mais beaucoup, y compris celles-là, nous font voir des Béthléem idéales, des Jérusalem mystiques bâties de pierres précieuses[1], d'où sortent douze brebis en une fraîche pastorale ; à Sainte-Pudentienne, c'est même la Jérusalem terrestre avec ses portiques et ses coupoles élevées par Constantin, dominée par le tertre du Golgotha où la croix gemmée se dresse ; d'autres fois, à côté du

---

1. Cf. l'oratoire de Saint-Venance, Saint-Clément, Sainte-Marie Majeure, Sainte-Praxède, Saints-Cosme-et-Damien, Saint-Marc, Sainte-Marie du Transtévère, etc.

cyprès italien un palmier suffit, comme plus tard dans les fresques de Pinturicchio, à évoquer la terre pales tinienne où coule un Jourdain bleu, parmi les animaux et les fleurs de la Genèse.

Mais, plus que l'aspect des lieux, plus que l'église et ses artistes, sainte Hélène a apporté Jérusalme dans Rome. Étrange femme! L'Église reconnaissante l'exalte; mais autour de son front je vois se mêler les lueurs singulières de l'Asie, le diadème de l'Augusta, le nimbe de la piété, les clous de la croix retrouvés, le sang de son petit-fils égorgé et la buée d'étuve où sa bru fut asphyxiée. Bithynienne de Drepanum, le génie secret de l'Orient l'entraîne vers la religion du Christ et forme son âme. Fille d'aubergiste, elle devient la concubine de Constantius, est répudiée quand il est élevé à l'Empire, reçoit de Constantin, son fils, le titre d'Augusta, accuse Fausta sa belle-fille d'avoir fait mourir Crispus, né d'un premier lit, et persuade de la faire étouffer elle-même. Autour de cette orientale, c'est presque un drame du sérail. Et c'est à quoi je songe en entrant chez elle. Car Santa Croce est le reste du palais Sessorien, le palais d'Hélène [1]; tout ici était à elle, tout l'y rappelle : ses jardins s'étendaient là où poussent les roses de la villa Volkonsky, ses thermes épandaient leur eau là où court maintenant l'Aqua Felice; et si je pénètre dans l'église, voici la « basi-

---

1. *Liber Pontificalis*, II, p. 563, éd. Duchesne.

lique » Hélénienne, avec sa forme authentique, sa majesté romaine et ses colonnes originelles. Sur une base de statue dans la crypte je lis : « A notre maîtresse Hélène, très pieuse.... » Son âme, mal définie quoique pieuse, rôde encore de la crypte à la nef immense.

Cette partie du palais devient une église dès qu'Hélène y fait transporter les reliques de la Croix retrouvée. Car c'est là le grand titre de la dévote à la dévotion des peuples catholiques : elle retrouve, elle « invente » la Croix, et voici l'église de « Santa Croce in Gerusalemme ». Certes je connaissais le fait et l'héroïne : l'art chrétien, en Italie surtout, a si obstinément commenté ces passages des vieilles chroniques grecques et latines, que de Milan à Palerme on se heurte partout aux bois gisants ou redressés, et qu'on est entraîné dans le cortège d'Hélène. D'elle-même, de l'Augusta, aucun portrait, aucune monnaie ou médaille ne reste, ni ne fut gravée. Impossible de prendre au sérieux la statue extravagante du xviiie siècle, en proie à la tramontane, là-haut, sur la façade de l'église. Mais j'ai encore dans les yeux, entre cent effigies gravées, peintes ou sculptées, celle de l'estampe d'Holbein à Bâle : Hélène, grosse Allemande, bombe son ventre, qui porta Constantin, Constantinople, l'empire latin d'Orient et le Christianisme officiel; celle de Donatello (?), au musée Calvet d'Avignon, délicieux relief de marbre caressé de touches d'or, où le buste virginal et gracile ploie sous une chevelure constellée de perles et une dalmatique byzantine brochée d'or. Eusèbe dit pourtant qu'elle était fort simple en son extérieur, par piété. Mais l'Art, qui est en un sens plus vrai que l'Histoire, nous fait comprendre à sa façon que cette femme avait l'âme exotique, qu'elle était une Augusta et la mère du premier empereur byzantin. D'ailleurs, la passion du luxe qu'elle devait avoir dans le sang, elle l'étala dans les églises. Lisez, dans le *Liber Pontificalis*[1], les dons que Constantin leur fait au nom de sa mère et pour lui-même : feuilleter ces pages, c'est remuer de l'or; elles brasillent, étincellent et tintent, avec les patènes d'or, les scyphes d'or, les canthares d'argent, les candélabres et les aquamanules : la prose du nomenclateur s'essouffle à les soupeser. Si nous devons juger Hélène d'après son fils elle adora la toreutique, tout le travail du métal et de l'émail, qui d'ailleurs était de tradition d'Alexandrie à l'Asie Mineure. Elle aimait trop les bijoux pour qu'après Rome alexandrine Rome moderne, qui les aime tant, ne l'aime point. Au café de l'Aragno, la vitre de la porte est toute rayée par les chatons des bagues quotidiennes, qui font à la poignée une auréole d'égratignures.

Mais c'est dans l'Invention même de la Croix qu'il faut regarder Hélène : on la prend sur le fait, dans l'acte où se revèle toute sa personnalité. A Santa Croce de Florence, riche iconographie ancienne et

1. Cf. surtout les vies de Silvestre, d'Innocent, de Xyste III, d'Hilarus.

moderne sur le sujet, Agnolo Gaddi me la montre écrasée de religieuse crainte devant le mort que le contact de la Croix ressuscite. Dans les grisailles de Francesco Penni au Vatican, dans la fresque de Dan. de Volterre à la voûte de la Trinité des Monts, je l'ai vue penchée sur le trou d'où émerge la poutre sacrosainte. Mais surtout qui oubliera jamais, s'il l'a vue une fois, la chronique si dramatique de Piero della Francesca aux murs de Saint-François d'Arezzo? Vêtue de noir, recouverte d'un voile blanc, coiffée d'un bonnet conique jaune semblable à une mitre, Hélène a tout à la fois le deuil du Calvaire, l'exotisme d'une Asiatique et la piété d'une Ombrienne. Presque partout dans ces œuvres elle vient après la reine de Saba, comme le christianisme littéral succède au christianisme avant la lettre et le fait au pressentiment.

Mais pourquoi évoquer les œuvres lointaines? Je n'ai qu'à lever les yeux : la voici, quatre fois en quatre scènes. Elle est chez elle, et cette fresque dans l'abside de son ancien palais semble n'être que son portrait en quatre épreuves et sa « geste » suspendus. Qu'elle soit sur le bord de la fosse où les excavateurs travaillent, assiste à la résurrection de la morte par le contact de la vraie Croix, exalte celle-ci dans ses bras, le peintre, élève de Bonfigli ou de Fior. di Lorenzo, lève au ciel ses yeux dolents et indolents et penche sa tête sur l'épaule dans une inclination déjà péruginesque. Comme elle est plus vivante sur les murs de Jérusalem! Le cortège qui apporte la relique s'avance au loin dans la vallée, dont la végétation s'évertue : là-haut Hélène, impatiente, ravie, se penche, essaie de suivre son cœur qui dès longtemps est parti en avant. Et cela est charmant de naturel familier! Partout une délicieuse robe rose et un manteau jaune la vêtent d'une harmonie tout à fait idéale, adéquate à sa sainteté. Le paysage aussi, n'en déplaise au palmier et au profil de Jérusalem, n'est que l'Ombrie douce et grave où des montagnes d'un bleu très léger encadrent une vallée de gaze et un ponceau sur un rivelet; des gens, en dehors même des scènes relatives à la croix, vont et viennent, forment des groupes, prennent des attitudes belles, engagent des duels : ils sont si pleins de vie qu'ils l'emploient à se battre, comme ces deux-là près du pont, et si bien de leur temps, qu'ils veulent vivre en beauté. C'est ainsi qu'autour de la pieuse légende du IVe siècle, parce qu'elle s'incarne en une femme qui était ici belle, jeune, puissante et riche, ils répandent amoureusement l'esprit de la Renaissance.

C'est bien le sens de la basilique, que cette fresque commente : car ici Hélène envoya un clou, l'inscription et trois fragments de la Croix. Je n'ai jamais pu les voir de près. Quel regret surtout de ne pouvoir déchiffrer sur la vieille planchette le titulus ironique, vieilles lettres hébraïques, grecques et latines, écrites ou retouchées au VIIe siècle, et presque effacées! J'aurais senti au bout des doigts, des cils, le frisson d'un grand passé. Mais je puis descendre à la chapelle souterraine d'Hélène, avec la sensation étrange de descendre au fond des âges ou dans le sol même où la croix fut plantée. Car ici les métaphores sont presque le réel. Nous sommes bien à « Hierusalem », comme dit l'inscription, dans le Saint des Saints : Hélène, infatigable remueuse de terre, fit apporter sur plusieurs vaisseaux de la terre du Calvaire[1]. Dans le Campo Santo de Pise, dans celui des « Pèlerins » près de Saint-Pierre du Vatican, j'ai déjà foulé la « Terre Sainte », piochée, ramassée et transportée par la vigoureuse foi médiévale qui fit surgir tant de terrassiers. Ici elle est humide et il fait froid ; une Anglaise catholique frissonne : d'horreur sacrée ou de froid? C'est là, songe-t-elle, que sont conservés tous les témoignages d'un grand sacrifice d'amour. La foule, aux jours consacrés, vient s'écraser contre ces grilles, gardiennes d'un mystère qui trouble encore le monde. Les grilles le gardent bien : une inscription défend aux femmes d'entrer dans la chapelle de Hierusalem sous peine d'excommunication. C'est logique : la cabaretière élue de l'amour, concubine et mère d'empereurs, belle-mère jalouse, avait en ses quatre-vingts ans la passion de la virginité. Avec quelle joie elle dut faire raser, selon la tradition, le temple de Vénus érigé par Hadrien sur le calvaire! Elle dote richement les couvents de vierges, et voue à la Vierge, mère du Christ, un culte qui contribuera à son exaltation prochaine au moyen âge. Et elle, la

---

1. *Liber Pontificalis*, éd. Duchesne. — Cf. aussi, pour la légende, la *Légende dorée*, de Jacques de Voragine, à la fête du 3 mai.

voici, sur l'autel : c'est tout simplement une statue de Juno « Barberini » transformée. Qui a voyagé en Italie ne s'étonne plus de ces avatars : la solidarité des âges s'y marque dans la pérennité des formes, lesquelles ne se substituent point l'une à l'autre, mais s'adaptent simplement et tout naturellement à la destination nouvelle. Rien ne se perd, rien ne se crée dans celui des pays du monde qui vous communique le plus fortement des pieds à la tête, quand on le foule, le sens historique. Au dôme de Pise une statue de Mars est devenue saint Ephèse; à Sainte-Agnès-hors-les-Murs, la sainte sur l'autel est une Cérès d'albâtre légèrement modifiée. Mais ici l'ironie est piquante : car Hélène poursuivit les faux dieux, et la voici sous les formes olympiennes. Et le symbole est éloquent : car le christianisme de cette asiatique est encore d'essence païenne, le culte des images est la moitié de sa foi. C'est pourquoi, là-haut, à la voûte de mosaïques elle étincelle, païenne encore par l'éclat multiple et innombrable qui ruisselle sur sa robe comme un flot de gemmes.

Cette femme a inauguré le culte de la croix, et comme il est presque tout dans la vie chrétienne de l'humanité, elle a fourni à l'Art une inspiration intarissable. Concrète comme un objet réel, la croix a aussi la valeur morale d'un symbole : une grande idée, un sentiment profond d'amour et de pitié s'attache à cet agencement de bois qui fut un instrument de mort. Aussi, des poutres nues qui s'entre-

croisent dans les carrefours, là même où la Trivia
d'autrefois présidait à l'embarras du pérégrin, jusqu'au riche bijou que l'on porte sur la poitrine, elle a
reçu toutes les formes, élémentaires ou byzantines,
que comportait son schéma essentiel. Puisque c'est
d'impressions d'art qu'il s'agit, et personnelles avant
tout, je me rappelle le vague signe cruciforme, deux
petites lignes irrégulières l'une sur l'autre, gravées à
la pointe sur les plaques des loculi par les humbles
marbriers des catacombes; puis, sur les sarcophages paléochrétiens, la croix monogrammatique. A
Ravenne, dans le baptistère des Ariens, j'ai vu des
croix ariennes scellées au mur, et, dans les basiliques,
la croix grecque sanctifier les chapiteaux trapézi-
formes : à Palerme celle-ci voisine partout avec la
lancéole arabe dans les églises-mosquées de la Pala-
tine, de la Martorana, de San Cataldo et de Monréale.
Sur l'Aventin allez voir devant le prieuré de Malte la
petite place solitaire où la croix de l'Ordre s'incruste
partout. Je me souviens encore des croix byzantines,
enluminées de scènes évangéliques rechignées, qui
animaient l'ombre chaude à l'exposition italo-grecque
de Grotta-Ferrata. Mais surtout, si l'on veut savoir
quel effort d'amour et par conséquent d'ornementa-
tion se concentra sur l'emblème de l'humanité régé-
nérée, il faut voir la croix de la mosaïque absidale de
Sainte-Pudentienne. La richesse en est magnifique :
dans le jour mystérieux que capte et garde l'absipe,
la splendeur multicolore des petits cubes de verre luit

doucement, et sur les quatre branches des chapelets de gemmes rayonnent de feux. Mais, que la croix soit gemmée ou lisse, en tau ou en X, à jambages égaux ou inégaux, à extrémités évasées, ou en queues d'hirondelles, ou en larges panneaux à fresques, c'est Constantin avec sa vision et surtout Hélène avec son « Invention » qui ont transformé le gibet d'infamie en un objet de culte et en un thème d'art : foi et beauté sont depuis eux fixés à la croix, puis au crucifix.

Le 3 mai j'ai pu voir enfin les reliques de la croix, les seules qui passent pour avoir une tradition documentée. Voir? Apercevoir, entrevoir serait trop dire encore. Du haut d'une loggia, au moment où la clochette sonna l'instant dramatique, le cardinal Respighi les montra, devant un silence universel et prosterné; mais la buée des cierges, la fumée de l'encens et les émanations du public les auréolaient d'opacité, si bien qu'elles paraissaient enfoncées dans je ne sais quels lointains du temps et de l'espace. Lointains symboliques : car le prestige de ces choses a bien diminué, l'humanité indifférente n'y accroche plus son âme. Il y avait peu de monde : Jérusalem est si loin de Rome! et la place de Santa Croce, c'est le désert. La plupart étaient des pauvres gens du quartier; les femmes, retenant sous le menton le mouchoir blanc dont elles se couvraient la tête, ressemblaient à des bédouines. A la porte, point de dromadaires, mais quelques voitures, qui attendaient les pharisiens curieux à la sortie de Jérusalem.

Je sors moi aussi. Sur le seuil où je m'arrête, le pape Sylvestre II confessa publiquement ses péchés, dit la chronique. Quand il était en Espagne, chez les Arabes dont il dévorait les livres, il avait fait avec le Diable un pacte, d'après lequel il ne mourrait que lorsqu'il aurait été à Jherusalem[1]. Un jour qu'il célébrait ici même une cérémonie, il sentit ses os s'entre-choquer, et peu après mourait : il était venu en Terre Sainte ! Quant à Hélène, elle était morte deux ans après son retour à Rome : tout le monde connaît son « moysileum » de Tor Pignattara, la grande ruine trouée de ciel, et l'énorme sarcophage du Vatican en porphyre rouge, où elle dormait son sommeil sous une frise de guerriers à cheval et de petits génies : empire et demi-paganisme hantèrent encore son repos ! Rome actuelle ne l'oublie pas : à Saint-Pierre une bougie est toujours allumée devant sa statue ; il y a une via Santa Elena, où j'ai vu « l'antica trattoria Elena » ; et, comme pour m'imposer l'illusion de sa présence, voici, en face de moi et de sa basilique, la trattoria Menicuccio detto Barbetta et l'osteria Scarpellini, « ottima cucina », dans leurs claies de roseaux et les sureaux embaumés. C'est bien cela ! Elle sortit d'une auberge et finit dans un palais quasi impérial : cent mètres à peine séparent les deux symboles qui évoquent le principe et la fin de cette originale destinée.

1. *Lib. Pontificalis*, éd. Duchesne, II, p. 263. — Cf. aussi Gebhart *Moines et Papes*, p. 19-20.

Je descends les degrés. Les roses de Jéricho, je veux dire de la villa Volkonsky, épanchent leur parfum sur cette matinée[1]; et il me revient que dans cette basilique « ad Jerusalem » se célébrait autrefois la fête des roses : au dimanche « de Rosa », le pape chantait la messe en tenant une rose d'or parfumée de musc, et la rose était le thème de son sermon. Quelle jolie attitude de primitif! Puis il envoyait la rose à quelque prince qu'il désirait honorer. Allez voir celle du musée de Cluny : donnée par Clément V au prince-évêque de Bâle, elle est veuve de son parfum, mais exquise toujours dans sa fraîcheur originelle du xiv° siècle avec ses pétales épanouis et ses trois ou quatre boutons. Dans les jardins Volkonsky, je l'ai cru retrouver en telle rose-thé : je respirai sur ses feuilles de soie d'or toute la suavité du mysticisme chrétien, car la rose est le symbole de la double Jérusalem d'ici-bas et de là-haut, des deux églises et de la couronne des Élus; et j'avais envie de dire avec Dante : « La milice que Jésus épousa de son sang, la voici sous la forme d'une Rose[2] ».

Je traverse à nouveau l'immense place. Midi flamboie. A l'ombre de l'enceinte Aurélienne l'herbe garde encore la rosée du Cantique des Cantiques; mais là-haut, du fond d'un bleu suprême, absolu, Jehovah secoue comme au plafond de la Sixtine sa chevelure

1. De grandes maisons de rapport, commencées l'an dernier, intercepteront bientôt la perspective

2. *Paradis*, **XXXI**, 1-2.

de gloire et lance des rayons de feu. Au faîte du Latran, les Apôtres et Docteurs gesticulent en échangeant avec les statues de Sainte-Croix un dialogue d'allégresse : « Lætare Jerusalem! »

II

LA POÉSIE DES CLOÎTRES

Parce que Rome fut la ville des atriums, elle fut et est encore la ville des cloîtres. Le cloître est l'atrium de la maison de Dieu : il la précède au début pour ménager la transition entre la promiscuité de la rue et la majesté sainte du lieu, pour permettre au pèlerin qui vient demander audience de se recueillir avant d'entrer et de purifier ses mains à la fontaine lustrale; puis il s'accole au flanc de la basilique pour vivre désormais sa destinée proprement monacale : il n'est plus que pour les pèlerins professionnels et quotidiens, il s'est fait religieux, il garde les tombes. Comme le dit la curieuse inscription qui court la frise à Saint-Paul-hors-les-Murs : « Il enclôt les heures claustrales et pour cette clôture cloître s'appela »[1]. Mais dans sa métamorphose il reste encore fidèle au souvenir de l'atrium : il est romain à Rome, c'est-à-dire roman (je n'en connais aucun ici

[1]. Oras claustrales claudens claustrum de claudo vocatur.

de gothique), et il encadre de bon cœur le chant de l'eau, les ébats des oiseaux et les roses; un peu de paganisme erre « sub Jove » autour de ses colonnes, comme le parfum lointain d'un passé qui n'est jamais ici ni tout à fait mort ni maudit.

Beaucoup sont détruits, hélas! Le cloître de Saint-Alexis a perdu deux de ses côtés; hier encore celui de l'Ara Cœli tombait pour faire place sur le Capitole au monument de V. Emmanuel et de l'Italie unifiée. Ceci a tué cela! Mais il en reste beaucoup encore, oasis d'isolement et de fraîcheur opaque au milieu de la capitale. Ils sont, avec les fontaines, un des charmes les plus pénétrants de Rome; des plus complexes aussi, car l'antiquité, le moyen âge et le présent y fraternisent sous la nature éternelle qui confond et enveloppe tous les âges dans son harmonie.

A vrai dire, tous n'ont pas cette richesse. Trois par exemple, à Sainte-Marie-de-la-Paix, à Saint-Onuphre et à San Salvatore in lauro, ont surtout le caractère de l'atrium antique : petits cortiles de la Renaissance, ils s'inclinent en pente vers le centre pour l'écoulement des pluies qu'un trou laisse fuir : c'est presque l'impluvium. Les mêmes, et d'autres encore, ont un aspect ou une destination qui intercepte toute grande harmonie : le cloître plébéien dans un quartier de plèbe, c'est celui de Santo Salvatore, où j'ai vu la grisette choyer ses géraniums sous des oripeaux suspendus; la virtuosité architecturale, c'est le cloître de Bramante à Sainte-Marie-de-la-Paix, dont les colonnettes du premier étage portent à faux sur les arcades inférieures ; celui de Santo Pietro in Vincoli, œuvre gracieuse de G. da Sangallo, n'est qu'un préau universitaire où des affiches collées m'ont appris les heures des cours cependant que les étudiants péripatétisaient ; celui de Santo Cosimato a le tort d'en rappeler d'autres, du début du xiii° siècle aussi et plus beaux ; celui de Saint-Paul-hors-les-Murs est un reflet de celui du Latran, et je l'ai vu refaire à neuf avec l'aide de soldats de la garnison. D'autres sont affectés au rôle de musées : Sainte-Françoise-Romaine abrite sous ses arcades de la Renaissance les débris du Forum, pierres du diable et des démons ; le cloître des Chartreux de Sainte-Marie-des-Anges, repris par l'antique génie du lieu, est devenu le Musée des Thermes de Dioclétien. Et certes, il est du dessin de Michel-Ange, et admirable. Placez-vous au milieu et regardez autour de vous : la retombée légère des colonnes ressemble à l'oiseau qui se pose ; près de replier ses ailes, il tend en avant ses pattes fines qui affleurent déjà le sol ; ce n'est plus le vol libre, ce n'est pas encore l'arrêt fixé : c'est l'instant délicat où participant à la fois de la terre et des cieux il est comme suspendu. Ce portique est un arrivage de grands oiseaux blancs, qui se posent en quadrilatère, comme d'autres volent en triangle, sur le bord du jardin, autour du frais bassin. S'il est bien florentin par sa grâce nerveuse, il est michelangélesque par son immensité : il tient à la fois du génie grandiose qui ne conçut rien que sous l'aspect du sublime et de l'éternel ; de la majesté des vieux cyprès, dont l'un, planté, dit-on, par Michel-Ange lui-même, s'affaissa il y a deux ans sous un coup de vent que souffla Jehovah ; et de la grandeur mutilée des Thermes de Dioclétien où il est encastré. Malgré tout, il n'est plus qu'un corps sans âme, ou du moins faut-il que nous y ramenions cette âme par un effort de pensée. Désaffecté, il voit les Olympiens remplacer l'idéale présence du Christ, et les vestales, les héros, figés dans le marbre là où déambulait la méditation des moines. Ce cloître est lui aussi une galerie d'Antiques ; et sans doute jamais musée n'eut un tel cadre, mais précisément c'est le musée qui bénéficie et s'enorgueillit du cloître : celui-ci demeure en peine, et sa mélancolie n'échappera point à ceux qui ont l'âme nostalgique et qui croient qu'une grande œuvre est faite pour une destination spéciale, laquelle fut son principe et doit rester sa fin.

* *
*

Voilà pourquoi c'est à Saint-Laurent-hors-les-Murs, puis au Latran, que nous irons chercher l'intégrale et l'harmonieuse poésie du cloître romain. Oh, la charmante retraite où enclore deux ou trois heures de sa vie que le cloître de Saint-Laurent ! Terminé en 1187, il est d'un roman trapu, tout petit et profond entre de hautes parois. Il était plus ajouré, plus lumineux autrefois, avant que le portique du premier étage fût aveuglé; l'ensemble reste d'apparence solide, comme si ces arcades aujourd'hui franciscaines voulaient encore, ainsi que San Francesco dans le songe d'Innocent III, soutenir l'Église défaillante. Elles se doublent, se triplent d'arcatures simulées, dont l'inflexion ainsi multipliée pose la grâce sur la force. C'est un peu aussi la grâce du diable, car beaucoup de ces colonnes de marbre, les petites du moins, sont antiques. Lorsque le vieux capucin, courbé en plein cintre, me précède sous l'arc roman qui donne accès au jardinet, ils font à eux deux une impeccable voûte d'arête.

Une suavité infinie est répandue dans ce minuscule espace, qui me fait penser au petit coin de cellule, à l' « angello » des mystiques. La place de San Lorenzo m'y avait préparé, à qui son Campo Santo et ses noirs cyprès font une couronne de recueillement. Mais tout ici ramène l'âme sur elle-même, en sa vie intérieure : ce cloître exigu, à peine remué de bruits légers qui épellent le silence, est tout intime et bien franciscain. Un capucin en tablier de travail bêche, bêche, sans même regarder le *forestiere*; celui qui me guide, avec sa cordelière lâche et ses petits yeux ridés, a l'air d'être échappé d'une fresque de Giotto à Assise. Et c'est bien, en pleine Rome latine, un coin de la délicieuse Ombrie : le cloître a voulu rester anonyme, comme un religieux qui sait bien que l'orgueil est réprouvé par la règle de San Francesco; il est simple en ses chapiteaux cubiques, en ses colonnes lisses, dont certaines vont deux à deux comme des fraticelles, tandis que les autres s'isolent dans la prière. J'ai dit qu'il était à la fois grave et doux : n'est-ce pas l'idée qu'il convient de se faire du grand Ombrien, lequel ne passa point du tout une vie fade à interpeller les hirondelles, ni à bêler après les brebis? Il avait bon sens, activité, fermeté douce, et c'est l'expression même de ces formes. On observe ici la loi sacrée du travail comme le voulait Francesco, et je vois bien que frère Mouche, en dépit du soleil et des parfums, n'y bourdonne point; quelques légumes poussent en plate-bande, une treille court au-dessus du portique pour le cas où frère Sylvestre aurait envie de raisins, comme jadis. Afin de mettre dans ce verger des nécessités un peu de joie permise, quelques fleurs du bon Dieu, des « fioretti », géraniums, iris et violettes, s'évertuent autour de la vasque où boit une colombe privée, une « tortole, sorelle mansuète et simplice [1] ». Dans ce paradiso, à peine plus grand qu'un mouchoir de poche, j'ai revécu en plusieurs saisons les heures exquises du jardinet de Claire à Saint-Damien et du Roseto de la Portioncule.

Telle est l'impression première. Mais ouvrez les yeux, tous vos sens : la nature a bientôt fait de recouvrir le mysticisme de sa volupté païenne. Ce

---

1. *Fioretti*, éd. Léop. Amoni, XXII.

magnolia vernissé eût fait frémir d'aise notre sensuel Chateaubriand en nostalgie des « Florides »; des orangers, tout comme dans la Primavera de Botticelli et dans les jardins sarrasins de Palerme, bombent leurs boules d'or : sur le sol feutré j'ai entendu tomber un « poum » mat et lourd. Au 22 avril les abeilles susurrent comme dans une idylle sicilienne. Regardez ce laurier, dans l'angle, qui monte, monte éperdument jusqu'à ployer comme un roseau pour franchir la claustration monacale et boire la vie de l'espace. Afin de commenter la leçon que donnent les choses, la basilique et le cloître me présentent le même contraste : dans la basilique comme d'ailleurs dans presque toutes celles de Rome, les vingt-deux colonnes de la nef d'Honorius III, qu'elles soient ou non du portique d'Octavie, sont païennes : païennes aussi celles de la nef de Pélage, avec les cannelures droites qui donnent à leur galbe une grâce musclée d'éphèbes, ou des cannelures torses qui les font ressembler à des nymphes sortant du bain et se tordant les cheveux; païens surtout tel chapiteau corinthien dont l'acanthe enveloppe des trophées de légionnaires, tel chapiteau ionique qui enroule en ses volutes une grenouille et un lézard. Les deux bêtes sont-elles une fantaisie des marbriers antiques en veine de poésie « naturelle »? Sont-elles la signature figurée des deux artistes grecs, dont parle Pline, Batrachos et Sauros, contemporains de Pompée? Toujours est-il que leur présence m'a charmé : en

attendant que le christianisme médiéval convoque
directement dans les églises romanes et ses cathédrales gothiques les animaux de la création à célébrer
la gloire de Dieu, voici une basilique paléo-chrétienne
qui emprunte à l'artiste alexandrin son amour profane de la nature. En ce pays le panthéisme universel
serre de plus près qu'aillleurs la maison de Dieu.

Mais, dans le cloître, ce qui rend l'antithèse plus
piquante, c'est l'attitude du brave capucin qui m'en
fait les honneurs : il me montre complaisamment les
inscriptions cimetériales de Gracilis, de Laurentius,
qui reposent « in pace », d'Exsuperantius qui déclare
avoir acheté place et marbre aux fossores des catacombes, d'Hilarus enfin qui dit adieu à sa femme
Abundantia, « si méritante » ! Sur toutes ces plaques
la colombe du jardin s'est venue figer en symbole
mystique et tient en son bec le rameau où l'espérance de l'immortalité fleurit éternellement. Mais,
après avoir dépassé les débris si attachants de l'ancienne basilique de Constantin, puis de Pélage, puis
d'Honorius III, il passe vite, les yeux baissés :
voici un sarcophage avec scènes de combat, un
tronc de statue dont la draperie souligne l'esthétique des formes humaines, des frises antiques
encastrées : de tout cela émane un charme impérissable, celui-là même qui à la fin du moyen âge
s'épandit sur le monde pour lui rendre, en une
Renaissance splendide, le sens de la beauté, de la vie
libre et de l'amour. Et tout à coup Cybèle est

apparue : la voici, sur un couvercle de sarcophage, la Grande Mère des dieux, amante d'Atys, déesse de la Terre, à qui allait un culte orgiastique où le sang des émasculations se mêlait à celui des tauroboles! Elle passe dans un char traîné par quatre énormes éléphants, puis sur une litière que portent les Galles tandis qu'on joue de la trompette devant le cortège. Du coup, mon guide s'est détourné un peu ; surpris de me voir copier ce curieux bas-relief dont la photographie me fut introuvable, il fait un pas en arrière et murmure en sa barbe : « Niente, niente » (Cela n'est rien du tout). Et la robe de bure, en s'éloignant, frôle de son mépris les marbres blancs où le Poème « de Natura Rerum » s'est cristallisé[1].

Je ne me rappelle avoir eu d'impression aussi heurtée qu'à Gîrgenti. C'était au Dôme, et non dans un cloître, mais dans une chambre attenant à la sacristie. Au beau milieu, bien isolé sur une base de façon qu'on en pût faire le tour, comme pour les châsses où sont attachées grâces ineffables et indulgences, un énorme sarcophage, d'ailleurs célèbre, étalait sur ses quatre faces toute la légende de Phèdre : Hippolyte chasse le sanglier ; Phèdre, silencieuse sur un siège à pieds de lion, s'absorbe en sa passion ; la nourrice apporte un billet au fier chasseur ; Phèdre enfin, affaissée parmi ses femmes qui pleurent ou cherchent à la distraire en jouant de

1. Cf. *Lucrèce*, II, v. 600 sq.

la lyre, écarte ses voiles, qui lui pèsent : « C'est
Vénus tout entière à sa proie attachée ». On avait
passé vite dans la nef, vite devant le maître-autel,
vite même devant la Madone, pour venir vers Elle ; et
là on se taisait, d'un silence quasi religieux : car
(tous ces Siciliens le sentaient) un dieu était là, à la
fois implacable et doux et maître de tout ce qui vit. La
pureté des formes, un sens tout grec de l'élégance et
de l'harmonie, et aussi la recherche du vrai dans
l'expression ajoutaient au prestige. Et c'était bien
étrange de sentir se mêler autour des bas-reliefs
volupté, beauté, et encens ! O Sicile, que voilà bien
de tes compromis !

Mais ici l'ironie des choses nous frappe davantage.
La déesse de la Terre est chez elle dans ce jardinet,
et saint François n'est après tout que son locataire.
Dans cette retraite franciscaine où les femmes ne peuvent pénétrer, l'Idéenne est partout présente, non
seulement en son simulacre, mais dans la sève des
tiges dressées et dans le pollen des fleurs d'avril. En
ce cloître où tressaille la force génésique du printemps, le triomphe de Cybèle perpétue la passion
du Christ.

*
* *

S'il est vrai qu'en dépit de la simplicité évangélique
rien n'est trop beau pour la maison de Dieu, il doit
se plaire au cloître du Latran. Celui-ci est splendide,

comme il convenait à la grande Congrégation des chanoines, à la majesté de la basilique, « de toutes les églises de la Ville et du Monde mère et maîtresse », à la gloire universelle enfin dont la papauté rayonnait sous la tiare d'Innocent III. Commencé au début du XIIIe siècle, il ajoute à la beauté générale des lignes le luxe étincelant du détail; tandis que l'ensemble nous enchante d'harmonie, sur chaque trouvaille particulière on se penche, on applique son regard, on fait courir la caresse des doigts. Et cela est à la fois, par la grâce d'état de Byzance et de la Sicile arabo-normande, magnifique et précieux.

On comprend que Vassaletto, le marbrier romain, ait déclaré dans une inscription retrouvée « qu'instruit dans cet art par le noble et glorieux talent de son père (*nobilitate* a ici les deux sens), il a fini tout seul ce qu'il avait commencé avec lui » [1]. Et il le dit en un beau latin lapidaire où les deux vers assonancés, géminés comme ici les colonnes, se tiennent debout comme elles dans leur plénitude et leur poids. Regardez, j'allais dire écoutez la mélodie de celles-ci : elles retombent des chapiteaux sur leurs socles ainsi que des vers sur leurs pieds, deux à deux, comme des distiques. Dans leur suite régulière, l'arc roman qui dessine le vide, pareil à la césure qui interpose un silence, met la mesure alternée, le rythme, et le tout se développe avec la loi musicale du retour pour

---

1.   Nobilitate doctus hac Vassalectus in arte
   Cum patre cepit opus quod solus perficit ipse.

composer les quatre chants de ce poème pétrifié. Quatre arcades plus grandes qui ouvrent sur le jardin, gardées par des sphinx égyptiens et des lions classiques, scandent encore cette ampleur déroulée. Pour qui a le sens de la ligne, de sa beauté propre, je dirai même de son expression personnelle, c'est ici un enclos de ravissement.

Aussi faut-il regarder les colonnes en elles-mêmes après la colonnade. Sœurs jumelles, l'accord de chaque couple nous touche comme un sentiment. Ce n'est point qu'elles se ressemblent : sauf les neuves, toutes simples, que la restauration a substituées aux chères disparues, elles sont presques toutes différentes, en vertu de ce principe de la riche diversité qui domine l'art ornemental du moyen âge. Aux porches de nos basiliques romanes comme de nos cathédrales gothiques je ne crois pas avoir vu beaucoup de listels identiques ni de colonnettes pareilles. Ce n'est pas seulement la dignité propre du lapicide, qui se faisait un point d'honneur de ne point se répéter lui-même, comme fait l'industrie : c'est aussi que l'imagination, jeune et fraîche, créait dans la joie avec une spontanéité continue dont elle s'enchantait la première ; c'est enfin qu'un réalisme de bon aloi suivait autant que possible l'exemple de la Nature, qui ne fit jamais deux feuilles ni deux grains de sable absolument indistincts. De ces colonnettes les unes sont tordues mollement comme des tresses féminines, les autres serrées comme des cordes ; et la torsade est parfois si bien nouée au milieu, que l'attention s'y embrouille ainsi qu'en une intrigue. D'autres sont imbriquées, d'autres cannelées largement, ou bien à petits plis pressés comme un surplis de chanoine, de chanoine du Latran ! Le bois sculpté, l'ivoire fouillé, la liane souple, les écailles de serpents, les opulentes nattes de cheveux sont ici suspendus ou fixés par le travail de Vassaletto, inventeur de voluptés, poète.

Car ce marbrier (marmorarius) est aussi un maître-peintre qui a joué souverainement de la lumière et de la couleur. La clarté et l'ombre évoluent avec la minute ou l'heure dans les creux, sur les contours : elle s'accroche ou caresse. Il faut voir ce cloître en plein soleil, un peu avant midi, lorsqu'un côté ruisselle d'éblouissement pendant que l'autre fait valoir dans une opacité propice chacun de ses détails : c'est alors le clair-obscur d'une strophe de la « Légende des Siècles » ; ou encore au crépuscule, je veux dire avant l'ave Maria, quand la clarté décroissante traîne çà et là, dans les sinus serpentins, sous les chapiteaux, de lentes et délicieuses agonies. A qui sait écouter le langage des pierres celles-ci parleront : le matin, revêtues de blanc et de filets de pourpre, cordelées comme des moines, mitrées de chapiteaux, coiffées de gemmes, elles siègent en concile, le grand concile du Latran, tel celui qu'Innocent III tint en 1215, ici tout près, pour l'apothéose de la Papauté. Le soir, les robes s'assombrissent, les gemmes s'éteignent, le concile s'évanouit au son des cloches de l'Angelus dans les ténèbres où l'on dit que la Papauté descend un peu tous les jours. Malheureusement, on ferme trop tôt pour que j'aie pu voir la fin de ce mirage.

Imaginez maintenant sur la frise l'opus tessellatum, c'est-à-dire les plaques encastrées de porphyre rouge ou vert, et autour des colonnes les incrustations de paillettes noires, rouges et or, qui scintillent. Aujourd'hui elles sont tombées par endroits avec le ciment qui les sertissait; mais, quand l'œuvre était intacte en sa fraîcheur, c'était un morceau de firmament tombé des nuits romaines, avec des myriades d'étoiles accrochées au marbre. Ou encore (c'est la comparaison qui vient à l'esprit de la plupart) le cloître est un coffret sculpté où des joyaux tour à tour dorment et se réveillent, émaux, métaux et diamants. La fantaisie siculo-arabe règne sur ces merveilles, car l'on sait que l'évêque d'Amalfi l'apporta de Monréale, dont le cloître est sans doute le prototype de celui-ci Mais celui de Monréale est immense, et c'est un défaut capital : au joyau il ne faut qu'un écrin ; dans le vaste quadrilatère où la haute basilique de Guillaume II versait son ombre j'avais peine à percevoir l'orfèvrerie des colonnes. Ici les proportions de l'ensemble font valoir tout le prix du détail. Sylvestre II (le pape de l'an mille), qui fut inhumé à Saint-Jean de Latran où est encore sa pierre tombale avec une magnifique inscription, et qui s'éprit de la civilisation arabe au point de passer pour sorcier, doit frémir d'aise si ses yeux peuvent percer les murailles : il revoit des splendeurs

analogues à celles qu'il avait pu contempler dans les
édifices sarrasins, non pas en Sicile, mais « in Hypsa-
lim » où il séjourna[1]; elles l'avaient dû frapper,
lui, l'enfant d'Aurillac, l'écolâtre de Reims; quand il
avait quitté la France l'art roman n'était même pas
constitué, mais sous les souffles tièdes venus du midi
le voici, au XIIIᵉ siècle, qui s'épanouit. Je ne puis non
plus me tenir de penser que, lorsqu'Innocent III vit
en rêve San Francesco soutenir sur ses épaules le
Latran défaillant, ce cloître (dont les dates d'ailleurs
ne sont pas précises) n'était pas encore bâti : se figure-
t-on ces somptuosités sur l'épaule maigre du poverello?

Mais les chanoines du Latran, esprits subtils, pré-
féraient à ces contrastes l'allégorie, voire le jeu de
mots. Très fiers de leur merveille, ils y firent graver
cette inscription disparue : « Que les âmes de ceux
qui se font chanoines aient la structure de ce cloître :
qu'elles soient fraternellement unies et polies comme
ces pierres[1]. » Malgré cette invite, le bijou était trop
précieux pour que les branches de leur Congrégation
ne se le soient pas disputé. A la mort de Paul II les
chanoines réguliers ameutent le peuple de Rome en
leur faveur, poussent une furieuse attaque contre les
chanoines séculiers qui occupent la basilique et le
monastère, et les boutent dehors. Sixte IV rétablit le
statu quo ante, mais, pour donner compensation aux

1. *Liber Pontificalis*, éd. Duchesne, II, p. 263.

1.
    Et stabiliantur animo qui canonicantur
    Ut conjungantur lapidesque sic policentur.

vainqueurs déçus, il leur attribue le monastère de Sainte-Marie « de la Paix » où Bramante leur construira en 1504 le si joli cloître, en attendant que Raphaël, en 1514, peigne à fresque dans l'église les fameuses Siyblles. Joli est le cloître, mais ils y perdaient tout de même : c'est un peu l'échange, après la bataille, de Diomède et de Glaucos.

D'autres richesses aujourd'hui, richesses de musée, ornent le cloître du Latran; mais c'est un musée paléochrétien en harmonie avec son cadre. Une inscription rappelle que le sarcophage de sainte Hélène reposa longtemps ici. Que n'y est-il resté, parmi ces reflets d'Orient, dans cette « Terre Sainte », sous la tutelle du Latran fondé par Constantin, le fils d'Hélène, et à quelques centaines de pas de Sainte-Croix-en-Jérusalem, basilique civile de son palais à elle, puis basilique sacrée quand elle y eut apporté les restes de la croix? Hélène et Constantin sont bien chez eux : voici les débris de l'église Constantinienne, fragments de plafonds à caissons et à rosaces, d'ambon, de presbyterium. Au milieu du jardin un plutée aux reliefs byzantins s'arrondit sur l'eau profonde. On voulait, il y a cinquante ans, que ce fût la margelle du puits de Jacob où la femme de Samarie désaltéra Jésus; et on avait bien raison, car les jolies Samaritaines d'aujourd'hui s'y penchent toujours, mais comme on se mire dans une psyché limpide. De l'église médiévale, du xiiie siècle particulièrement, voici un reste de tabernacle gothique, si précieux de travail, si fleuri d'émail polychrome, que « Maître Deodat », marbrier romain antérieur aux Cosmates et aux Vassaletti, a tenu à le signer en belles majuscules sous une rosace qui s'épanouit comme son orgueil. Et surtout je m'arrête devant le trône papal, tout incrusté aussi de mosaïques : en haut du baldaquin les pinacles s'effilent pour s'approcher des cieux, en bas la faune romano-gothique, aspic et basilic, lion et dragon, rôdent sur le piédestal où les pieds du Pontife les écrasait mystiquement comme les symboles de l'hérésie et des vices. Là fut aussi la « sedes stercoraria » et les deux sièges curules en porphyre rouge sur lesquels on intronisait le Pape [1] : j'en ai vu un au Cabinet des masques du Vatican, l'autre dans les galeries d'Antiques du Louvre, près de la statue du Nil. Percés d'un trou et dits stercoraires eux aussi du beau mot d'humilité qu'on prononçait devant le nouvel élu, en fallait-il davantage pour y asseoir en esprit la papesse Jeanne et faire défiler au-dessous la libertine vénération des fidèles ? Mais rien ne me touche plus que cette pierre tombale d'un chanoine (car ce cloître fut un cimetière) : assis dans sa cathèdre, la tête appuyée sur le coude, il semble faire sa sieste comme entre matines et vêpres ; si naturel, si vivant, qu'on ralentit le pas pour ne point le tirer de son somme ; et c'est bien le sommeil en effet, le sommeil profond et doux dans la paix du Seigneur en attendant le réveil des trompettes dans la vallée de Josaphat.

1. Cf. Luchaire, *Innocent III* : l'Avènement; et *Liber Pontific.*, II, 296.

On doit être si bien ici pour dormir! Les palmiers frissonnent comme des feuilles de bronze, les roses et les pivoines s'ouvrent à la caresse des abeilles, les fraisias embaument autour du puits et des deux citernes qui exhalent une fraîcheur de cour mauresque ou de patio espagnol. Ainsi, comme à San Lorenzo, l'éternelle poésie des choses enveloppe le passé et le présent de ce cloître basilical, qui n'a cessé d'être un atrium après celui des Laterani, tout en devenant un musée d'archéologie chrétienne et un délicieux cortile fleuri. Que le plaisir des sens, surtout en mai, ait ici son compte, messer Lorenzo Valla, qui a longtemps reposé sous ce portique avant d'être transporté dans l'église, saurait bien le dire : chanoine du Latran, il cultivait Épicure et Lucrèce, et professait, sans cesser de se croire très chrétien, que le but de la vie est le plaisir. Il était de « Placentia », de Plaisance! « Ce que la nature a créé et formé, disait-il, ne peut être que bon et sacré.... Elle est identique ou à peu près identique à Dieu. » Voilà pourquoi ce cloître met encore autour de son dernier sommeil, comme il l'avait mise autour de sa vie, la « volupté », à laquelle il consacra un grand ouvrage comme à son Dieu.

Et c'est l'impression dernière que laissent les cloîtres romains. Soit par la recherche de l'architecture, surtout du décor, soit par la présence des débris du paganisme, soit par la vertu magique de ce ciel qui baigne de joie les êtres et les choses, ils troublent d'un charme profane leur caractère sacré. Mais c'est toute Rome, cela ; Rome, dont le singulier christianisme, qu'on l'étudie dans l'âme du peuple ou dans ses formes extérieures, n'est souvent que la revanche des anciens dieux.

III

CE QUE DIT LA BASILIQUE DE L'ARA CÆLI

La plupart des églises de Rome sont d'extraordinaires entassements d'histoire ; la saisissante originalité de l'Ara Cæli, c'est qu'elle cristallise tous ses souvenirs autour de deux sentiments, la piété chrétienne et le patriotisme de la cité, intimement unis. Le Capitole est le siège de la majesté romaine, et l'Ara Cæli est l'église capitoline.

Ce n'est pas que la piété toute pure n'y réserve ses droits. Voici, dès l'entrée, la chapelle des Buffalini, peinte à fresque par le Pinturicchio : rien que douceur franciscaine, Ombrie suave et grave. Sur les parois Bernardin de Sienne accomplit des miracles, meurt et « triomphe ». Pour que le lit d'agonie où il est déjà raidi, pour que les visages douloureux qui se penchent ou prient ne nous accablent pas d'émotion, le peintre, qui excelle à distraire la sensibilité par le décor et la piquante saveur des anecdotes, a dispersé autour de la civière ces jolis enfants qui jouent avec des fleurs, ces pages au pourpoint mi-parti, ces jeunes femmes toutes au bonheur d'exister et d'être belles, le donateur messer Buffalini en robe fourrée d'hermine et les gants blancs à la main, enfin ces portiques sveltes où la joie de la Renaissance circule avec l'air et l'espace, autour des colonnes, parmi les groupes. Plus pénétrée de charme franciscain est la glorification de saint Bernardin. Dans un paysage bleu les montagnes de Pérouse ou d'Assise, qui sont à la fois souriantes et nobles, regardent frissonner un lac d'argent. Ce palmier retombant ne nous trompera point : il n'est, près du cyprès d'Italie, que le symbole de la Terre Promise. Que l'œuvre trahisse l'influence de Fior. di Lorenzo ou celle du Pérugin, nous sommes bien au cœur de l'Ombrie, où Bernardin apporta de Toscane la règle de la stricte observance, la parole enflammée qui brûlait le cœur des Pérousins, mettait en fuite le démon de la Peste et de la Guerre et faisait partout refleurir sur les cadavres l'espérance. Est-ce parce qu'il est un des patrons de Pérouse, patrie du peintre, ou son protecteur patronymique, que Bernardino di Betto, dit Pinturicchio, l'a si fidèlement pourtraicturé? Sur le crâne poli brillent des reflets ivoirins, comme sur les têtes de morts que le saint posait devant sa méditation; les petits yeux bridés semblent « cligner » devant une flamme intérieure; les lèvres rentrées, retirées de toutes les tendresses humaines, ont la sécheresse de l'ascétisme et laissent s'avancer le menton pointu, expressif d'une volonté qui a renouvelé l'âme siennoise et ombrienne. Physionomie si fine en son ardeur mystique! Que de fois l'ai-je rencontrée à Sienne, à Pérouse, où elle perpétue la foi exaltée du XIIIe siècle, réincarne le séraphisme de saint François, semble se figer dans l'arc des fenêtres gothiques et dans la frêle minceur des meneaux! A son souffle brûlant, en effet, la Sienne de briques s'effile et se gracilise vers la lumière : elle est gothique en tant qu'elle est bernardinesque, car la forme et l'âme en elle ne font qu'un. Mais ici aussi, en pleine Rome, il est chez lui, car non seulement il fut canonisé à Rome, mais encore dès 1252 l'Ara Cæli appartint aux frères mineurs; et elle a prêté son merveilleux cadre basilical à la condamnation de Jean de Parme, adepte de l'Évangile Éternel, et à l'élection de saint Bonaventure au généralat. Voilà comment, même dans l'Église Capitoline, reste un parfum de piété pure et détachée de tout.

Cependant c'est Rome, la ville impériale, la commune du moyen âge, la cité municipale de la Renaissance, qui présida ici au culte. Le vocable de l'église frappe dès l'abord; les inscriptions de l'arc triomphal, « Providentia dei »; de l'arc absidal, « Hæc est ara cœli »; et du baldaquin de Sainte-Hélène : « Ici l'on croit que la Vierge, mère de Dieu, apparut avec son fils dans un cercle d'or à César Auguste », disent assez la très vieille légende d'après laquelle la Sibylle de Tibur ayant révélé l'avènement du vrai Dieu à l'Empereur, celui-ci refusa l'apothéose offerte par le Sénat et éleva un autel au fils de Dieu. Voilà la Rome officielle rapprochée pour la première fois des destins du Christianisme.

Tout le monde connaît cette légende; mais pour en rafraîchir en moi la poétique impression je n'ai qu'à me rappeler les innombrables œuvres picturales où les Sibylles renouvellent la prédiction des Prophètes : teste David cum Sibylla. Dans toute l'Italie, dans Rome surtout, à Sainte-Marie de la Minerve, de la Paix, du Peuple et de la Consolation, au Vatican dans les appartements Borgia et à la Sixtine, on entend les Sibylles de Perse, d'Érythrée, de Cumes et de Tibur, sans compter les autres, prononcer, à l'instigation des plus grands artistes de la Renaissance, la parole qui va rendre au monde une Vita Nuova. Exactement comme aux temps critiques où le Sénat de la République et de l'Empire consultait les vieux livres, la ville des apôtres est pleine aujourd'hui des voix sibyllines. Seulement, au lieu de conseiller en termes ambigus des expédients provisoires, elles redisent la bonne nouvelle qui galvanisa le vieil Occident, déjà rajeuni par le sang des barbares. Il est très émouvant d'écouter tomber des parois dans le silence des églises romaines, quelquefois vieilles « comme Hérode » par leurs matériaux, les sentences concises et graves. Il y a même au Vatican la « Chambre des Sibylles », décorée par Pinturicchio : elles sont douze, accompagnées de douze prophètes, et développent des phylactères d'où les paroles fatidiques semblent s'échapper. Mais c'est la Cuméenne et la Tiburtine que vous entendrez le plus souvent à Rome : elles sont italiennes, en effet, et quasi romaines, l'une par l'histoire des Livres Sibyllins et d'Énée, ancêtre de Rome, l'autre par Tivoli, où se dresse encore sur les rochers caverneux l'exquis petit temple rond « de la Sibylle ». Aussi toutes les deux ont-elles été choyées des peintres de la Renaissance. La Cuméenne a mille ans et davantage, puisqu'elle est la voix du monde antique ; voilà pourquoi elle est si vieille, et ridée, et pointue du menton dans la terrible fresque de Michel-Ange à la voûte de la Sixtine. De ses mains osseuses elle ouvre le livre du Destin : cette Sibylle est une vraie Parque, sœur de celles du Pitti, mais une Parque qui n'intercepte le fil de la civilisation antique que pour tramer l'avenir ; sous le pinceau de Michel-Ange on la croirait devenue chrétienne, entre ses lèvres serrées on entend gronder le Dies iræ. Par quel besoin irrésistible de jeunesse et de fraîcheur Raphaël a-t-il fait d'elle à Sainte-Marie de la Paix une belle fille au regard un peu sauvage? Est-elle le symbole de l'antiquité rajeunie, de la « Renaissance »? Il y a en elle autant d'amour que de mystère, et l'on sent bien qu'Imperia n'est pas loin. Il est vrai qu'il fait très vieille la Sibylle de Tibur.

C'est celle-ci que la plupart des versions du moyen âge font parler à Auguste dans la légende de l'Ara Cæli. Romaine est la Sibylle, romaine la légende, deux fois romaine (puisque Capitoline) la basilique où je suis : le patriotisme de la cité trouve triple satisfaction sur cette pointe de la colline sacrée. Mais, pour assister soi-même à la révélation de la Tiburtine, il n'est que d'aller au Vatican dans la chambre de la Signature, devant la grisaille-camaïeu de Pierino del Vaga[1]. Elle est là, montrant la Vierge et le fils assis sur un nuage de gloire. L'Empereur est tombé à genoux ; une colonne, j'allais dire l'Empire, est encore debout, mais déjà le chapiteau gît à terre, brisé ; un charme inconnu descelle les pierres, pourtant si bien assemblées, où les cités antiques avaient appuyé leur destin. La fresque est d'assez mince importance, mais à force de la regarder, sous le prestige du « Triomphe de la Foi », à l'heure méridienne où la colline Vaticane désertée par les touristes affamés se remet à parler comme jadis, on finit, comme Auguste, par entendre l'inouï et voir l'irréel.

L'irréel? Ici encore la poésie est plus vraie que l'histoire. Certes l'antiquité n'a nullement pressenti le christianisme, mais dès le premier siècle, inquiète, elle s'attendait à de l'inconnu. Dans tous les cas elle l'a préparé : l'état d'âme par le discrédit croissant de la religion officielle et les cultes de l'Orient ; la morale par la pureté stoïcienne et le progrès des idées humanitaires ; la doctrine par l'exégèse néoplatoni-

---

1. Comparez avec le *Bonifazio II*, n° 257, et le *Garofalo*, n° 122, au Pitti, et surtout avec le très beau *B. Peruzzi*, dans l'église Fontegiusta de Sienne.

cienne; la diffusion rapide et sûre par le merveilleux système administratif et le cosmopolitisme impérial.

D'ailleurs, si vous fermez l'oreille à l'histoire, écoutez ici les choses : à Rome, la ville historique par excellence, elles composent, combinent quelquefois à l'aveuglette de précieux enseignements. Sur une des colonnes de la basilique est gravé en majuscules romaines « a cubiculo Avgg » (Augustorum) : on suppose que l'admirable fût cannelé provient du portique d'Octavie : et voilà la famille d'Auguste, Auguste lui-même, présents dans le sanctuaire qui remplaça l'autel élevé par lui au « premier-né de Dieu ». J'ai tort de dire : remplaça. A en croire la tradition et l'imperturbable assurance du franciscain qui me fit la première fois les honneurs de sa basilique, l'autel est toujours là, renfermé dans le ciborium à baldaquin où reposent les restes de sainte Hélène. J'ai eu beau regarder, bien souvent : je n'ai rien distingué, dans l'ombre des grilles, qu'un magnifique symbole. Ce qu'Auguste avait le premier appris et accepté (toujours selon la légende), Hélène et Constantin l'ont confirmé, officiellement établi. Et près de là le « fils de Dieu » apparaît toujours : aux Augustules d'aujourd'hui il se montre publiquement à la Nativité ; pour les pérégrins comme moi, il glisse par faveur sur des tringles de métal, lentement, hors de son tabernacle. Le voici : poupée emmaillotée d'or, couronnée d'or, cerclée de bagues d'or, de bracelets d'or, de colliers d'or, dans un scintillement fauve que la vibration des tringles multiplie. Un sourire erre en ses grands yeux sans pensée, et ses joues poupines sont fardées de rose. Je ne lui saurais comparer que la sainte Foy de Conques, bonne vieille grand'mère romano-byzantine ankylosée en son hiératisme sous des gemmes énormes, et qui bénit encore les pèlerins du moyen âge entraînés par la pénitence sur les chemins de Saint-Sernin de Toulouse et de Saint-Jacques de Compostelle. Devant ce bambino oppressé d'or et de pierreries le sourire se risque sur les lèvres, bien vite intercepté : car sous son maillot s'enveloppe une des plus jolies légendes chrétiennes, très vieille et délicieusement fraîche, si vraie en son sens figuré, que l'esprit rentre sa pointe sèche et noblement s'émeut. On comprend alors qu'à l'Octave de Noël les pifferari de la campagne soient venus naguère lui donner des aubades, et qu'aujourd'hui les bambini de Rome lui récitent des compliments, pendant que les franciscains chantent ces vers si adéquats à l'harmonie grave de la nef et à la rondeur des colonnes :

> Stellato hic in circulo,
> Sibyllæ tunc oraculo,
> Te vidit Rex in Cœlo!

*
* *

Si la légende lie Rome au destin du christianisme, c'est pour sacrifier celle-là à celui-ci. Avec Rienzo,

« tribun auguste », Rome est mise sous la protection de la Vierge de l'Ara Cœli, Rome, désormais commune libre, affranchie de la tyrannie des barons et de la tutelle du Pape, hantée de sa gloire ancienne et d'archéologie, consciente enfin de ses droits, tels que la Lex Regia de Vespasien conservée alors au Lateran et aujourd'hui au Capitole les avait établis. Rienzo rend au Capitole sa vie d'autrefois, et l'église de l'Ara Cæli, participant de la majesté capitoline, devient l'église de la cité, le foyer de son culte public, où sont consacrées les conquêtes du peuple. Rien ici ne perpétue le souvenir de Rienzo (sauf l'escalier extérieur); mais partout apparaissent les témoins de la vie civique de l'Ara Cæli. Au plafond, sur les montants de l'arc triomphal, s'étalent les majuscules du blason communal S. P. Q. R. C'est qu'elle fut l'église du Sénat, qui, fidèle aux pieuses traditions des magistrats antiques, mettait sous les auspices de la Vierge comme eux sous la protection de Jupiter, de Juno et de Menerva, la grande trinité capitoline, ses actes publics et la remerciait de leur issue heureuse.

Jamais cérémonie plus solennelle n'associa plus étroitement Rome et Dieu sous le plafond de la basilique que la célébration de la victoire remportée sur les Turcs par les flottes réunies d'Espagne, de Venise, de Gênes et de Rome pontificale sous le commandement de Don Juan d'Autriche, le 7 octobre 1571, à Lépante. Écoutez cette inscription commémorative au-dessus de la porte, à l'intérieur :

« En l'honneur de J. Christ auteur du salut de l'humanité, en raison de ce que Pie V grand Pontife, ayant conclu dans l'élévation de son âme une alliance avec Philippe II roi d'Espagne et avec le Sénat de Venise, a attaqué Selym roi des Turcs près des îles Echinades, et l'a vaincu dans la bataille navale la plus considérable de mémoire d'hommes, *le Sénat et le Peuple Romains* (S. P. Q. R.), au retour de Marc-Antoine Colonna préfet de la flotte, reçu en triomphe par la reconnaissance de tous les ordres de la Cité, ont orné cette demeure d'un plafond doré et des étendards pris à l'ennemi. » Mais c'est dans le latin qu'il faut lire ! Les beaux mots, graves comme s'ils étaient éperonnés de bronze, s'avancent en ligne, lentement, pompeusement, telles les galères amirales sur les flots de la Méditerranée. Un orgueil puissant les pousse en poupe : c'est qu'ils ont conscience de célébrer, depuis le triomphe d'Auguste à Actium sur l'asiatique Antoine accompagné de Cléopâtre, une seconde victoire sur l'Orient. Après la chute de Rhodes et de Chypre, après l'écorchement du doge Bragadino (allez le voir à S. Zanipolo de Venise) sur les remparts de Famagouste, l'atroce « Orientale » finissait en hymne de joie. Les Sarrasins semblaient s'évanouir à jamais à l'horizon de la Méditerranée qui retrouvait son azur impollué ; la Papauté, dont les prières avaient obtenu la victoire, revenait momentanément à la grandeur de l'âge apostolique, et Pie V, quelques mois après,

mourait de bonheur[1]. La réception faite par le S. P.
Q. R. à Marc-Antoine Colonna est une des pompes les
plus magnifiques de la Renaissance, qui s'y entendait : il faut en suivre l'ordonnance majestueuse dans
la harangue[2] que Marc-Antoine Muret fut officiellement chargé de prononcer dans « la demeure de la
bienheureuse V. Marie, qui est sur le Capitole ».
Le ciel lui-même, dit-il, favorisa très haut la victoire :
sombre auparavant, il se mit soudain à briller d'un
éclat inaccoutumé; et les périodes de l'humaniste
ondulent, s'enroulent et se déroulent en opulentes
volutes comme les vagues méditerranéennes, qui
elles aussi depuis l'antiquité savaient leur latin.

Mais rien ne vaut le prestige de l'art, parce qu'il
recrée le réel sous nos yeux. Sur les murs des
églises, des palais, la gratitude des peuples chrétiens
a multiplié l'écho et le remous de la grande naumachie. Avant même de venir en Italie je les avais
rencontrés, si je ne me trompe, à Fourvières, dans
une mosaïque moderne. Mais l'Italie les a partout
fixés. Que je les aie entendus au Palais Ducal de
Venise autour des galères de Barbarigo, au Palais
Doria de Gênes parmi les souvenirs de l'amiral
Andrea, rien d'étonnant, puisque les deux cités
maritimes, directement intéressées, avaient été les
premières à faire avancer leurs flottes. Mais ils se
sont transmis comme des ondes jusque sur les

---

1. Cf. Gebhart, *Moines et Papes*, p. 293.
2. *Mureti opera*, éd. Tymerman, à Vérone, t. I, p. 170.

bords du Trasimène, dans la petite Castiglione del Lago ! Malgré leur renommée farouche les eaux assez paisibles du lac n'évoquent pourtant aucun branle-bas maritime, et la défaite de Flaminius, qui s'acheva en multiples noyades, ne fut cependant pas un naufrage. A Rome, où Pie V organisa la croisade et une flottille, la bataille fait rage de tous côtés. Je l'ai vue ciselée en relief sur une plaquette en bronze de Leone Leoni, avec tant de sincérité dans l'émoi des eaux, que le métal semble liquide. Elle remplit presque la Salle Royale du Vatican, déchaînée par Vasari, en deux immenses fresques où les badauds s'attardent. A la galerie Doria Pamphili, quatre tapisseries remuent encore au vent d'épopée. La flotte romaine était commandée par un Colonna : or les Colonna sont de Rome, et leur orgueil a prodigué ici les souvenirs qui font honneur à Rome et à leur race. M. Antoine est déjà en portrait dans la fresque de Vasari, avec le ténébreux Juan d'Autriche ; dans leur palais de la place des Saints-Apôtres je le reconnais, je le retrouve livrant bataille, revenant vainqueur, reçu par le Pape, couronné par la Victoire, enfin élevé au ciel de l'Apothéose par Hercule, dont il tient la massue ! Au Capitole une inscription où roulent des sonorités redondantes s'encadre de colonnes rostrales, de Turcs prisonniers, de cimeterres, de cymbales et de croissants : c'est l'exotisme oriental, la truculente Turquerie, que la vague refoulée apporta sur les rives adriatique et ionienne où les peintres l'allèrent ramasser. Vraiment incroyable est le stimulant que Lépante apporta à l'art de la dernière Renaissance; mais l'art eut beau s'efforcer, il n'égala point la grandeur d'un événement où collaborent l'immensité de la Mer, la voix des canons et l'horreur de la tuerie. Tout cela reste froid.

Voilà pourquoi je suis bien plus touché par ce soffite doré de la basilique, au-dessus de ma tête. Les voici, les fières galères! Sculptées en relief dans les caissons, elles avancent leur éperon pareil au trident de Neptune, recourbent leur proue à l'antique, et sont accompagnées du cheval marin à la crinière d'écume. Par leur témoignage elles me rappellent la proue de navire ornée d'un sanglier et d'un œil, qui figure au bas du portrait d'Andrea Doria à la galerie Doria (l'Amiral avait bon œil et fonçait droit), et, par leur or, les galères sculptées au plafond de Sainte-Marie-Majeure en souvenir du premier or apporté d'Amérique par les galions. Que d'or dans cette voluptueuse Renaissance romaine! Celles-ci étaient à la peine : elles sont à l'honneur. Dans les caissons voisins s'encadrent des trophées où je reconnais encore le cimeterre, tel que le porte dans les fresques du Pinturicchio l'inévitable Oriental à turban, le beau et sombre Djem.

C'est que la victoire était triple : spirituelle, pontificale et militaire. Mais, par-dessus tout, elle était navale. Voilà pourquoi elle est restée pour les Italiens d'aujourd'hui presque nationale. Impossible d'oublier avec quel accent les ciceroni prononcent le nom sonore, où retentit encore le grondement des bombardes sur l'immensité : « Lepanto! » Le destin de l'Italie est sur l'eau. Le Tibre fut un dieu et un roi de Rome, sa vie, un des traits de sa figure symbolique. Mais la mer fut son salut, et la Méditerranée fut sa mer. Près d'Antium elle affirma pour la première fois sa maîtrise, et les rostres qu'elle en rapporta, après avoir orné son Forum, ornent encore (en imitation) les colonnes de la place du Peuple. Actium a suivi Antium et précédé Lépante : et la jeune Italie, lancée comme une nef vers la haute mer, tressaille aujourd'hui de la poupe à la proue, je veux dire de Venise à Palerme, à chaque appareillage de ses cuirassés. A l'un d'eux elle a donné le nom glorieux, que j'ai lu, dans le train qui passait à la Spezia, sur le béret d'un matelot, puis sur le béret des gamins qui lancent des petits bateaux sur les canaux de la villa Doria-Pamphilj. Edoardo de Martino a peint le « Reale Corazzata Lepanto » sur une mer et sous une nuit hostiles, où tout se bat, flots, nuages, lune, et vous verrez l'apparition fantastique surgir dans une salle de la galerie Nationale d'Art moderne. C'est sur le *Lepanto*, en rade de Toulon, qu'E. Loubet et le duc de Gênes cimentent l'entente franco-italienne, dans une heure solennelle que la magie de Ziem enveloppa de pourpre et d'or, d'orangé et de turquoise.

Enfin jamais, depuis la fondation de l'unité italienne, aucun événement, sauf peut-être les défaites d'Abyssinie, n'avaient causé de Gênes à Messine un branle-bas d'indignation aussi formidable que lorsque furent révélées, ces derniers mois, les fraudes et concussions où la marine royale eût pu sombrer. Au flanc de ses navires l'Italie d'aujourd'hui a ses entrailles. Voilà les pensées qui débarquent des galères d'or au plafond de l'Ara Cæli pour descendre vers moi.

Le soleil descend lui aussi. La basilique s'obscurcit, et, là-haut, les nefs de Lépante sombrent dans l'ombre. Je sors, mais pour rencontrer encore du faîte de l'escalier comme d'une passerelle la mer immense, insondable, de la durée et de l'espace, où se pressent à flots impressions et souvenirs.... L'Ara Cæli nage sur l'histoire. Au fond, même, elle touche la préhistoire : dans le jardinet d'en bas, j'allais dire dans le bois sacré où Pan (qui n'est pas mort) revient dormir sa sieste, la louve, roulée sur elle-même en sa cage, somnole; parfois elle lève son mufle pelé et pousse vers le Vélabre où son aïeule allaita les jumeaux, vers les forêts de Calabre où des pasteurs la prirent, un bâillement nostalgique. Pour le symbole, ô louve, il te faut rester là, car

> ....on noirait un monde
> Dans chaque goutte de ton lait!

dans la cage d'à côté l'aigle est taciturne, le cou dans les épaules : après Romulus, le premier roi,

César chauve, introducteur de l'Empire! Mais voici la Rome communale du moyen âge, quasi républicaine, avec la statue de Rienzo : du haut d'un piédestal où sont encastrées des inscriptions antiques, emblèmes de son patriotisme tout archéologique, le tribun brandit vers le peuple les libertés qu'il a tirées des textes. Sous moi dévale l'escalier qu'il fit reconstruire après la grande peste de 1348, et qu'il gravit le premier, solennellement. Derrière, la façade de l'église capitoline et sénatoriale, nougat de briques, est trouée de nids et criblée de piaillements : des fondements où gisent les souvenirs du temple de Juno Moneta à la croix du faîte, elle abrite tout le passé du Capitole. Autour de ces choses, la vie moderne chante sa multiple allégresse : j'ai vu descendre de voiture devant le palais municipal le prince Colonna, alors syndic de Rome, descendant du vainqueur de Lépante. Un bruit de poulies et de marteaux s'élève tout près, autour de blanches propylées : c'est le merveilleux monument qui surgit sur le promontoire nord-ouest du Capitole autour de l'Ara future dédiée à Rome Capitale et à Victor-Emmanuel II, premier roi d'Italie. C'est donc une autre Ara, mais c'est l'Ara d'un autre Auguste et d'une Rome nouvelle à côté de l'Ara Cæli. C'est leur revanche à tous deux! On a abattu, pour faire place au monument, le couvent et le campanile de la basilique. Et voilà la leçon des choses! L'église avait vaincu la cité antique, la Sibylle avait fait tomber l'empereur à genoux. Aujourd'hui

monarque et cité sont affranchis. Mais demain les
effraie à leur tour : le long de la grille où la louve
de Romulus et l'aigle de César sont prisonniers une
marmaille pouilleuse est parsemée, graine de socialisme ou d'anarchie qui se lèvera au vent des grèves.

IV

ROME ET LE RÉALISME DE FRA ANGELICO

Vers la fin de sa vie le délicieux mystique est
descendu des cieux sur la terre : il a regardé bien en
face, aimé et de son pinceau scrupuleusement recréé
le réel. Dans la suave Ombrie, à l'ombre des couvents
de Cortone et de Foligno, il s'était concentré en sa
vie intérieure, et son œuvre n'y était que prière. Sur
les pentes de Fiesole, parmi les encensoirs des lys,
cette œuvre est encore une « Élévation ». A
Saint-Marc même, le cloître lui intercepte le bruit de
la Florence du quattrocento. Mais des villes saintes
d'Ombrie et de la ville des Fleurs à la Ville Éternelle
sa vision s'élargit commme le spectacle : il prend
goût à la vie des hommes et aux choses, et se souvient du blâme évangélique : « Voyant, ils ne voient
point; écoutant, ils n'entendent ni ne comprennent ».
Rome lui fut un miroir du monde, speculum mundi,
sur lequel il ouvre tout grands ses yeux qu'avait

absorbés l'extase. Le reflet qu'il en reçoit, il le fixe sur les parois de l'oratoire de Nicolas V au Vatican.

Le dominicain de Saint-Marc arrive à Rome en 1445 à l'appel d'Eugène IV, pour lequel il travaille. Puis, après le Conclave de la Minerve, auquel il assiste, il trouve dans le nouveau pontife Nicolas V un patron qui le choie, et le charge vers 1450 de décorer à fresque son cabinet d'étude, plus tard transformé en chapelle. Remarquez cette intimité : après la Rome du xve siècle, c'est l'influence qui agit le plus sur l'évolution de son génie. Tout rapproche le pontife qui commande l'œuvre et le moine-peintre qui l'exécute. Ils vivent tous deux pour la foi, mais à son service ils entreprennent de mettre la beauté que recèle le monde et que l'art en exprime. Archéologue et restaurateur de ruines, bibliophile, humaniste et traducteur, grand amateur d'orfèvrerie, Nicolas V consacre de parti délibéré à l'expression du plus pur sentiment chrétien les formes que le génie antique et moderne emprunte au réel. Le biographe du Liber Pontificalis[1] et Vespasiano da Bisticci[2] vont et viennent des qualités exquises de son âme aux services précieux dont il comble l'art et les lettres. Il écrit fort élégamment l'épitaphe de son peintre favori, lequel fait ou plutôt caresse son portrait; ces deux hommes se sont aimés en un même idéal : cultiver le beau en Dieu.

Mais Rome surtout enveloppe et façonne son

1. Ed. Duchesne, t. II, p. 557.
2. *Vite di uomini illustri del secolo XV*, éd. Barbera, Firenze, p. 20-47.

nouvel hôte. Elle est la dernière étape, la plus diversifiée, du grand pèlerinage de piété et d'enluminure qui avait commencé à Fiesole ; et c'est à cause de Rome surtout que lui aura manqué la condition sans laquelle il n'est point de pur mystique :

Naître, vivre et mourir dans la même maison.

Car, de San Domenico à Saint-Marc en passant par le pays de Saint François d'Assise, il n'était guère sorti de la pénombre claustrale. Ce pèlerin marchait, mais « il marchait tout pensif dans un rêve étoilé ». Voici Rome maintenant, ville des Apôtres, siège de saint Pierre, et surtout foyer de la Renaissance. Du vieux sol surgissent les chefs-d'œuvre antiques, que les artistes toscans et ombriens viennent en foule copier. Pietro della Francesca, Bonfigli de Pérouse, Bartolomeo de Foligno, et même Andrea del Castagno travaillent au Vatican : presque tous y apportent un amour décidé du vrai. L'humanisme pâlit sur les livres de la Grèce et de Rome ; partout les bibliothèques se fondent. « Roma Felix » enfin, travaillée d'une vie nouvelle, retentit des cérémonies pontificales, du bruit des ambassades autour d'un couronnement impérial et des fêtes jubilaires. La chronique de Vespasiano, surtout l'histoire de Frédéric III par Æneas Sylvius Piccolomini sont étincelantes et bariolées comme une fresque du Pinturicchio. Dès lors un univers entre dans le cœur du moine, jusque-là fermé comme un cloître ou qui n'ouvrait qu'en ogives sur le dehors. Et c'est là l'intérêt de la minuscule chambrette vaticane : elle contient, avec une foi intense, presque toute Rome contemporaine : elle est riche d'âme, et pleine de choses.

Elle est pourtant aussi exiguë qu'une cellule. Mais, sur les quatre parois, s'étale toute la vie de saint Étienne et de saint Laurent, à qui Nicolas V avait une dévotion particulière : la chrétienté ne les séparait plus depuis que leurs « reliques » avaient été réunies dans la vieille basilique de Saint-Laurent hors-les-murs en un même sarcophage qu'on y voit encore. Au-dessus de l'autel une fenêtre cintrée filtre une lumière douce, intime. Les quatre évangélistes planent au ciel de la voûte gothique, comme il est juste, pendant que les deux saints souffrent leur martyre à mi-hauteur, entre ciel et terre. Ces fresques narratives, les Pères de l'Église ou Docteurs qui les encadrent, encadrés eux-mêmes dans des ogives à pinacles, et la magnifique draperie figurée en trompe-l'œil sur les lambris forment une harmonie de peinture et de décoration monumentales toute nouvelle dans l'œuvre de fra Giovanni. Car les fresques des cellules de Saint-Marc, peintes en carré ou en cintre près de la fenestrelle, ressemblent encore à des tableaux suspendus ; la grande crucifixion même n'occupe qu'une paroi de la salle capitulaire, qu'elle emplit du reste de son inépuisable pathétique. A Orvieto les prophètes sont isolés, un peu diminués, à côté des claironnantes visions de Luca Signorelli. Ici, tout se tient dans l'espace occupé, tout s'accorde en un concert à la fois spirituel et esthétique où Nicolas devait avoir, avec le plaisir musical des yeux, un avant-goût des joies du Paradis.

Mais, ce qui frappe quand on examine de plus près, c'est, dans l'expression de la même loi d'amour qui fut toujours celle du génie de l'Angelico, l'éclatante nouveauté du style. L'influence de la Rome antique, l'observation consciencieuse des réalités contemporaines font de ces fresques le chef-d'œuvre de la Renaissance chrétienne, qui brise la vieille formule gothique sans se laisser aller au pur naturalisme. Fra Giovanni a soixante-trois ans; sauf les fresques d'Orvieto il a accompli son œuvre. C'est pourquoi se manifeste ici une maturité sereine, et cette force aisée que donne l'expérience. Ce ne sont plus des miniatures amplifiées sur le fond d'un azur céleste, ni comme à Saint-Marc des scènes simplifiées, proposées à la méditation de qui vit « in angello cum libello » : la vigueur du dessin, la largeur de l'action, l'assurance des poses, la grandeur du style enfin, tout témoigne que le peintre dont la naissance a presque clôturé le xive siècle, appartient désormais à cet âge heureux qui découvre la beauté et la vie et en jouit avec une saine allégresse en attendant qu'on en abuse.

Il se délecte aux antiquités que Rome conserve. Soit que Nicolas V lui en ait communiqué le goût,

soit que lui-même en ait spontanément senti la
beauté à une époque où elles se dressaient encore
aussi drues qu'une moisson de juillet, il y a ici une
archéologie précise, dilettante puisqu'elle jouit d'elle-
même. Voilà le pieux dominicain ensorcelé par le
charme tout-puissant qui émane des vieilles pierres :
voilà le paganisme qui prête ses formes à l'idée chrétienne. Le prestige de l'antiquité est dans ces basiliques à colonnes tirées des temples, à chapiteaux
corinthiens, à plafond plat, à abside circulaire : c'est
l'édifice paléo-chrétien issu de la maison ou de la
basilique romaine, et tel qu'Angelico pouvait en voir
de fort beaux exemplaires à Rome, à commencer
par la vieille église constantinienne de Saint-Pierre
que Nicolas V allait faire abattre. En architecture
désormais fra Giovanni abandonne l'idéal gothique :
sauf les baldaquins où trônent les Pères de l'Église,
je ne vois plus que la ligne classique, droite ou
cintrée. J'aperçois surtout le détail de la décoration
romaine, que la Renaissance appropriera à sa libre
fantaisie : dans l'Offrande de Saint-Sixte la porte de
l'église a une frise d'anneaux croisés, un fronton
grec où est inscrite une conque, et dans la conque se
dresse un buste ; au-dessus, deux médaillons s'arrondissent, où des figures d'anges remplacent simplement
les têtes antiques. Voyez encore, quand saint Laurent
paraît devant Decius, l'abside du tribunal qui se
creuse en coquille, les montants sculptés de palmettes,
le chapelet de petites rosaces, l'entablement où

s'enroulent des volutes de feuillages stylisés, et, dans une couronne de lauriers, l'aigle impériale éployant ses ailes. C'est son « Have Cæsar » qu'exprime là notre dominicain. A la fois par souci de la couleur locale et par goût personnel il érige autour du martyre de saint Laurent ces cinq « Antiques » dans leurs niches, après les avoir copiés sur les originaux. Ils ne restent pas à ses yeux formes mortes; les costumes des personnages, depuis le manteau et la cuirasse de l'Empereur jusqu'aux toges des autres, révèlent l'étude passionnée de la draperie antique; les plis amples et nobles soulignent de leurs flexions ou de leurs cassures, comme dans la statuaire, le mouvement de la jambe et du bras. Dans les Aumônes de saint Étienne, l'eurythmie de la pose et du costume chez les trois femmes ferait penser à trois vestales ou à trois Tanagréennes si la douceur chrétienne ne mettait dans leurs yeux son reflet. Dans la Prédication de saint Étienne, un personnage a le bras enveloppé et soutenu dans le sinus de sa toge comme l'Eschine de Naples et le Sophocle du Latran. Les collections vaticanes n'existent pas encore, mais les œuvres de la plastique gréco-romaine abondent : ce qu'il y a d'absolu dans sa ligne touche le peintre comme un sentiment, il semble en écouter la musicalité. Je le vois, descendu des sphères lumineuses où Vénus couronne la Vierge dans le chœur des anges musiciens, se pencher vers ces miracles d'harmonie concrète et figée, qui étaient nécessairement dans les desseins de Dieu puisqu'ils existaient.

Mais, si puissant qu'ait été sur lui le prestige nouveau de Rome ancienne, la réalité présente l'a plus victorieusement conquis. A Saint-Marc, en effet, la préocupation du réel ne se manifestait qu'accessoirement dans son œuvre, qui était bien de ce monde, mais du monde conventuel. Le voici à Rome : le cœur de l'univers y bat; la vie morale, au lieu de s'enclore en des cellules, s'étale en symboles extérieurs, en cérémonies splendides le long des rues, sur les places publiques, dans les basiliques. Rome est la cité de Dieu : c'est pourquoi elle retient ses regards naguère levés vers la Jérusalem céleste. Je la retrouve même en quelques-uns de ses aspects : voici, dans la fresque de saint Étienne conduit au martyre, l'enceinte Aurélienne, crénelée encore, flanquée de tours carrées, telle que vous pouvez l'admirer en sa beauté sévère vers la porte San Paolo. Nicolas V vient de la faire restaurer : j'ai souvent rencontré, de la porte Flaminia à la porte d'Ostie, sur des inscriptions ou cartouches, son nom et ses armes. Le paysage du Latium développe tout autour sa majesté auguste : ce n'est point précisément la Campagne romaine, mais les reliefs dramatiques des monts Albains ou de la Sabine avec leurs villages fortifiés, leurs châteaux des Colonna, des Savelli et des Orsini, que gardent des cohortes de cyprès. Nous voilà loin des parterres de marguerites et de roses que les anges du Paradis effleurent de leurs pieds blancs comme des lys, et des rochers à pans coupés qui, dans les scènes évangéliques de Saint-Marc, nous évoquaient les roches de Judée. Il y a ici la grandeur attristée des horizons où Rome est assise; et les deux scènes qu'ils encadrent, saint Etienne conduit au martyre, puis lapidé, ajoutent encore à leur air d'authenticité : ne furent-ils pas, des portes romaines aux limites de l'Agro, les témoins de tragédies pareilles? Dans la Rome du moyen âge même fra Giovanni s'est promené, a regardé, copié : au milieu de la basilique à colonnes où saint Etienne reçoit l'ordination, se dresse sur l'autel un élégant ciborium comme il s'en conserve encore quelques-uns; détails plus curieux : dans la balustrade qui domine le siège du grand-prêtre des Juifs je reconnais une de ces mosaïques des Cosmati, multicolores et pailletées, dont scintillent durant trois siècles ambons, colonnettes et tombeaux.

Mais la vie, la vie même avec son va-et-vient, son bruit et ses gestes hatituels, l'a cette fois retenu. Le spectacle familier de la piazza, de la via et du vicolo, tout le pittoresque populaire, s'est gravé dans sa mémoire quand il traversait le Borgo autour de l'Église apostolique ou quand il allait de celle-ci à Santa Maria sopra Minerva, son couvent dominicain. Et il l'a peint avec une franchise d'observation qui le classe, lui l'Angélique, parmi les réalistes du Quattrocento. Voyez saint Laurent distribuer les aumônes : légèrement penché, il donne avec le sourire de ceux qui

ont le génie de l'amour ; autour de lui, des mendian t
tendent la main avidement, d'autres attendent avec
réserve leur tour ; une femme prie dans une reconnaissance anticipée ; l'obole reçue, une fillette et un
garçonnet s'en vont ensemble, radieux ; mais la
fûtée lui entoure le cou, et de l'autre main cherche à
le dérober ; fra Giovanni, vous avez le sentiment de la
malice féminine ! Or, nous savons que Nicolas V avait
fondé, près du Campo Santo dei Tedeschi, une grande
aumônerie où, deux fois par semaine, on distribuait
pain et vin à deux mille malheureux, plus un repas
à treize pauvres. Il a probablement assisté ou pris
part à cette charité active : de là cette vérité des attitudes et des physionomies, ces « études » réalistes de
mendiants, béquillards et culs-de-jatte. Nous sommes
sur le parvis d'une basilique, et c'est bien là que la
vie plébéienne étalait ses manifestations les plus
colorées. Mais voici une scène de la rue proprement
dite, une fleur du pavé : c'est la Prédication de
saint Étienne, un pur joyau d'art. Oui, il a vu, sous
ce ciel romain, sur ces dalles romaines, au pied de
ces palais romains, ce diacre haranguer citoyens ou
pèlerins. Debout sur le seuil d'une porte (l'Italie fut
toujours familière), l'orateur compute sur ses doigts
pour mieux faire saisir les vérités abstraites. Une
vingtaine de femmes sont là, accroupies sur les dalles :
elles écoutent pieusement, leurs beaux yeux clairs
fixés sur ceux du saint ; l'une joint par piété ses
doigts effilés, l'autre s'accoude sur son genou, une

autre retient son gamin turbulent. Les hommes sont debout, à quelque distance : vous savez qu'ils sont partout moins dévots ; l'un d'eux sourit même, comme chatouillé d'un doute. Et tout cela est divers comme la vie ! Or le souvenir me revient que l'année 1450 vit à Rome le jubilé de toute la chrétienté ; que « De Roma à Firenze les routes étaient pleines, en telle façon que c'étaient fourmis à voir, tant y avait de peuples [1] » ; et que chaque parvis sacré, chaque place, chaque coin de rue vit pousser entre les dalles une prédication spontanée. Le dominicain ne put sortir cette année-là sans heurter ces scènes de sa sandale, et le souvenir l'en a tellement obsédé, qu'il les a fait revivre en cette fresque, qui bruit comme un coin du Transtevère. Et voyez le sortilège de Rome ! A Florence [2] déjà il avait peint la Prédication de saint Pierre, et à Pérouse [3] une autre prédication dans la légende de saint Nicolas de Bari ; mais l'une et l'autre se font en chaire, et, dans la dernière, Nicolas écoute le sermon, accroupi parmi des tresses blondes sur le gazon constellé : c'est la fiction poétique, un souvenir d'Ombrie, un épisode parfumé des *Fioretti* ; ce n'est pas le goût du réel, ni cette précision virile dont la Rome jubilaire a doté son génie.

L'actualité (que son ombre me pardonne !) envoie

<hr>

1. Vespasiano, *Vite*, p. 37.
2. Uffizi, prédelle du triptyque de la Vierge.
3. Prédelle, auj. à la Pinacothèque vaticane.

dans ces fresques des échos plus vibrants encore.
L'influence de son élève B. Gozzoli ne suffit pas, en
effet, à expliquer cette manière presque « historique », qui donne à la comparution de saint Laurent
devant Decius l'allure d'un récit d'Annales. Il y a
une mise en scène somptueuse, quasi protocolaire, et
une magnificence de costumes guerriers ou civils qui
décèle l'impression récente d'une illustre cérémonie.
Les fresques étaient-elles terminées en 1452, lors du
couronnement à Rome de l'empereur Frédéric III?
Cette fête laissa dans les imaginations un éblouissement : il était venu en Italie « avec grandissime
pompe de barons et seigneurs, avec merveilleux
ornements tant de chevaux que de seigneurs,... et
ambassadeurs quasi du monde entier » [1]. J'ai déjà vu
à la Libreria de Sienne, en une fresque étincelante
du Pinturicchio, les fiançailles de l'Empereur et de
« Lionora di Portogallo », négociées et bénies par le
cardinal Æneas Sylvius Piccolomini. Le monarque
couronné a inspiré fra Giovanni à Rome comme le
fiancé avait inspiré le Pinturicchio à Sienne. Il est
bien piquant de retrouver ici, chez le moine, un peu
de ce même goût pour la parade et l'éclat. Naguère il
n'y avait pour lui d'actuel que l'Éternité : il devient
un « contemporain », il naît au sentiment de la durée,
de ce qui passe, à la Chronique et à l'Histoire.

Enfin le goût du réel induit notre mystique au

1. Vespasiano, *Vite*, p. 41.

portrait. Un portrait, c'est de l'exactitude, c'est du document! Durant des années il n'avait puisé que dans son cœur la vision des figures surnaturelles où s'expriment la béatitude et l'éternité; à Saint-Marc il s'était laissé aller à pourtraicturer quelques-uns de ses frères du couvent; mais peindre un moine, c'est péché véniel, surtout si l'on voile son individualité du nom de saint Thomas d'Aquin ou de saint Pierre martyr, et entre les murs clos! En 1447, à la prière d'Eugène IV, il avait peint dans la chapelle du Saint-Sacrement au Vatican quelques hommes célèbres de son temps : Vasari cite Biondo de Forli, Fernand d'Aragon, Frédéric III. C'était déjà plus d'audace. Il ose davantage ici : la tradition affirme qu'autour de saint Laurent ordonné diacre, prêtres et clercs sónt des portraits; l'accent individuel les décèle. Mais surtout regardez Sixte II dans ses Adieux : impossible de ne point reconnaître dans ce visage avancé, à ce nez proéminent et un peu tombant, dans toute cette physionomie où la bonté rayonne, le Pontife que fra Giovanni chérit : il suffit de comparer avec la grande médaille de Nicolas V, dont un exemplaire est au Cabinet des Médailles. Et voilà les pauvres individus fragiles, éphémères (pulvis es et in pulverem reverteris!) fixés par le peintre des cieux.

Et maintenant, goût de l'antiquité et observation familière de la vie, Renaissance et réalisme, il faut dire bien vite que ces nouveautés ou ces audaces s'atténuent, se fondent dans la douceur du sentiment partout épandue. Une piété tendre, cet amour de Dieu et des créatures en Dieu, que le langage mystique appelle proprement charité, met autour des visages un rayonnement. Dans l'Ordination de saint Laurent il illumine le visage du Pape, heureux de conférer l'ordre sacré, de saint Laurent, ravi d'extase à le recevoir, des clercs, transportés à leur tour de cette félicité. Il en est ainsi dans toutes les scènes où le Beato, peintre des béatitudes, a eu à représenter celles que procure l'amour donné et reçu. En revanche, que d'inhabileté au mal! Les bourreaux qui poussent leur prisonnier devant Decius sont loin d'avoir ces trognes enluminées que les primitifs de Flandre ou de Cologne font paraître au prétoire. De l'Empereur lui-même, charmant comme un éphèbe d'Athènes, on se demande s'il condamne ou approuve. Ni les geôliers qui attisent le feu sous le gril de Laurent, ni les augustes personnages qui du haut d'un palais assistent au martyre, ni les méchants qui lapident Étienne ne semblent prendre goût à la besogne ou au spectacle. Tout l'effort de l'Angelico pour être véridique aboutit à dramatiser d'une barbe noire, selon la tradition du reste, ou bien à assombrir d'une teinte fauve les figures du grand-prêtre, des Juifs et des païens. Et l'on se souvient à l'instant que le peintre des Couronnements célestes et des Annonciations n'a su tracer dans son Jugement dernier des Uffizi, à côté d'un Paradis ravissant de délices, qu'une image risible de l'Enfer.

Il est donc resté, dans ces fresques de sa soixante-troisième année, le coryphée de la tendresse évangélique; mais il ne se contente plus du culte exclusif des âmes, sa piété boude de moins en moins à la beauté des corps et du monde. La première fois que je pénétrai dans l'oratoire, je fus témoin d'une petite scène où j'aperçus comme un symbole de cette évolution. Un évêque portugais, que j'avais vu à Naples à l'hôtel où j'étais descendu, était là : il admirait, en silence. Tout à coup ses yeux tombent sur l'autel : le crucifix est encore voilé bien que ce soit déjà le mardi de Pâques. Un mot bref, un geste au custode, et voilà que le crucifix endeuillé de violet renaît avec Pâques fleuries à la lumière qui coule de la fenêtre, à la joie de ces couleurs, aux belles histoires des saints, qui font de l'oratoire un pieux résumé du monde. N'en est-il pas ainsi du génie de l'Angélico? Voilé jusqu'ici de mysticisme bleu, il se découvre, il regarde, il s'enchante des choses. La Renaissance sensuelle ou savante ira bientôt jusqu'à les diviniser. Aussi, fra Giovanni reste avec Nicolas V le représentant de ces années d'élection, où le génie italien, assez maître de lui-même pour régler son choix, appelle les formes antiques et celles de la vie moderne à recevoir l'esprit du christianisme. Nul, du reste, n'a mieux que le Pontife lui-même analysé l'alliance originale qui composait leurs deux génies. Sur la pierre tombale du dominicain, dans une chapelle de la Minerve, il fit graver en distiques d'un humanisme élégant cette épitaphe : « Qu'on ne me loue pas d'avoir été un second Apelles, mais de t'avoir consacré, ô Christ, tout mon bien ; une partie de mes œuvres est sur la terre, les autres sont au ciel. La Ville m'a fait naître qui est la Fleur de l'Etrurie. »

C'est bien cela : Apelles, c'est l'inspiration antique qui désormais s'est insinuée dans l'œuvre de fra Giovanni ; la fleur de l'Étrurie, c'est la curiosité du génie toscan devant la nature et la vie, ici devant les spectacles de Rome ; et le tout est pour chanter la gloire du Christ. Entre le moyen âge et le xvie siècle, entre les exigences de l'âme et la hantise du monde sensible, un Pontife et un moine parviennent à fixer un équilibre délicat, précieux infiniment parce qu'il est éphémère. Aimez ce que jamais vous ne verrez deux fois.

IV

AUTOUR DE LA RENAISSANCE :
VOLUPTÉ ET SPIRITUALITÉ

I

LE CULTE DE LA VIE UNIVERSELLE
LES LOGES DE JEAN D'UDINE

Diane d'Ephèse a reçu un culte de la Rome du XVIᵉ siècle. Impossible de dénombrer les effigies antiques que celle-ci a redressées sur leurs socles comme sur autant d'autels, encore moins les images nouvelles que sa religion a multipliées. Dans le seul Vatican, palais apostolique, elle est partout, dans la Chambre de la Signature, dans les Loges, dans la Bibliothèque, dans le pavé du Braccio Nuovo, versant de ses seins innombrables la vie, la vie à flots, aux insatiables depuis peu évadés de la spiritualité. Sa tête, ses bras, sa gaine sont hérissés d'animaux, depuis l'abeille jusqu'au lion ; mais sa poitrine est celle d'une femme, plus riche encore de mamelles ; et ses bras ouverts, tendus en un magnifique geste de maternité, accueillent et enserrent tout ce qui est. Aussi les contemporains de Jules II, surtout de Léon X, ont-ils trouvé en elle, divinisés, l'Instinct, le Mythe et la Femme, réunis dans le symbole immense de la Nature. Voilà pourquoi elle est si bien à sa place dans les loges, où Jean d'Udine a fait surgir autour de la Féconde le pullulement de l'été. Grâce à cet art décoratif des grotteschi, dont la fantaisie aussi maternelle que la Nature elle-même rapproche les êtres et les choses, il lâche les animaux en liberté parmi les fruits et les fleurs, ici comme à la villa Madame, au Saint-Ange et au palais du Té de Mantoue.

Certes le Quattrocento aussi a représenté les animaux, et avec le réalisme minutieux qui lui est propre. Mais Pisanello est alors le seul à les avoir aimés et peints pour eux-mêmes. Les autres les font presque toujours participer à une scène officielle ou divine : les bêtes sont la Nature, mais la Nature s'associant à une bucolique pieuse comme la Nativité, aux angoisses du Jardin des Olives ou du Calvaire, à la cérémonie d'un triomphe. Dans l'Adoration des Bergers de Ghirlandajo, à la Trinité de Florence, un délicieux chardonneret, posé parmi les marguerites, regarde la pastorale où il collabore sans le savoir : son plumage, où s'harmonisent le jaune d'or, le rouge-pourpre et le noir lustré, chante allègrement la gloire du nouveau-né. Dans la Nativité de F. Lippi, au Louvre, je l'ai reconnu ; le cardellino n'est-il pas l'hôte familier des champs de Toscane et d'Ombrie, l'ami des paysans et de leurs bêtes? Perché sur une solive contre le mur de l'étable délabrée, il lisse, lisse ses plumes : c'est la toilette de Noël. Auprès de lui un lézard se chauffe au soleil sur les pierres grises, un autre sort d'une lucarne et s'avance pour causer. C'est qu'ils ne sont point là uniquement pour étaler les fines nuances de leurs écailles : ces deux contadini causent de la bonne nouvelle qui part de l'étable pour rajeunir le monde. Dans le cortège des Rois de B. Gozzoli au palais Riccardi chevaux, chiens, panthères apprivoisées, dromadaires sentencieux marchent aussi vers l'étoile et vont offrir au Bambino l'hommage du « règne » inférieur qui l'a confusément pressenti. Ils connaissent même l'éloquence des contrastes, ils savent, par le simple exercice de leurs instincts, faire ressortir le sens des scènes divines : dans la fresque de Ghirlandajo à la Sixtine, pendant que le Christ appelle Pierre et André à l'apostolat, qui est œuvre d'amour, là-haut le faucon s'acharne sur le canard sauvage. Que de fois, chez le Pinturicchio, il fait sur la paix de l'évangile pleuvoir du sang ! Au contraire, voyez la Cène d'à côté, de Cosimo Rosselli ; tandis que Jésus déclare : « l'un de vous me trahira », et qu'au-dessus se déroulent sous nos yeux les visions tragiques qu'il a dans la pensée, un petit chien savant se dresse pour quêter une miette et deux matous se roulent comme chez vous ou chez moi. Mantegna, Ghiberti, Filarète, tous, font des végétaux et des animaux l'arrière-cortège de Dieu. Pinturicchio impose même aux bêtes l'allusion complaisante : sous prétexte de célébrer à la voûte des appartements d'Alexandre VI les mythes d'Osiris et du bœuf Apis, il y fait processionner le taureau des Borgia.

Il faut arriver à la Renaissance sensuelle, à Jules Romain, à Pierino del Vaga, à Jean d'Udine, pour trouver ce panthéisme qui se détourne résolument des cieux et divinise la vie universelle. Plantes et animaux ne sont plus des créatures, mais des êtres. Leur beauté n'est plus un don, c'est l'épanouissement, la fleur naturelle de leur devenir. Dans ces Loges, peintes et stuquées par Jean d'Udine, un seul petit relief en stuc, où le Pape bénit sous la loggia même un cardinal agenouillé, rappelle la sainteté du lieu : toutes les parois, en dépit de l'effacement des lignes et des couleurs, frémissent, frissonnent de tout ce qui marche, court, rampe ou vole. Ce que les disciples de Raphaël, en effet, aiment de la Nature, ce ne sont pas ses grands spectacles, c'est sa vie particulière et innombrable. Voici naître sous le pinceau de Jean d'Udine, comme en un prologue un peu rapetissé de Lucrèce, les habitants de l'onde opaque, dauphins à la queue enroulée, écrevisses cuirassées comme un gonfalonier de la Sainte Église, poissons si heureux de ne plus symboliser comme l'ἰχθύς paléochrétien Jésus-Christ-fils-de-Dieu-Sauveur, que leurs écailles éclatent de feux de joie en l'honneur de la Saint-Jean d'Udine ; des soles, des soles mêmes, si paradoxales en leur aplatissement ! Emmi les fleurs rustiques et les fruits des vergers les oiseaux volent ou se posent : un petit verdier grapille des cerises, l'hirondelle strie le bleu, des canards de toute espèce, aussi minutieusement différenciés que dans une ferme modèle, s'ébattent autour d'une arcade. D'ailleurs les animaux domestiques sont là, tels ce cheval tout harnaché et ce taureau qui tombe sous le couteau de Mithra comme à l'abattoir. Mais les bêtes de la campagne dominent, préférées, parce qu'elles sont l'instinct libre, la Nature en son privilège essentiel : cerfs, perdrix, cailles surtout, qui abondent dans la campagne romaine. Les morbidesses ont séduit le subtil décorateur : sur les rinceaux de la vigne le lézard darde sa langue fourchue, le rat hume et pressent dans une vibration de ses moustaches; l'écureuil, assis sous sa large queue comme un petit évêque sous son dais, communie avec une noix. A côté des joliesses les êtres rampants, si dédaignés, si vénérables pourtant aux naturalistes puisqu'ils ont aussi leur fin, aux mystiques comme saint François puisqu'ils ont leur mission. Tout le long, le long des tiges le colimaçon traîne sa coquille, et corne, corne. Avez-vous vu sur la plage un gamin écouter l'univers dans un coquillage, tout contre son oreille? Sur l'escargot Jean d'Udine s'est penché avec une piété panthéistique : il y a écouté sourdre l'Océan de la vie obscure. Le serpent enroule ses anneaux à la courbe des ceps : sa flexuosité prête merveilleusement au style, et Giovanni sait l'usage que l'art antique en a fait autour du bâton d'Esculape et sur la devanture des pharmacopoles.

L'exotisme jette d'ailleurs son éclat près de là : le perroquet des îles est perché, rutilant, et l'éléphant chemine lourdement, coiffé de son cornac. Le « liofante » est fort à la mode alors : le roi de Portugal en envoie en présent à Léon X un énorme, qui fait la joie de Jean d'Udine et de Rome, et le désespoir de Baraballo le bouffon quand on le juche dessus [1]; c'est pourquoi notre peintre le figure encore en une fontaine de la villa Madame, et pourquoi je l'ai retrouvé dans une grisaille de la salle de Constantin, maçon et charpentier géant, qui déplace avec sa trompe poutres et moellons pour les constructions pontificales. Sa masse squameuse, le turban de Djem et de Zizim, le bric-à-brac ramassé autour de Constantinople en 1453 et de Lépante en 1571, ce sont pendant un siècle « Les Orientales » de la peinture, dont un reflet s'est ici fixé. Puisque l'Orient est la volupté cruelle, un lion dévore un taureau, un tigre assaille un pachyderme : ils sont opportuns ici, non loin de l'Éphésienne en qui s'incarne et se sanctifie la force exubérante de l'Asie. Mais les animaux que le Désir aiguillonne en font frissonner la muraille. Il fallait s'y attendre : car il est le paroxysme de l'instinct et l'ultime plénitude de la vie qui aspire à se dédoubler. La Renaissance y a reconnu du divin. Le cygne, qui partout éploie ses ailes candides ou menace de son cou bandé comme un arc, est aussi aux côtés de Leda qui l'embrasse et plus loin, le fait participer au mystère d'où naîtront les Dioscures. « L'impur et fier époux que la chèvre désire » se cabre, et le bélier

1. Roscoë, *Vita di Leone*, III, 372.

transporte Hellé par-dessus la mer. Et si, tout autour de leurs caprices capricants, Jean d'Udine suspend ces masques ricaneurs et barbus, s'il lache ces centaures et chèvres-pieds, c'est qu'en eux s'accomplit le mélange ineffable de l'humain et de l'animal, la transition dont s'enchanta la Renaissance entre la conscience et le pur instinct. Un immense gendarme surveille tout ce petit monde : il est la Discipline, et la discipline ecclésiastique, voire pontificale ; mais le petit monde n'en continue pas moins sur les parois son immobile et muette activité. Il est émancipé définitivement : pour eux comme pour un Borgia, un Médicis ou un Arétin, vie, beauté et bonheur se confondent.

D'où vient à Jean d'Udine et à ses pareils ce goût des animaux? Pour notre peintre des Loges, en particulier, il est superflu ou du moins insuffisant d'invoquer le modèle des stucs et peintures antiques découverts dans les « grottes » : la pure fantaisie décorative, la facilité industrielle y tiennent plus de place. Il faut adhérer au jugemeut de Vasari[1] : l'œuvre moderne est « sans comparaison meilleure » que l'antique, elle est surtout plus « vraie et vivante ». Mais la figure humaine est déjà (nous sommes dans le premier tiers du XVIᵉ siècle) un thème si frotté et refrotté que, pour le rajeunir, les Bolonais vont recourir à l'éclectisme et les disciples même du Sanzio,

---

1. Pour cette citation et pour les suivantes, cf. *Le Vite*, éd. Le Monnier, Firenze, 1855, t. XI, p. 300-16.

J. Romain par exemple, à une certaine vulgarité.
Alors on se met à regarder les êtres qui font à
l'homme un cortège de subordination et pourtant
l'ont précédé dans l'existence. Voyez là-haut la « Création des animaux » par J. Romain et J. d'Udine :
dans la nouveauté fleurie du monde, ainsi que dit
Lucrèce, et sous la lumière du troisième jour, fraîche
en effet comme une aube cosmogonique, toute une
Histoire Naturelle qui est en même temps une Histoire
Sainte se déploie autour de Jéhovah, d'autant plus
heureuse d'être, de jouir et de multiplier, que
l'homme est encore à venir. Ce Jéhovah, c'est le
peintre, qui se donne là-haut l'illusion de créer
dans l'espace, du seul mouvement de ses doigts
d'artiste démiurge, une autre Genèse, c'est-à-dire une
Renaissance. Certes, l'humanité conserve dans les
Loges les droits que l'humanisme orgueilleux de
l'époque lui a conférés, et c'est pourquoi les Atlantes,
les nymphes, les trois Grâces, les lutteurs, toutes
sortes de petites scènes anecdotiques et familières
sont en bonne place, au centre même des pilastres;
mais la vie instinctive déborde, et les inonde. Léonard de Vinci[1], qui dit avec sa plume ce qu'il fait
avec son pinceau, déclare qu'un peintre n'est pas un
bon maître, qui sait faire seulement une tête ou une
figure : il faut savoir peindre tout ce que produit la
Nature. Il y a là une loi de l'évolution : dans notre

---

1. Toutes les citations sont tirées des *Frammenti letterari e filosofici*,
trascelti dal Dr Solmi. Firenze, chez Barbèra, 1904, p. 275, 277, etc.

xviii⁰ siècle aussi, après qu'on eut presque exclusivement cultivé la fleur humaine, devenue si artificielle, Desportes, Huet, Oudry, Chardin même ont ouvert aux bêtes le champ de leurs toiles en leur disant : « Allez, et vivez ». Et l'on sait qu'avec nos écrivains naturalistes nos artistes animaliers, de Delacroix à Géricault, à Barye, à Cain, à Frémiet et à Gardet, ont assuré autour de l'homme, hypnotisé par la contemplation romantique de soi-même, l'expansion de l'Instinct sacré.

La Science et la Philosophie ont encore incliné le xvi⁰ siècle à ce paganisme. Il faut lire dans Burckardt le tableau de leur développement au xv⁰, où les savants comme Pic de la Mirandole et Laurent Valla identifient déjà la Nature et Dieu. Mais lisez surtout Léonard de Vinci, qui renouvelle les audaces de Lucrèce avec un calme olympien : sans cesse il célèbre la « Bonne Nature », dont la peinture est la « fille légitime ». « Celle-ci participe de la Philosophie naturelle...; et elle est une science subtile qui, par une investigation d'ordre philosophique, considère toutes les qualités des formes, atmosphères, paysages, arbres, animaux, herbes et fleurs, baignés d'ombre et de lumière. » Voilà pourquoi, s'il fait parler les choses et les animaux en des Fables, en des Prophéties, voire en des Facéties, il les dessine avec un scrupule d'artiste et de naturaliste à la fois, analysant leurs parties, décomposant même leurs mouvements comme le fait notre photographie dynamique. Et c'est pourquoi aussi son Bacchus, au Louvre, nous montre du doigt l'allégresse des choses et y répond d'un sourire vraiment dionysiaque où revit le mystère des antiques Éleusinies. Après les philosophes et les savants, voici les mondains, comme Baldassare Castiglione, qui se mettent à regarder « la Nature, laquelle est si belle », et à trouver que les plumes des oiseaux et les rameaux des arbres ont une grandissime vaghezza [1]. Il ne restait plus aux poètes comme Pontano qu'à se faire les petits Lucrèces de cette religion naturelle et à chanter dans un *De Stellis* la « Génération des choses et des êtres inférieurs » à l'origine du monde, qui est comme un programme du poème en couleurs de J. d'Udine [2].

Comment s'étonner que les simples peintres, qui sont beaucoup plus près des choses que nous, les aient aimées d'un amour où il entre de la philosophie, de l'observation scientifique et le goût esthétique des formes? Je n'oublierai jamais l'incroyable perfection de cette histoire naturelle de la bibliothèque Vaticane, illustrée par les disciples de Raphaël. Sur la page où elle est ouverte une sauterelle verte se promène; sur une feuille de mûrier une grosse chenille blanche pointillée de noir rampe. Au premier abord les visiteurs ne voient que là « curiosités » : puis ils s'attardent à la vitre, silencieux, saisis : admiration et dégoût! Ils ont vu surgir de ces pages une religion nouvelle

1. *Libro del Cortegiano*, chez Sonzogno, Milan, p. 284.
2. *Opera*, t. I, p. 18, chez A. Manuce, Venise, 1533.

qui sera hostile à l'autre; Diane d'Éphèse et Jésus recommencent sur les marges la lutte commencée aux rives d'Asie Mineure : et le grand Pan, s'il est mort jadis autour de Pathmos, renaît à Rome. « L'on n'approuve point, dit Malebranche, la peine que quelques personnes se sont donnée de nous apprendre comment sont faits certains insectes, et les transformations des vers. » La Renaissance italienne n'a pas connu ce scrupule quasi janséniste. Presque tous les peintres rêvent d'une « Histoire Naturelle » de leur façon : Jean d'Udine fait un livre des Oiseaux, dit Vasari, si beau, si varié, que c'était la joie de Raphaël. Là et sur les frises des pilastres des Loges, dit encore le biographe, « il y en a autant qu'en a su faire la Nature » ; et la plupart sont placés sur des bouquets, gerbes, épis, toutes sortes de grains, de légumes et de fruits, « que, pour nourrir les oiseaux, en tous temps en a produits la Terre ». Sentez-vous la nomenclature s'amplifier et s'achever en une philosophie? Giovanni et Vasari picorent le détail, puis d'un coup d'aile s'envolent au panthéisme naturaliste. Vraiment, c'est la religion nouvelle sous Léon X, sans préjudice de l'autre bien entendu : religion de l'universel subconscient où l'humanité même est à demi immergée. Celle-ci essaie pourtant, avec l'aide de ses peintres et de ses savants, d'en sonder le mystère : sous leur pinceau comme sous leur pensée curieuse, la Botanique pousse et la Zoologie pullule.

Pour Jean d'Udine il y a mieux que l'influence d'un

état d'esprit général : il y a des grâces d'état particu-
culières [1]. Né dans le Frioul, entre l'Adriatique et les
Alpes, quasi Tyrolien, il a senti passer sur lui et sur
ses contemporains, fort comme le vent du large, le
souffle du Monde. Il a de qui tenir : il naît pendant
que son père est à la chasse; encore « putto », il le
suit avec ses petites jambes, pourtraicturant sitôt
qu'il a un instant chiens, lièvres, chèvres, tous animaux et oiseaux qui lui « tombent sous la main ».
A Rome, plus tard, il copie la ménagerie de Léon X,
des papagalli ou coqs polychromes aux guenons,
babouins, civettes et autres animaux « bizarres ».
Mais il y a la vraie, la grande ménagerie : celle du
bon Dieu. La Campagne Romaine a ses marécages
fiévreux, où le gibier grouille : papa à son tour,
Giovanni part aux jours de fête avec son « fante »
et sa meute, pousse jusqu'à dix milles de chemin;
comme il tire admirablement le mousquet et l'arba-
lète, il revient chargé (lui et le petit) d'oies sauvages,
de colombes, canards et autres oiseaux de paluds,
c'est-à-dire de sujets qu'il va croquer tout chauds
avant la rigidité suprême. Quand vous irez de la
place S. Giovanni à Frascati par le tramway à vapeur
qui traverse les coins les plus secrets de la Campagne
et que vous verrez se lever au cri de la machine
alouettes et poules d'eau, pensez comme moi à Jean
d'Udine, l'Oiseleur, car l'oiseler (uccellare) fut son

1. Vasari, XI, 300-1-5-13.

péché favori. Et voyez la vertu des leçons que lui donnent la nature libre et l'espace : Vasari nous dit qu'il avait reçu les enseignements d'un Flamand, voisin de Raphaël ; mais la manière de celui-ci était sèche, laborieuse, tandis que Giovanni donne tout naturellement à ses animaux la souplesse, le moelleux de la vie, et la morbidesse... italienne.

Alors il les lâche partout, plume et poil ; et toujours dans leur cadre naturel de verdure. Dans la villa Madame au flanc du mont Mario ils m'ont beaucoup touché : car ici, ce dindon qui fait la roue, ce paon, cette chienne roulée sur ses petits, ce faucon qui serre la bague des Médicis, sont retournés de la domesticité à la nature. La villa n'est plus qu'une ferme : là où soupait Sa Grandeur Jules de Médicis, des instruments aratoires gisent ; les plates-bandes maraîchères fermentent sous le fumier. Échappées à la tutelle du cardinal et de l'Église, la volière et la ménagerie de notre animalier, sans avoir changé de place, courent les champs. Dans les Loges où je suis il y a un peu plus d'urbanité ; il y a même du style. Cette vie spontanée obéit aux nécessités de la décoration : la queue de l'écureuil s'harmonise aux volutes des tiges où il se balance, et si l'escargot se trouve là précisément, c'est pour que la couleuvre puisse darder vers lui son appétit. Du reste Jean d'Udine est ici plus qu'un animalier : presque un fabuliste ; car je vois dialoguer de feuille à branche ceux que Lucrèce appelle à tort « animalia muta ». Ce Jean est un

La Fontaine et le rat que j'aperçois est un rat de ville, qui flaire la grappe et la vrille comme un petit prêtre romain flaire le dîner des riches. Mais ne vous y trompez pas : le peintre, à la ville ou à la campagne, les aime tous et toujours. Nul ne songe à reprocher à **E. Gallé** de n'aimer point les fleurs, qu'il stylise, ni à **Falize** de méconnaître les scarabées et les libellules parce qu'il les cisèle dans l'or, décorativement.

Et puis, voici le Monde, la naturelle ambiance de ces êtres. Là-haut, à la voûte, autour du petit Moïse et de la fille du Pharaon, autour de Jacob et des filles de Laban, se développe un admirable paysage d'eau, de verdure et de joie. Il prolonge jusqu'ici l'horizon qu'intercepte le vitrage. Les arcades de la **Loggia** étaient ouvertes autrefois : la rosée des aubes et des soirs se déposait sur ces fleurs, qu'elle a fanées comme les autres ; et c'est le chaud, le froid, l'air qui ont vieilli ces petits êtres, selon l'éternelle *ratio Naturæ* de Lucrèce. Vivants ils sont, puisqu'ils dépérissent et s'en vont vers l'inévitable échéance. Aujourd'hui encore la vie de l'espace se déploie sous la **Loggia**, qui en est comme le vestibule : l'hirondelle raie la vitre, strie l'air de son cri ; les moineaux viennent sur le rebord pépier aux effigies fraternelles, des corneilles passent lourdement au-dessus de la cour Saint-Damase ; par-delà Rome s'étale, appuyée au Pincio et au Janicule tout verts comme une Faunesse entre deux coussins de feuillages, et, dans le fond bleu cendré, la Sabine et les monts Albains posent leur masse, socle énorme de Physis.

II

LE CULTE DES ANTIQUES SYMBOLES

Il ne s'agit point de libertinage, mais de la passion dont s'est éprise la Renaissance pour un mythe qui lui fut un thème d'art et un philosophique symbole. Elle a beaucoup aimé les fables gréco-romaines, surtout celles où participe la femme : ses Lettres, son Art en sont peuplés; mais nulle ne l'a plus séduite que l'étrange mythe de Léda, épouse de Tyndare, amante du Cygne divin, mère par ses œuvres des Dioscures, Castor et Pollux.

Pour tout le Cinquecento italien il fut vraiment une incroyable hantise, et qui passa, j'allais dire s'envola par-delà les monts sur les ailes du Cygne pour descendre dans les plaines de notre Renaisssance tourangelle. Les humanistes comme Pontano (il s'appelait Giovanni, mais signait Gioviano, ou en latin Jovianus, ce qui veut dire fils de Jupiter), lui consacrent hexamètres et hendécasyllables [1], en la façon d'Ovidius. Mais les artistes surtout le fixent à l'envi sur la toile ou la fresque, sur le panneau de bois ou dans le marbre, dans le métal précieux qu'ils orfè-

1. Cf. *De Stellis*, II, p. 28, chez Alde Manuce, Venise, 1533.

vrent et dans les majoliques. Les grands peintres, Raphaël, Sodoma, Vinci, Corrège, Véronèse, Tintoret, tous, ont représenté « Leda col cigno »; elle devient, comme à la Farnésine, un lieu commun de la décoration des appartements. Michel-Ange luimême, le créateur des Prophètes et de Moïse, le grave Pensieroso, a fait frissonner sur la toile et en deux dessins des Uffizi le groupe passionné qui, figé dans le marbre par Ammanati, est aujourd'hui au Musée National de Florence.

Les arts mineurs, ciselure, médailles, émaillerie, glyptique, céramique, s'y sont plus attachés, parce que leur formule embrasse mieux sa grâce décorative et que l'agrément qu'il recèle est propice aux délicats objets. Or c'est ici la souveraine maîtrise de la Renaissance, qui excelle peut-être plus encore au travail menu qu'à l'œuvre puissante. J'ai retrouvé Léda sur les faïences de Gubbio, d'Urbino et de Casteldurante comme sur nos émaux de Limoges; en fines statuettes de marbre, d'ivoire ou de bois; soulevée en légers reliefs sur des coffrets, des buffets, des cheminées monumentales; je l'ai retrouvée, gravée au trait, jusque sur des poires à poudre ou pulvérins. Et cela est naturel, car le mythe devait plaire aux chasseurs : il a l'odeur des étangs où s'ébattent le soir, pour embrasser la nymphe, les grands oiseaux blancs; il est, à côté du mythe de Diane et d'Hippolyte où s'expriment la virginité des forêts et la fatigue saine de la chasse, le mystère rencontré, la joie ardente des choses. Il fallait donc que B. Cellini, le maître-orfèvre, l'aimât d'une dilection particulière : il le ciselait sur des médailles d'or pour chapeau, sur le piédestal en bronze doré d'un Jupiter en argent destiné à François Ier; et peut-être était-elle de lui la merveilleuse coupe d'argent doré, « chef-d'œuvre et grand spéciauté, la mieux élabourée, gravée et sigillée qu'il était possible de voir, dit Brantôme, et où étaient taillées subtillement plusieurs figures arétines comme de Lœda couchée avec son cygne[1] ». Pour comprendre toute son admiration, il ne faut pas oublier, non seulement le talent de Cellini, mais encore l'italianité de Brantôme, favori des Médicis et des Strozzi transplantés en France, et qui adorait Rome et les Romaines.

Mais voici qui m'a le plus frappé : dans leur passion pour le mythe, les Romains l'ont mis en telle place, qu'il paraît aux gens peu avertis un pur blasphème. C'est peu encore que le cardinal Louis d'Este fasse ériger une Léda dans sa villa de Tivoli, non loin de la Diane d'Éphèse aux multiples mamelles; c'est déjà mieux que Léon X laisse Jean d'Udine la coucher deux ou trois fois sur la paroi des Loges Vaticanes parmi les grotteschi voluptueux; c'est bien plus d'audace à Clément VII et à Paul III de l'avoir acceptée, peut-être accueillie avec ravissement dans les appartements du château Saint-Ange : mais que dire

---

1. *Dames galantes*, Disc. Ier, p. 26-29, chez Garnier.

de Léda s'abandonnant au cygne sur le seuil même des lieux sacrés? Filarète la montre sans vergogne sur la porte de bronze de Saint-Pierre, la basilique apostolique et pontificale, comme notre Hugues Sambin, pénétré de l'esthétique et des sujets ultramontains, l'étend tout près de Ganymède sur le trumeau de la porte Saint-Michel à Dijon. Décidément, pour qui l'a pratiquée, la Renaissance italienne, surtout romaine, c'est, en mythologie, la résurrection et l'universel « Triomphe » de Léda[1].

Pourquoi? Sans doute l'influence de l'antiquité y est pour beaucoup. Tout le monde connaissait dans les délectables Métamorphoses d'Ovide celle de Cycnus, et les passages de l'Iliade, de l'Odyssée, de l' « Hélène » d'Euripide, d'Hérodote et d'Hygin où la légende est narrée, non sans... métamorphoses elle aussi ; et les statues pullulaient déjà, dont les meilleurs types se voient aujourd'hui au Capitole et dans les galeries Borghèse et Albani. Médiocres en général d'idée et d'exécution, elles n'inspirent à Burckardt, protestant et universitaire, qu'une indignation vertueuse. L'oiseau surtout est lamentable, minuscule, sans forme, et Léda, ordinairement debout, le serre contre ses flancs dans une pâmoison au regard revulsé, que les Bolonais, Guido Reni surtout, ont communiquée indifféremment à leurs Cléopâtres, à leurs

---

1. En dehors des œuvres citées, cf. à Rome une à la galerie Rospigliosi, deux à la galerie Borghèse, une dans le cabinet de la Farnésine; à Florence, aux d'Uffizi, celles du Pontormo et du Tintoret, et le camaïeu de la grotte du Boboli.

Madeleines et à leurs Vierges. Quel que fût l'aveuglement de la Renaissance à l'égard de l'antiquité, ce ne sont point de tels modèles qui ont suscité sa passion ni guidé son art.

Est-ce la sensualité? Sans doute la Renaissance, surtout au XVIe siècle, est sensuelle : elle aime la ferveur secrète dont le mythe est tout pénétré. C'est même ce qu'en ont surtout voulu révéler les Vénitiens dans la volupté tiède épandue sur les lagunes : Corrège peignit une Léda, importée en France, dont l'indécence choqua si vivement Desnoyers, ministre de Louis XIII (ou Louis d'Orléans?), qu'il fit effacer la tête; une autre de lui est à Berlin et dans une étude préparatoire de la collection Rospigliosi : blonde courtisane vénitienne qui étale sa faiblesse en souriant à ses amies. Tintoret, Véronèse, oubliant les bords de l'Eurotas, les prés verts constellés d'anémones et de jacinthes, toute cette nature qui confère à la scène, j'allais dire à l'acte, une vertu sacrée, étendent Léda sur une couche : de luxuriant, le mythe est devenu luxurieux. Le Tintoret va jusqu'à la favoriser d'une alcôve à courtines; une servante, à genoux devant une cage de bois, paraît vouloir y faire rentrer le cygne : caillette, soubrette, et pigeon vicieux! Notre esprit gaulois insinua même une allégorie égrillarde : sur un panneau de Cluny, pendant que le cygne éploie ses ailes sur Léda, Cupido, accroupi sous l'une d'elles avec des ciseaux, s'évertue à couper les plumes. Mais la Renaissance antérieure,

à Rome surtout, ne descendit point jusqu'à ces mal-
saines complaisances, et le libertinage paradoxal ne
suffit point à expliquer son goût.

La riche beauté du mythe l'a certainement cap-
tivée : elle a senti la grâce du cygne, de ses lignes qui
ondulent sur l'onde, du glissement harmonieux sous
les ailes épandues comme des voiles et de ce plumage
au candide éclat. Les Romains fortunés entretenaient
sur les canaletti de leurs villas, autour de leurs
casinos d'été, des flottilles blanches de cygnes ; sous
ce ciel du Midi c'est un luxe paradoxal : j'ai vu leurs
descendants à la villa Doria-Pamphilj et dans le bosco
réservé de la villa Borghèse. Il a enchanté leur imagination après celle des anciens : ils savaient que les
poètes latins révérèrent cet oiseau qui leur apportait
l'avant-goût des contrées septentrionales et le mystère
de l'Hyperborée. L'Ibsénisme de cette époque en
raffolait, comme nous de l'Eider, dont Ibsen en ses
poésies lyriques chante l'exil et la nostalgie. Comme
Virgile, Ovide, Tibulle, qui furent délicats et féminins, ils l'ont vu en songe nager sur l'Ister et le
Pont-Euxin. Une version de la légende et certains
artistes anciens mettent auprès de Léda, non plus le
cygne, mais une oie : la Renaissance, ôtant de là cet
échappé de basse-cour, lui a substitué pour jamais
l'oiseau charmant que sanctifia Aphrodite [1], que Jean
d'Udine éploie si souvent dans les arabesques de la

____

1. Cf. Pontano, *De Stellis*, I, *De Venere.*

salle des Pontifes et dans les Loges, et nos artistes après Rome aux frises des aristocratiques tombeaux et des châteaux de Touraine. « Candida candidis », dit la devise de Claude de France au château de Blois, et voilà que le cygne de Léda, dolent, percé d'une flèche, enroulé de la cordelière franciscaine, symbolise la blancheur morale et la pureté. Mais, à côté de lui, quelle occasion c'était de représenter la femme ! B. Cellini dit que le point essentiel de l'art du dessin est de bien faire un homme ou une femme nus ; car le nu, surtout féminin, qui n'avait guère conquis son avènement qu'au début du xv⁰ siècle, était alors fraîchement dévoilé. Il reprend sa revanche de la pudeur gothique, et le mythe de Léda entre tous propose aux artistes ce charme de la femme étendue sur les prés ou parmi les joncs, appuyée sur le coude, un genou légèrement levé. Michel-Ange aima cette attitude, qui prend dans l'esthétique féminine mise à la mode par Cellini et l'école italienne de Fontainebleau une grâce plus nonchalante, une minceur flexueuse, presque fluide. Il ne restait plus, et là résidait la suprême beauté du mythe, qu'à enlacer les lignes cycnéennes et féminines dans une symphonie quasi musicale, où participent le lyrisme des courbes, l'hymne des couleurs, les decrescendos de la lumière et de l'ombre qui font le modelé.

Mais ils ont vu dans le mythe de Léda mieux que de la beauté. Leur imagination y a cru. Ils attribuent aux mythes une réalité aussi angoissante qu'aux événements de l'histoire ou de la simple vie humaine, réalité idéale, plus ample même que celle qui concerne les individus ou les peuples : car elle consiste dans les phénomènes de l'univers et dans les rapports généraux des êtres. Sans doute ils ne creusèrent point l'Odyssée et les hymnes homériques comme un Decharme ou un Bréal, et n'ont point reconnu dans Léda « Lêto aux beaux cheveux », divinité de la Nuit. Aux yeux perçants de l'exégèse le dieu du Jour s'unit à elle sous la forme d'un cygne, dont la blancheur signifie l'éclat frais de l'aube. Il s'agit là, en somme, des phénomènes quotidiens de la lumière ou du sol fécondé par l'humidité du ciel. Tout au plus la Renaissance prête-t-elle attention à la troisième constellation zodiacale : les Gémeaux. Déjà Dante croyait que leur influence est heureuse sur les mortels :

> O gloriose stelle, o lume pregno
> Di gran virtu....

Quand il naquit, au printemps, le soleil venait à la rencontre de Castor et Pollux, ce qui a fait dire très joliment qu'il était né « dans le nid de Léda ». Voilà pourquoi je ne fus point étonné de rencontrer, parmi les signes du Zodiaque que peignit J. d'Udine dans la salle des Pontifes au Vatican, le beau Cygne et les Jumeaux ses fils, ni de retrouver ceux-ci dans les hexagones de B. Peruzzi à la Farnésine entre père et mère, dans un tournoi de robes, de nuages, d'azur céleste et de plumes.

Mais la Renaissance a d'elle-même déposé dans le mythe un double sens, ésotérique et apparent. Au sens apparent, c'est l'union d'un animal et d'une femme, pure monstruosité où s'enveloppe cette idée philosophique : l'alliance, la fusion des êtres dans la nature une et universelle. Buffon que d'Alembert surnomme le marquis de Tuffières, devinera, mais n'osera point en son orgueil aristocratique et spiritualiste affirmer les affinités des « règnes », qui restent séparés comme les castes. Il n'infère aucune conséquence sérieuse de ce que les Hellènes rapprochaient sans cesse en des actions communes les choses, les êtres muets, les hommes à la parole articulée et les immortels. Mais le xvi° siècle est moins dédaigneux : en reprenant toujours certaines Fables, il a renoué du premier au dernier anneau la chaîne indéfinie qui commence aux olympiens et finit à ce qui n'a que la simple existence. S'il a goûté particulièrement le mythe de Léda, c'est qu'après les Héllènes il y pouvait confondre en un multiple hymen, parmi l'allégresse nuptiale des fleurs et des eaux, un dieu, une mortelle, un oiseau, deux enfants tout frais éclos de la coque brisée, et la nature entière. Avec un paganisme d'imagination qui est resté dans la race, il adhéra au dogme poétique des Métamorphoses, c'est-à-dire de l'unité de la vie dans la diversité des formes. C'est ici précisément que se décèle le sens caché du mythe. Le cygne, en effet, est Jupiter maître des hommes et des dieux, mais Léda n'est que la fille de Thestius et l'épouse de Tyndare, une mortelle. C'est la nature humaine qui reçoit en elle, docile, les énergies fécondantes du monde. Pour mieux exprimer cette réceptivité qui nous soumet au dieu formidable, la femme a été choisie. Les humanistes de la Renaissance, trop fidèles à l'anthropomorphisme qui dès Homère voila aux Grecs les antiques symboles, absorbent la nature dans l'Homme déifié; mais les artistes gardent par grâce d'état l'intuition du sens originel et profond : cent fois, en « supposant » Léda à Jupiter, ils asservissent, ils ploient l'humanité à la nature, qui l'étreint, la pénètre, lui prodigue sa sève saine et riche. Par ce naturalisme grandiose qui fait honte à l'orgueil du Sur-Homme d'alors, ils rejoignent presque l'humilité des vieux panthéistes; mais cette humilité n'a rien d'effaré : elle est filiale et joyeuse. Je ne sais s'ils ont clairement discerné ce qu'ils mettaient ainsi d'eux-mêmes dans le mythe, mais ils s'en sont doutés; dans tous les cas, peu empêtrés de critique, ils y ont trouvé ce qu'ils cherchaient, ce qu'ils aimaient passionnément : la glorification de la vie universelle et de l'instinct, inépuisable source de poésie.

La preuve c'est que, s'ils ont cultivé les mythes, ils ont rarement célébré ceux où retentit encore la plainte de la nature dans le deuil de l'hiver, lorsque la vie des choses est descendue sous la terre. J'ai beau chercher : je ne trouve qu'une fois, chez Jacopo del Sellaio, la légende d'Orphée, tout oppressée des brumes nordiques, des ténèbres des enfers puis de la mort [1]. Elle plaît, surtout en son épilogue, à notre sensibilité septentrionale et romantique, que ne fait point frissonner la brise glacée de la Thrace. Même parmi les mythes propres à la nature méditerranéenne, il en est qu'ils ont évités : bien que celui de Proserpine et de Cérès soit né en Sicile, dans le val à la fois doux et grave d'Enna, ils n'ont guère adopté cet Érèbe brusquement entr'ouvert par le char plutonien aux noirs chevaux ni cette mère qui traîna sa lamentation dans tout l'univers et dut partager sa fille avec le roi des Ombres.

Il faut bien que ce soit l'idée (et la beauté) inhérente au mythe qui ait tenté le pinceau chaste de Michel-Ange. Sans doute le duc de Ferrare commande le sujet ; mais ce n'est point une raison pour qui tient tête à Jules II et d'ailleurs n'asservit son génie indomptable à aucun programme. Mais il a mieux senti que personne la parenté de tous les êtres, et des choses avec les êtres. On a exagéré l'exclusivisme de son culte pour l'humanité et la forme humaine : à quinze ans il fait ce masque de Faune « qui sait le grand secret et sourit » (V. Hugo). Il rêve de sculpter une montagne [2] ; et d'autre part l'inachèvement de telle et telle statue ressemble à une philosophie méditée : elles gardent des attaches avec le bloc fruste où leur âme est encore à demi engoncée. Ici Léda se livre au

1. Elle est plus familière aux humanistes : cf. Pontano, *De Stellis* : De Lyra et Orpheo, chez Alde, 1533.

2. *Vita di M. Buonarroti*, par Condivi, chap. XXIV.

cygne, là le sanglier vient de tuer Adonis dont le sang va faire fleurir les roses; ailleurs les Centaures se battent; et à la voûte de la Sixtine la Nature et l'homme, les cieux et la mer, la terre et les astres, les génies-cariatides et les Prophètes, les Sibylles et les bucranes desséchés au feu des sacrifices coexistent dans une « Création » qui fut successive selon la Genèse, qui est perpétuellement simultanée à cette voûte. Cet homme a vraiment regardé d'en haut, comme un dieu propice, l'union de Léda.

D'ailleurs ce mythe panthéiste est resté latin, surtout romain. Je l'ai peu rencontré chez les Flamands et les Hollandais; mais il reste dans l'atmosphère de Rome, comme un prodige suspendu entre ciel et terre, et c'est là que l'a capté le pinceau si grave de Poussin. C'est que lui aussi, moins étroitement classique et humaniste en son siècle que Boileau, a dû pressentir le symbole de l'union inouïe : il n'est que de regarder son Polyphème, où la montagne s'achève dans la conscience d'un demi-dieu, où la conscience du demi-dieu s'effondre dans une plainte humaine. Enfin, que tel soit le sens du mythe et tel le sens que la Renaissance y devina, je n'en veux qu'une dernière preuve : le décor que la plupart des artistes, par exemple Filarète, Jean d'Udine et Léonard de Vinci donnent au mystère qui s'accomplit : décor de fête, la fête de tout, du Tout. Les deux premiers, à la porte de bronze de Saint-Pierre et dans les Loges du Vatican, font grouiller tout autour le monde végétal et animal. Mais voyez particulièrement la Léda du Vinci (ou de son école, ou peut-être du Sodoma) à la Galerie Borghèse : pendant que le cygne étreint de son aile la hanche de la mortelle debout, la nature heureuse s'évertue à chanter l'hyménée; les volubilis et les marguerites étalent amoureusement leurs pétales; la colombe, la perdrix, même un escargot, offrent l'hommage de leur humble existence; une rivière fuit dans les lointains bleus qu'encadrent des montagnes, une paysanne conduit son âne vers les champs, et Elle, fleur de l'universelle nature, sourit à la vie de ce sourire léonardesque et ambigu dont nul n'a sondé toute la profondeur.

C'est pourquoi ceux des modernes qui ont repris le mythe, c'est qu'ils avaient en eux le démon de la Renaissance italienne et romaine. D'une façon générale, notre néo-paganisme ressuscite la mère d'Hélène à chaque Salon, j'allais dire à chaque Saison, puisque Mai (c'est le mois des Gémeaux) scande ce retour. Léda se repose au Luxembourg dans la toile de Courtat, en la statue de Desbois, au délicieux camée de Goulard, au somptueux émail de Garnier et Grandhomme. Mais nul n'en a subi la séduction comme Gustave Moreau : au pied de la colline de Montmartre, dans la demeure silencieuse de l'artiste qui s'isola le plus obstinément dans la nostalgie des anciens mythes, j'ai retrouvé Léda quinze ou vingt fois (tableaux, dessins, préparations) parmi ses sœurs de légende. Il fallait s'y attendre; car il eut en lui, mais compliquées d'exégèse et de mélancolie, toutes les passions du Cinquecento italien : la passion de l'antiquité, surtout de ses mythes naturalistes, qu'il imprègne de pensée moderne ; la sensualité ardente, qu'il voile de tristesse : car ses légendes préférées sont celles qui ont pour centre une grande amoureuse, Déjanire, Circé, Europe, Pasiphaë, Hélène, Sémélé ; enfin la somptuosité du décor, des vêtements et des joyaux. J'ajoute qu'il est italien dans la moelle : son coloris, ses ciels d'un bleu vert, ses étoffes chatoyantes sont de Venise ; ses cyprès hiératiques et sombres sont du pur Latium ; ses fonds de rocs abrupts et de rivières bleutées qui se perdent dans la gaze des lointains viennent des Ombriens et des Lombards, surtout du Vinci. Cette âme septentrionale et d'inquiétude si moderne fut vraiment avide du paganisme, aux sources duquel remonta son analyse. Voilà pourquoi Léda le devait tenter. Regardez le « Sacre et Triomphe de Léda » : elle est assise sur un rocher ; le Cygne, illuminé d'une gloire divine, pose sur elle sa tête ; deux génies apportent une couronne ; « le grand Pan, les Satyres, les Faunes, les Dryades adorent », comme il est dit au bas d'une esquisse. C'est la Nature entière, brute, végétale, animale, humanisée ou divinisée, qui proclame et consacre la royauté de la Femme. Et ainsi G. Moreau a commenté le sens du mythe, et les raisons du goût universel qu'y prit la Renaissance romaine.

Nous voici revenus à Rome. Rome m'est toujours apparue comme un des avatars, une des « Métamorphoses » de Léda. Elle fut à la Renaissance et est restée, en son incurable paganisme, la fille d'Hélène et des dieux hellènes. Comme Léda elle se tourne aujourd'hui vers le Nord et le génie des races saxonnes. Certes, elle n'est plus, selon le mot de l'Apocalypse, « la grande prostituée couchée sur les sept montagnes, avec laquelle les rois de la Terre se sont commis » ; mais, en pleines ruines du Palatin, quand elle fêtait ses hôtes du Septentrion, j'ai entendu ses orchestres militaires jouer la marche de Tannhæuser et la chevauchée des Walkures. Comme Romulus guettait les vautours sur la colline augurale, elle est sans cesse préoccupée, elle la grande Latine, des pays d'où viendront les oiseaux boréaux par-dessus les Alpes de neige ; après un moment de surprise, elle choie les œuvres de Tolstoï, de Suderman et d'Hauptmann, d'Ibsen qui l'épousa elle-même passionnément ; « avec quelle force magnifique monte à nos poitrines le souffle piquant qui vient du Nord ! Nous sentons dans ses chants ce que c'est que vraiment vivre et communier avec la Nature »[1]. En ses accointances politiques même Rome m'a renouvelé le mythe de la Renaissance ; je l'ai vue naguère, toute frémissante sur les rives de son Tibre où surgissait une floraison spontanée de mâts et de drapeaux, attendre le blanc Lohengrin des bords de la Sprée : Léda s'ouvrait au chevalier du Cygne.

[1]. Cf. le *Marzocco* de Florence, 3 juin 1906.

III

LE CULTE DE LA BEAUTÉ : LE RÈGNE D'IMPERIA

« Qui fut l'Imperia, courtisane de Rome, dit Bandello, et combien en son temps elle fut belle, aimée des hommes considérables, je crois que la majorité d'entre nous le savent par ouï-dire ou pour l'avoir vu [1]. » La célébrité d'Imperia est, en effet, un fait historique et l'un des plus significatifs de la Renaissance romaine sous le pontificat de Jules II : ce fut, pendant et après sa vie si brève, la plus triomphale apothéose qu'une ville, un demi-siècle aient offerte à la Beauté. C'est l'époque où l'on jouit tant à contempler une femme belle « qu'on croit être au Paradis ». Dieu me pardonne de germaniser ainsi : dans le Libro del Cortegiano le mot de bellezza rythme jusqu'à vingt-quatre fois la page [2], comme le leit-motiv d'un hymne. Castiglione, pourtant si riche de vocables, n'a cure de reprendre à satiété celui que tout synonyme diminuerait et qui doit rester unique parce qu'il répond à un concept absolu. Firenzuola, dans ses *Bellezze delle donne* montre le même scrupule. Et la Beauté force l'amour. De Venise à Naples, à Rome surtout, la Renaissance a eu la passion de la

---

1. Novellino, Londra, 1792, XLII. — Cf. aussi Rodocanachi, *Courtis. et bouffons*, Paris, 1894 ; et P. Picca, dans l'*Italia moderna*, juin 1906.
2. P. 285, éd. Sonzogno, Milano.

volupté. Depuis l'artisan jusqu'au grand seigneur chacun lui apporte son hommage : le jour de l'intronisation de Léon X, un orfèvre dresse devant sa boutique une statue antique de Vénus et grave sur le socle : « Cypris régnera toujours ». Castiglione, Bembo dans les « Asolani » consacrent à l'Amour comme à la Beauté des pages enflammées. Je sais bien que c'est l'amour platonicien, mais d'intention seulement et en théorie : l'accent, le style, et ce verbe italien si chaleureux, si sensuel, y mentent sans cesse. Parce que le diable est malin, Castiglione finit son livre comme Lucrèce commençait le sien, par une prière éperdue à l'amour, « Amour santissime, Seigneur, principe et fin de tout bien ». Et Pietro Bembo, qui restait pur cicéronien (en langue vulgaire) dans les Asolani, même auprès de Morosina, coupe et entrecoupe son ample phrase d'humilité et de tendresse quand il écrit à Lucrezia Borgia : sa période est oppressée! Ces gens ne sont heureux que dans le rayonnement de la femme. Dans le sillage du jasmin d'Espagne ou du clou de girofle, presque tous, financiers, humanistes, condottieri, tyrans, prélats même, engagent allègrement leur destinée. Les œuvres les plus connues de l'époque sont à son honneur ou lui font une place ; les mots, la peinture, le marbre deviennent chair et frémissent voluptueusement comme à l'ardeur d'un contact; tantôt c'est la véhémence de l'instinct, tantôt la morbidesse du sentiment. Ils peignent la Vierge avec un sens profond du péché. Toute l'Italie d'alors est vraiment la « terra da donne ». Voilà pourquoi Imperia règne vingt ans à Rome ; maître Pasquin la célèbre en vers au coin des carrefours, et Blosio Palladio s'écrie : « Les dieux ont fait à Rome deux présents inestimables : Mars lui a donné l'Empire et Vénus l'Imperia ».

C'est qu'elle est la plus riche incarnation de l'idéal du temps. Les simples mérétrices qui grouillent dans les œuvres de l'Arétin, dans le Novellino de Bandello ou de Molza, n'émeuvent que la sensation. Les Vénitiennes de Palma et de Véronèse, même les grasses Romaines de Seb. del Piombo apparaissent en leurs effigies telles qu'elles furent en effet : belles et bêtes ; animaux de luxe, étaler leur beauté ambrée et leur crinière blonde ou brune où s'enroulent des colliers de perles, c'est toute leur vie. Or il faut fuir, comme dit Castiglione, la « brutesse de l'amour vulgaire ». D'autre part, entre Vittoria Colonna, Gaspara Stampa, Isabelle d'Este et nous, la vertu conjugale ou maternelle et la hauteur même de l'intelligence interceptent un peu le charme : à tort ou à raison elles apparaissent moins femmes parce que leur talent les rapproche des hommes, et l'amour qu'elles suggèrent participe selon Castiglione de la Raison, qui s'attache aux platoniciennes Idées. Imperia, elle, a tout à la fois la beauté qui émeut les sens et la culture qui séduit l'âme. Cette « garce » (le mot est de Bayle et ne comportait point alors de réprobation) eut une personnalité assez riche pour que des banquiers, plaçant leur cœur à fonds perdus, en soient venus à cet entier abandon de soi : « amare ardentissimamente ».

Ses talents ne font aucun doute[1] : elle tient de Ferrare, sa patrie, le goût des arts et des lettres, danse à ravir, joue du luth ou de la cithare avec des livres de musique. Elle est « sage au parler, selon le joli mot de Brantôme qui s'y connaissait, et se pourrait fort moquer des gentilles dames de Rome, lesquelles ne sont apprises à la parole comme elle, mais sont muettes comme pierres ». Elle cultive les livres latins, lit « le divin énamouré Platon », tout comme plus tard Ninon de Lenclos : peut-être était-ce dans le magnifique 149 de la galerie Mazarine, copie faite à Florence en 1472 de la traduction latine de Leonardo Bruni l'Arétin, et si précieusement enluminée! Dom. Campana lui apprend à tourner des sonnets; les humanistes se pressent dans son salon des bords du Tibre comme nos pères chez les précieuses; Maddaleno vint lui lire ses vers, Beroalde le Jeune lui dédie ses odes latines. Je n'ai pu trouver trace d'elle, en dépit de Roscoë, dans les œuvres de Sadolet, évêque de Carpentras, secrétaire intime de Léon X, puis cardinal; mais les membres de l'Académie de Pomponio Leto, païens fieffés pour qui l'humanisme est le plaisir antique, viennent échauffer leur doctrine à son contact. Les ambassadeurs, les prélats lui font hommage de leurs loisirs. Elle est le péché, mais délicat, elle

1. Cf. le *Dict. de Pierre Bayle*, art. Chigi; et Roscoë, *Vita di Leone X*, t. II.

est le vice si l'on veut, mais voilé de gentilezza ; et ces violents à peine évadés de la barbarie du moyen âge, elle les civilise. Aspasie, Diotime, que cite Castiglione, ne sont que les prototypes de cette Romaine digne d'Athènes qui est bien décidément une *femme de cour*, une cortegiana, voire une femme de palais (donna di palazzo). Rome est fière de sa courtisane, qui à son tour rayonne de bonheur : car la vie est heureuse, dit l'Arétin, pourvu qu'on soit né avec l'*ingegno*.

Avec ces talents elle fut très belle. Être belle est sa raison d'être et sa gloire. Elle a aux yeux de Rome cette vertu singulière d'aller jusqu'au bout de sa destination, de faire irradier sa beauté et de donner du bonheur comme l'abeille fait son miel. Le don divin qu'elle a reçu l'élève au-dessus des lois de la commune humanité. Cette courtisane est donc honorée de son vivant comme une demi-déesse, pour qui il est des grâces d'état ; et elle peut s'appliquer le conseil du Pape Alexandre VI à Lucrezia dans *la Renaissance* du comte de Gobineau : « les mérites qui se peuvent approuver dans une femme ordinaire deviendraient chez vous des vices ».

Sa beauté n'est donc pas à elle seule : elle appartient à tous, et à l'Art, qui s'empresse de la fixer pour toujours. Le Cinquecento, ardent à la vie, cueille l'actualité qui en est la fleur avec une prompte allégresse, que le scrupule ne troubla jamais. Aussi, les portraits de Vannozza Caetani, mère de Lucrèce et de

César, et de Julie Farnèse, chère aussi à Alexandre VI, sont-ils dans les appartements Borgia du Vatican. Voilà pourquoi j'ai pu et tout le monde peut comme moi connaître Imperia. Un médaillon de l'époque[1] nous montre bien en elle l'idéal du xvie siècle : c'est la rectitude grecque du front et du nez, celui-ci « bien tiré, comme disaient nos pères, par un profil justement et droitement compassé » ; dans les cheveux en torsades s'enroulent des chapelets de perles; de grosses perles pendent à ses oreilles; un double rang de perles cercle sa gorge dévoilée. Mais dans la fresque du Parnasse de Raphaël elle est toute, avec les couleurs mêmes de la vie. En un bosco de lauriers où coule la source d'Hippocrène, elle est assise parmi les poètes et les Muses : elle est devenue Sapho, qui fut poétesse comme elle, aima l'amour comme elle; et, comme Sapho, elle tient le luth harmonieux[2]. C'est la seule qui soit expressément désignée par son nom, sur le désir de Chigi; une atmosphère idéale, surnaturelle, enveloppe déjà celle qui allait en effet, l'année suivante (1512), rejoindre les bienheureux sur les prairies qu'Homère constelle d'asphodèles et fra Angelico de marguerites. Elle est aussi dans la fresque d'Héliodore, parmi les éplorées que sauva l'intervention divine; dans la Transfiguration, elle laisse reposer sur son profil et sa nuque nos yeux et notre esprit, surmenés par le double mystère qui

1. Moulage dans le vestibule de l'École des B.-Arts.
2. Dans l'*Italia moderna*, M. Paolo Picca incline pour Calliope.

s'accomplit sur la terre et aux cieux. Et cela est juste, car Imperia fut très pieuse. Enfin, elle est devenue à Sainte-Marie de la Paix, toujours sous le pinceau caressant de Raphaël, la Sibylle de Phrygie : c'est bien elle, blonde, coiffée en bandeaux ; sa tunique blanche, sa robe jaune, son manteau rose enveloppent sa blondeur d'une harmonie suave. Et c'est bien une femme, malgré qu'elle soit appelée au rôle sacro-saint de Sibylle : Rio lui-même, champion de l'Art chrétien, dépouillant en pensée les trois jeunes divinatrices de leurs vêtements, découvre et nous fait voir les Trois Grâces. Oui, en comparaison des sublimes Sibylles de Michel-Ange, celles-ci sont humaines et toutes féminines : Imperia, appuyée du bras sur le cintre, retourne à demi la tête dans un abandon familier qu'une grâce très noble relève ; voilà une femme à qui le rythme est naturel, même dans l'immobilité. Si elle est idéalisée un peu, c'est qu'elle ne participe plus, hélas ! des contingences terrestres, et si elle est mélancolique, cette mélancolie est par reflet celle de l'ami qui la pleure et la veut immortaliser dans une église de son choix parmi le vol des anges et des archanges. J'y perçois aussi la tristesse de l'artiste, que guide ici pour la peindre le seul souvenir : il a la mémoire du cœur. Il y avait trois ou quatre ans que Chigi et Raphaël se souvenaient : jamais le mot ne fut plus vrai, que tout portrait est une confidence du peintre, parfois aussi du riche patron qui le commanda.

Si nous doutions, sur la foi des critiques empêtrés d'*a priori*, que cette Sibylle est une vraie femme, toute pénétrée du charme des êtres périssables et qui ne connut les cieux qu'ici-bas où elle fut aimée, l'harmonie du milieu où elle rêve nous en convaincrait. Regardez : elle se détourne de la vieille Tiburtine pour écouter le gracieux archange, j'allais dire l'éphèbe qui lui montre l'inscription : « Le ciel entoure le vase de la terre ». Le petit ange qui domine toute la composition, posé sur un genou, n'est qu'un Éros ailé, nu comme les innombrables putti où sont venus se métamorphoser, dans tout le xvie siècle, puis chez le Bernin et dans le style rococo, les antiques Amours des cubicules pompéiens : il tient un flambeau comme celui de l'hyménée, et sourit avec une ambiguïté bien naturelle à cette scène où les païennes inspirées prédisent le Messie, où le profane et le sacré se confondent. Si je baisse les yeux vers la chapelle, voici encore l'amour : les deux saints compatriotes de Chigi, les Siennois saint Bernardin et sainte Catherine ont brûlé d'ardeur, d'ardeur mystique, jusqu'à la pâmoison. En face, la Vierge et les deux saintes de B. Peruzzi, si douces et si tendres, ne s'indignent nullement du voisinage d'Imperia, et, dans le chœur, des petits chérubins de l'Albane, du profane Albane, dodus et criblés de fossettes, volètent au plafond ouaté de nuages. C'est bien l'Amour qui rôde ici, avec l'inspiration de Virgile et de l'art antique, avec le génie d'un peintre tout imprégné d'humaine tendresse, avec le souvenir d'un Mécène amoureux et de celle qu'il aima.

C'est qu'en effet le culte universel qui s'éleva vers Imperia eut un coryphée : Agostino Chigi il Magnifico. Dis-moi qui t'aime, je te dirai qui tu es : on la connaît mieux quand on connaît bien celui dont elle personnifia l'idéal. Administrateur de grandes mines d'alun, marchand de blé, banquier du Saint-Siège, commanditaire de César Borgia et de Charles VIII dans leurs entreprises, il aime l'argent, qui aide si puissamment à jouir de la vie. « Les jours regrettés fuient en un moment, chante Castiglione, et le temps emporte tout dans son vol. » Le Magnifique paya le Temps, non pour l'empêcher de s'envoler, mais pour intercepter au passage les plaisirs qu'il offre d'une main jalouse. Surtout il paya impérialement Imperia. Est-ce lui qui meubla si richement la maison de la via Giulia que la description de Bandello, toute éblouie, trébuche parmi l'alabastre, le porphyre, le marbre serpentin, les draps brodés d'or, le velours et le brocart, au-dessous d'une corniche d'or et d'azur d'outremer? C'est là que l'ambassadeur d'Espagne, attiré par la renommée d'Imperia, n'osant cracher sur ces belles choses, crache au visage d'un domestique [1]. Là aussi Chigi donne pour Imperia des banquets qui rappellent à E. Müntz effaré Salluste, Lucullus et Trimalcio. Salluste? Chigi est aussi riche, mais n'écrit point l'histoire.

1. Bandello, *Novellino*, Londra, 1792, vol. III, nouv. 42.

Lucullus? Chigi est aussi gourmet, mais n'a rien d'un général. Trimalcio? Chigi est aussi fastueux, mais de moins basse extrace, et si on mange chez lui des langues de perroquets les meilleurs humanistes y délient la leur. S'il aime Imperia, c'est qu'elle est belle, et c'est parce qu'il aime la Beauté qu'il choie les artistes, lesquels l'imitent ou la créent. J'ai rencontré son souvenir à Sainte-Marie de la Paix où Raphaël travailla pour lui, je le retrouverai à la Farnésine que construisit pour lui B. Peruzzi.

Mais à Sainte-Marie du Peuple sa présence est réelle. Il repose là, dans la chapelle de sa famille, édifiée encore sous la maîtrise de Raphaël. Ici aussi comme tout s'harmonise autour d'un souvenir! L'or du banquier revêt la coupole : tous ces cubes de mosaïque ressemblent à des écus fixés, que la lumière fait luire. Sous la surveillance de Dieu le Père, les divinités planétaires évoluent : quelques-unes sont d'exquises femmes dont le pinceau de l'Urbinate a sans doute caressé l'ébauche. Sous l'autel un bas-relief de bronze nous montre Jésus parlant aux Samaritains : l'Imperia de Samarie est là, près du puits où il est assis, vêtue à l'antique et enveloppée d'un charme où participent la pudeur de ce qu'elle est, la fierté d'avoir abreuvé Jésus et la joie du pardon espéré. Tel est son émoi, que la chemisette en tombant a découvert l'épaule droite et que le sein pointe en accrochant un reflet. Sensualisme et dévotion ici vont ensemble. Les « femmes de cour » de la Renaissance ne restaient-

elles point pieuses à Jésus, qui fut si miséricordieux
à leurs aïeules de Galilée? de très bonne heure le christianisme enveloppa de mansuétude la femme, qui à
son tour lui insinua sa grâce tendre, et, aux siècles de
dilettantisme, son attrait troublant. Voilà pourquoi la
mémoire de la courtisane et l'atmosphère d'encens se
pénètrent intimément, comme dans l'âme d'Imperia
et d'Agostino eux-mêmes foi et concupiscence. C'est
pour le tombeau même de Chigi que Lorenzetto avait
modelé et fondu en bronze cette scène évangélique où
la fraîcheur d'un puits et l'aménité d'un arbre se
mêlent au parfum du péché. Le Bernin l'a changée de
place, mais il a sculpté dans la niche d'à côté Habacuc
et l'Ange, ce dernier avec la même expression voluptueuse et perverse que celle de l'ange cupidonesque
qui à Sainte-Marie de la Victoire perce d'une flèche
le cœur de sainte Thérèse pâmée. Et ainsi toute la
chapelle est imprégnée de cette molle *tenerezza* où
Agostino, publicain amoureux d'une Samaritaine,
s'était tant complu. Il y a d'ailleurs ici, capté sous la
coupole comme en une urne précieuse, tout ce qui
lui fut cher : richesse, beauté artistique et féminité.
Il en jouit encore, car le voici, lui-même, pourtraicturé en un médaillon sur le mausolée pyramidal que
lui édifia le Bernin : tête fine, nez frémissant de jouisseur entre une riche chevelure et une riche barbe où
se recèle la « volonté de puissance ». Tel est celui qui
protégea Imperia, et à qui Imperia ne causa jamais
qu'un chagrin : celui de tôt mourir.

Elle meurt le 15 août 1512, jour de l'Assomption de la Vierge, par une tempête effroyable de pluie et de grêle. Rome put croire à un accès de colère et de chagrin de la Nature quand la belle fille, à trente et un ans, exhala son *consummatum est*. Elle fut plus frappée encore du contraste entre la mort de sa courtisane et l'Assomption, mais elle ne douta point que sa courtisane, d'ailleurs « enjubilée et indulgenciée » puisque Jules II lui envoya absolution et bénédiction pontificale, ne fût montée au ciel comme la Vierge. Ce n'est pas qu'il ne s'éleva quelques épigrammes, dont l'une la supposait en Enfer. Pourtant le sentiment public, apitoyé par sa beauté et sa jeunesse, revint pour elle à la traditionnelle croyance :

> Nous faut-il croire, hélas! ce que disaient nos pères,
> Que lorsqu'on meurt si jeune on est aimé des dieux?

Elle mourait en plein triomphe, sans avoir connu, comme tant de ses pareilles, ni ruine ni sénilité. « Que la jeunesse est belle! pouvait-elle dire avec Laurent de Médicis en une de ses plus jolies chansons. Elle fuit cependant! Que chacun joue des instruments, chante et danse : demain est incertain. Comme la jeunesse est belle, quant'è bella giovinezza! »

Elle fut inhumée à Saint-Grégoire le Grand sur son propre désir, écrit et certifié en son testament. On a cru jusqu'à ces derniers mois, sur la foi de textes mal lus, que son épitaphe très célèbre célébrait son état de courtisane : « Imperia, *courtisane* romaine, qui, digne d'un si grand nom, donna l'exemple d'une beauté rare dans le monde ». Et sans doute le même public lira plus tard dans l'église de Sainte-Marie du Peuple l'épitaphe de Vannozza, qui fut deux fois pécheresse puisque le cardinal Rodriguez Borgia, futur pape, participait à son péché. De même, Brantôme se souvient (mais je me méfie) de l'épitaphe scandaleusement hardie, dans le même lieu, d'une autre pécheresse au passé plus foulé que le pavé de l'église[1]. Et il est bien vrai qu'aux yeux de ces néopaïens pour qui naturel et divin sont tout près d'être synonymes, l'amour est une fonction quasi sainte : la femme en est le vase sacré. Mais l'épithète en question ne se trouve dans aucune des deux dernières épitaphes ; et puis, la vérité historique est là, rétablie par le comte Domenicio Gnoli[2] : c'est « Imperia Cognata » qu'il faut lire, du nom des Cognati qui est celui de sa mère. Imperia de son nom de bataille, Cognata par son ascendance maternelle, elle reste ainsi attachée en pleine licence au souvenir familial. Les anecdotiers se désolent : la primitive leçon était si excellente à prouver les aberrations de la Rome pontificale de la Renaissance, qui donnait à l'état et au nom, sur un tombeau chrétien, dans une église, une consécration religieuse ! Les faits sont plus simples. La Rome du Rinascimento, du moins telle qu'elle m'apparaît, n'a

1. *Vies des dames galantes*, disc. IV, p. 217, chez Garnier.
2. *Nuova Antologia*, 1er juin 1906.

jamais connu ni le mysticisme comme Assise, ni la corruption éhontée comme Venise; trop matérielle pour avoir fait naître un San Francesco, elle reste assez soucieuse de sa dignité de métropole catholique et pontificale pour qu'un Arétin s'y sente mal à l'aise. Rome, en morale comme en art, est vouée aux moyennes, aux éclectismes : les extrêmes, en s'y rencontrant, s'y atténuent. Les papes, avant que la moralité chrétienne y souffre les pires calvaires, prennent des mesures énergiques. Deux petites fresques vaticanes que je ne vois signalées nulle part en portent un fort piquant témoignage : à la voûte de l'escalier qui monte aux Stanze et aux Loges, on aperçoit dans un paysage boisé le Lion (Leo X) couché sur un tertre et tenant entre ses pattes les clefs de Saint-Pierre et la Croix; sous son regard terrible des satyres aux pieds fourchus fuient à la débandade. Tout près, le trirègne pontifical, avec une triple couronne de couples unis par le *joug* du mariage, de religieux qui prient et de vierges en extase, est posé sur l'herbe : tandis qu'au-dessus veille Leo, le Lion, en bas des porcs noirs s'en vont au diable, la queue en vrille. J'ai retrouvé la même allégorie dans la grande salle de la bibliothèque avec les armes de Sixte V et une curieuse inscription, selon laquelle Rome est devenue chaste, qui naguère fut « sulax ».

Si l'épitaphe d'Imperia se tait sur la courtisane, elle rend hommage à sa beauté, à la Beauté, et toute Rome avec elle, car Rome partage l'avis de Firenzuola [1] : « La beauté est le meilleur don que puisse faire Iddio à l'humaine créature pour ce que par sa vertu elle incline l'âme à la contemplation, et par la contemplation au désir des choses du ciel. Telle est sa force, sa puissance, qu'elle a passé parmi les sages pour la première et la plus excellente chose qui soit entre toutes celles qu'on aime. » Arrivée à ce degré, l'amour de la beauté, chez Castiglione plus encore que chez Firenzuola, atteint à la hauteur d'une religion : l'influence platonicienne fait de ces artistes et de ces esthéticiens les prêtres d'un culte très pur où Imperia n'est plus pour nous qu'un plastique symbole.

Je veux aller voir la dernière couche où repose Imperia. Par un de ces avrils bleus où exister suffit au bonheur je monte à Saint-Grégoire-le-Grand, sur les premières pentes du Cælius. L'église sommeille près d'une petite place, qui dort elle-même sur l'herbe, au pied des vieux ormes, dans l'ombre, la solitude et le silence. Le jardin botanique et des clos conventuels la bordent d'un recueillement végétal : il y a loin de l'animation des bords du Tibre où Impéria tint sa cour à cette Thébaïde où elle gît. C'est un des sites les plus exquis de Rome, et l'on y doit être à souhait pour dormir l'éternité. Devant, les ruines du palais de Septime Sévère, qui érigent sur le Palatin un décor à la Piranèse, disent que tout passe, l'Empire comme Imperia, le marbre des palais

1. *Delle Bellezze delle Donne*, Firenze, Barbèra, 1886 (à la suite des *Novelle*).

comme la chair fleurie ; au xvi⁰ siècle le Septizonium encore debout clamait avec plus d'éloquence l'universelle « rovine ». Et cette église de Saint-Grégoire elle-même me rappelle le proverbe romain où s'exprime la fin de tout : « Son finite le messe a San Gregorio ».

Je pénètre dans l'église ; avec ses seize colonnes antiques de granit, son pavé antique et son abside, elle a conservé la majesté basilicale qui convient à la mémoire de Grégoire le Grand et de sa mère Sylvie. Imperia la connut plus pure, avant les dégâts de 1735. Je cherche sa tombe ; j'interroge la vieille gardienne qui me précède clopin-clopant : « Non so, signore ». Je sors dans le cortile humide et fiévreux, où quatre cyprès montent la garde près de la muraille pourrie de Servius Tullius, et où trois nonnes, je veux dire trois chapelles égrènent silencieusement les souvenirs de la Rome grégorienne. Pas de tombe. Par une porte ouverte j'aperçois un jardin de citronniers et d'orangers chargés d'or, et un moine qui bêche sous leur volupté, sans lever les yeux. Je demande Imperia au moine : « Non so, signore ». Décidément, elle est morte deux fois.

Pourtant, le comte Gnoli nous l'a presque ressuscitée ; du moins la tombe. Peut-être seulement, car il ne donne sa découverte que comme vraisemblable. Le monument d'Imperia, « digne d'une reine », avait coûté à Chigi cinq cents ducats carlins : quelle apparence qu'il eût disparu dans une ville qui en conserve tant d'autres de la même époque? Et, en effet, dans l'atrium, en voici un qui offre à l'érudit tous les caractères du style quattrocentesque usité encore au début du xvie siècle, et m'offre à moi tout le charme qui enveloppe la mémoire d'Imperia. Au-dessus d'une base nue deux pilastres se dressent, où sont sculptés des chandeliers en rinceaux, d'un relief léger, exquis de finesse. Là haut, court une frise de petites têtes d'anges emmitouflés d'ailes et d'oiseaux, séparés ou plutôt unis par des arabesques. Plus haut encore, un délicat chapelet d'oves. Dans le cadre ainsi déterminé une lunette demi-circulaire contient la Madone et le Bambino : l'éternel spectacle de douceur et de tendresse dont la Renaissance a fait sourire le marbre. Sur les côtés, deux anges adorent dans les tondi. Au bas est l'inscription funéraire d'un chanoine de Sainte-Marie-Majeure qui est venu, au xviie siècle, tout simplement prendre la place d'Imperia. Paix à tes cendres, ô chanoine : que la Madone éloigne de toi l'image de l'hôtesse dont tu as usurpé la couche! Ainsi, art antique et fantaisie de la Renaissance, motifs païens et chrétiens composaient autour de la pécheresse repentie une harmonie complexe où domine la *dolcezza femminile.*

En revenant de Saint-Grégoire vers la place du Latran, j'ai traversé le Cælius désert. Derrière les murs délabrés, sur les carrés de choux qui font végéter la plèbe célimontane, le soir posait doucement un léger crêpe, un crépuscule. Mais derrière moi, vers le Janicule, le soleil irradiait encore les pins parasols de la villa Doria-Pamphilj : de sa gloire s'échappaient quelques nuages vermeils, vrais pétales de roses, tels que l'Albane en sème dans ses ciels mythologiques. Le jour finissait en une joie suprême, et sur Rome alanguie je croyais voir descendre le sourire d'Imperia.

C'est le sourire de l'éternelle Isis. Il rayonne sur le XVIᵉ siècle tout entier qu'il fait pâmer d'aise : il est sans pensée chez les Vénitiennes de Palma et de Véronèse, d'une grâce nonchalante sur les figures du Corrège, alangui et un peu équivoque chez les saintes du Sodoma ; il rôde voluptueux chez les vierges d'A. del Sarto autour des yeux noyés d'humidité et cernés d'ombre ; chez les Lombardes du Vinci et de Luini il insinue son ambiguïté à la commissure des lèvres et des paupières : il semble se moquer de la Raison qui sait et de la Volonté qui maîtrise, et sourit à la Nature souveraine dont nul ne pénètre les desseins mystérieux.... C'est l'Imperia une et universelle, multiforme et pourtant toujours identique comme la Divinité, la divinité de cet âge.

IV

LE CADRE DU BONHEUR A ROME
LA FARNÉSINE

La Farnésine est la villa de Chigi le Magnifique et fut sans doute visitée d'Imperia. On écraserait cette joliesse sous le poids de la littérature qu'elle a inspirée ; mais, pour garder son indépendance, il n'est que de lire les choses elles-mêmes, ingénument, avec des yeux frais, et surtout de ne point chercher ici pour une admiration toute prête des chefs-d'œuvre que le temps a bien pâlis ou que des malhabiles ont refaits. Le plus vif intérêt de la villa, c'est qu'elle est à Rome le cadre le plus merveilleusement approprié qu'un Mécène de la Renaissance, aidé des artistes, ait posé autour de sa vie heureuse. Le goût et l'art de jouir de l'existence éphémère, si communs d'Alexandre VI à Léon X, n'ont jamais créé d'œuvre plus adéquate à sa fin : elle a autour d'elle la vénusté des orangers, elle est bâtie avec de l'épicurisme et toute fleurie d'amour sur ses parois.

Comme il est vrai que chaque lieu a son génie, à Rome surtout, et qu'ici c'est la joie de vivre! Sur ces berges du Tibre il y eut une villa antique, découverte en 1880, dont les stucs et les fresques exhalent encore au musée des Thermes un charme voluptueux. Un pont enjambe un fleuve comme près d'ici, des villas ouvrent leur loggia sur des palmiers, comme celle-ci; des esclaves vont puiser l'eau avec des attitudes mélodiques, des Imperias ou des matrones de la Rome Julienne prennent l'air et goûtent la divinité de l'heure. Sur les fresques dont l'alexandrin Seleukos a signé l'une à la pointe Vénus fait sa toilette, comme ici la faisait Madonna Porzia, femme de Sigismondo Chigi, et dans la pénombre des cubicules des scènes d'intimité amoureuse se déroulent sur les pulvinars. Sous le principat d'Auguste comme sous le pontificat de Léon X la règle ici fut de moissonner ardemment les années qui passent si vite.

Le jardin qui entoure aujourd'hui la Farnésine ne donne pas d'autre conseil. Il est diminué, mutilé : les travaux de canalisation du Tibre et la construction des quais ont semé des blocs, du mortier, sur les berges qu'il couvrait de ses feuilles ; une fresque de J. Romain (l'Héroïsme de Clélie) provenant de la villa Lante, qui est là-haut sur le Janicule, m'en a rendu le pittoresque. Mais à quelque chose malheur est bon, surtout en un pays où les bouleversements du présent ne réussissent jamais tout à fait à tuer l'esprit du passé : ces blocs, ces maçons me restituent le chantier où l'architecte de la Farnésine, B. Peruzzi (à moins que ce ne soit Raphaël), la voyait naître du sol comme une fleur (1509-11). Et si quelques orangers et citronniers subsistent seuls des bosquets dont parlent les textes, c'est tant mieux : ils ont du moins tout le prestige d'une évocation. Ils faisaient une ceinture à la villa, une guirlande embaumée à la promenade de Porzia. Ceux qui restent sont vigoureux et beaux. Cette année, ils n'ont pas un fruit : les froids tardifs de mars les ont dépouillés, et le sol est couvert de baies noirâtres qui achèvent de pourrir ; mais aux précédents avrils je les ai vus ployer sous l'or. Quand on vient du Nord on ne se lasse pas de regarder leur tronc droit comme une colonnette de temple, leurs feuilles précises et rigides; petites lamelles de bronze, comme les feuilles du laurier césarien elles ne remuent pas à l'air : elles vibrent. Ils ne sont pas très communs en Toscane : c'est donc pour leur charme que les Lorenzetti au Campo Santo de Pise, Simone Martini ou Andrea da Firenze à Santa-Maria Novella les offrent à l'épicurisme des mondains oublieux de leur salut, et surtout que le sensuel Botticelli les a dressés en bosquet dans sa Primavera et chargés de fruits que Mercure est en train de cueillir. Ils peuplent Sorrente et Capri, où je les ai vus emmitouflés de toile contre le vent de la Méditerranée, font une conque d'or à Taormine et à Palerme, épandent autour des villas sarrasines comme la Ziza la volupté des *Mille et une Nuits* et du Paradis de Mahomet. A Venise même les canaletti charrient des écorces d'orange venues on ne sait d'où. Pour notre imagination septentrionale qui oublie trop les violences anciennes ou récentes du Vésuve, de la Calabre et de l'Etna, l'Italie, une Italie de romance, en est toute parfumée, presque fade.... Dans leur suc et leur couleur tout son soleil s'est concentré. Le paganisme voluptueux de Gœthe le sut dire et la mélancolie de Mignon l'a chanté.

Mais aucune suavité n'échappa à la Renaissance : elle est pareille à ces masques de Faunes qu'elle a partout sculptés, narines dilatées, frémissantes au parfum qui rôde. Ce n'est point ici que Pontano,

familier de Chigi, ami de Castiglione et de Raphaël,
a pris l'idée de son « Jardin des Hespérides[1] » : il
était mort quand le parc surgit de terre, et ce sont
les bosquets de Naples où il vécut qui l'ont inspiré.
Mais on peut le lire ici avec fruit (honni soit qui mal
y pense). Deux livres, deux chants en hexamètres
sur l'origine et la culture de l'orange et du « limone »,
c'est sans doute poésie d'humaniste : culture artificielle et de serre chaude! Pourtant le disciple de
Virgile s'oublie parfois dans la gourmandise, et son
didactisme se fond en délicate concupiscence : il y a
des vers pleins, substantiels, bons à soupeser à la
main, à savourer aussi, car ils sont frais et juteux.
Sait-on pourquoi le citronnier nous plaît tant, surtout autour des villas heureuses comme la Farnésine? C'est qu'il est une métamorphose d'Adonis et le
souvenir perpétuel de ses amours avec Aphrodite.
Elle pleurait sur le cadavre du bien-aimé, cheveux
défaits, et déchirait sa gorge. Soudain elle se
reprend : « Je veux, dit-elle, que comme autrefois le
laurier attesta les amours de Daphné, un arbre
immortalise nos ardeurs ». Elle verse l'ambroisie sur
la chevelure d'Adonis, baigne son corps dans l'eau
d'Idalie, murmure des « paroles inconnues » et le
couvre des baisers suprêmes. Voici que les cheveux
se raidissent, s'allongent en racines, son corps en
tige lisse; son jeune duvet s'étale en feuilles, sa blan-

---

1. *De Hortis Hesperidum*, op., t. I.

cheur devient fleur, ses bras s'étirent en rameaux et toute sa beauté sourit, dans l'arbuste épandue. « Tu seras toujours arrosé de mes larmes, lui dit Aphrodite, tu feras la gloire des jardins et le charme des demeures. » Et lui, toujours amoureux, secoue son feuillage sur sa maîtresse et verse une pluie de pétales blancs [1]. Je regarde autour de moi : au fond du jardin deux orangers très vieux, peut-être contemporains de Pontano et de Chigi! encadrent un sarcophage antique. Adonis n'y fut point inhumé! les strigiles et la facture révèlent l'art romain; mais dans le fond l'humus s'est accumulé, et, dans ce tiède avril, des herbes folles et des fleurs y ont poussé, qui célèbrent à leur manière, comme autrefois les roses d'Alexandrie, la résurrection du jeune dieu. Dans un « delizioso e vago giardino, dit Castiglione, fiorisca la dolce primavera d'allegrezza ».

Pénétrer dans la villa ce n'est point quitter le parc. Son exquise originalité, c'est d'accueillir en elle la poésie des choses, de s'ouvrir toute à l'air et à la lumière de Rome, aux souffles verts qui descendent du Janicule, à la fraîcheur blonde qui monte du Tibre. Quel que soit l'architecte, Peruzzi ou Raphaël, il avait dans le sang la passion de l'aménité. Grâce à lui deux longs portiques s'étendent sur le parc au nord et vers le Tibre; de ce côté-ci les vitrages d'aujourd'hui n'existaient pas : les baies, grandes ouvertes

---

1. *De conversione Adonidis in citrium.*

comme des yeux ou des bouches avides, captaient, buvaient la joie ambiante. L'architecture italienne avait dès longtemps trouvé, sous l'inspiration de ce ciel si propice, un moyen d'être dehors tout en restant chez soi : la loggia. Posée sur arcades comme un oiseau sur ses pattes, elle vous abrite sous son aile, mais elle se projette vers l'espace; ou plutôt elle l'absorbe, l'aspire et le respire. Fille du portique des anciens, la loggia a plus de grâce, car au lieu de prendre pied sur le sol elle est en l'air comme en suspens, prête au vol. Mais jamais la suavité de mai à Rome ne fut plus gentiment invitée qu'ici à pénétrer dans une demeure. Tout autour, sur des socles, sont posés des vases de bronze dont les anses sont des têtes de faunes ou des nymphes cambrées en arrière. Et là-haut, sur la frise, des putti tirent en sens contraire de lourdes guirlandes, qu'ils semblent avoir cueillies dans le jardin pour en couronner la villa.

La décoration intérieure prolonge encore la nature. Où finit celle-ci, où commence la demeure? Pénétration ineffable où le même charme, celui des choses, va et vient du jardin aux fresques sans qu'on discerne bien quand il éclôt, quand il s'enclôt. Au plafond de la première salle c'est le ciel bleu où les dieux tiennent conseil et festoient : quand les frères Sigismondo et Agostino Chigi, avec les demi-dieux de la cour pontificale et les poètes du Parnasse contemporain, festoyaient au-dessous, ils avaient l'Olympe à portée de la main, ils étaient dans l'Olympe.

Aujourd'hui même les gestes des visiteurs ressemblent à des adorations; les uns se penchent sur les miroirs où l'Ouranos se reflètent : on les dirait recueillis dans une crainte religieuse; les autres, renversés en arrière, lèvent la tète et les yeux, paumes élargies, comme les orants du paganisme. Les guirlandes de J. d'Udine encadrent Olympe et Olympiens. Oh ! la merveilleuse fantaisie de naturisme ! S'il subsiste un chef-d'œuvre à la Farnésine, le voici. Des feuilles de chêne et de laurier entrelacent la force et la gloire : le myrte y insinue le ressouvenir d'Aphrodite et l'herbe des champs sa divine humilité. Fleurs des jardins et fleurs des prés constellent cette verdure. Ni les enluminures du mss. de Dioscoride à la galerie Mazarine, ni les faïences de Rhodes ou de Perse parsemées de zinias et d'œillets, ni les guirlandes des della Robbia, ni les toiles ou panneaux des fleuristes hollandais, si amoureusement réalistes surtout quand ils cultivent la tulipe indigène, ni les gerbes de Fantin-Latour, ni les floraisons vitrifiées d'E. Gallé ou de Dampt, ne m'ont donné une plus vive joie des yeux : j'aperçois le volubilis, la marguerite, la graine de pavot, la vesce de loup, l'ancolie violette, le tournesol cher à Van Dyck et à nos symbolistes, les anémones surtout qui tapissent en avril les pelouses romaines, particulièrement près d'ici à la villa Doria Pamphilj. Les fruits aussi, sauvages et potagers, alourdissent ces guirlandes : on en a plein les yeux, la main, la

bouche; pommes, poires se mêlent aux épis de blé et
aux pignes de pin dans un désordre dont la rusticité
dissimule les arrangements harmonieux de la couleur
et de la forme. Au dessus de Vénus et de Cupido, un
énorme potiron pend entre deux grappes de raisin;
des oranges vermeilles luisent comme celles qui
dans le parc font ployer les arbustes. Pour que vous
ne croyiez pas J. d'Udine trop aristocratique en son
amour des choses, dont les plus humbles sont aux
hommes pieux des tabernacles de beauté, cornichons,
carottes, navets, grosses betteraves bombent leurs
tubercules, effilent leurs radicelles. « Tout cela, dit
Vasari, est vivant, détaché du mur, naturalissime [1]. »
Et cela vient si bien des jardins d'à côté ou des
potagers du Janicule que le dieu des jardins, Priape,
est présent en son symbole : une courge ornée de
liserons et accostée de deux aubergines pénètre dans
une figue blette. Floralia et Priapées couronnaient les
maîtres de céans.

Dans la loggia qui regarde le Tibre Peruzzi et
Seb. del Piombo ont fait descendre les signes du
Zodiaque, c'est-à-dire les constellations. Persée ou
Callisto, Gémeaux ou Capricorne, ce sont des étoiles
et des planètes tombées, puis fixées par le pinceau
aux voussures du plafond comme elles l'étaient aux
voûtes éthérées. Pontano aurait reconnu son « De
Stellis » transposé en fresques. Ce ne sont point là

1. *Le Vite*, Firenze, éd. Le Monnier, t. XI.

seulement les allégories astronomiques que les peintres de la Renaissance ont semées à pleines mains, tel le Jéhovah biblique, aux ciels de tant de camere, de stanze et de loggie : ici c'est plutôt le désir d'absorber et de concrétiser l'espace. Si Sebastiano del Piombo emprunte des sujets à Ovide, ce sont encore des scènes aériennes : j'aperçois Dédale qui plane, Icare qui bat de l'aile (pauvre aile de cire qui s'est fondue!), Phaéton qui tombe de son char, Flore qui reçoit dans un nuage le souffle de Zéphyr, une hirondelle qui est Procné, un rossignol qui est Philomèle. Tout cela vole ou chante, comme au dehors, en faveur du maître. Dehors? mais nous y sommes! car sur la paroi, de grands paysages du Guaspre, les paysages romains, s'étalent grandioses et calmes. Après le jardin, après le ciel, c'est la Campagne qui est entrée.

Il ne restait plus à ce décor, composé par l'Art et l'Humanisme en collaboration, qu'à chanter la joie d'aimer. L'exquise fable de Psyché, fable de l'amour qui se donne, puis s'envole devant l'analyse, s'enivre de bonheur ou pleure et enfin triomphe par sa singulière vertu, pare la première salle. Bien que le sens du mythe d'Apulée soit platonicien et que la partie olympienne, céleste, en soit seule ici représentée (l'autre est au château Saint-Ange), Raphaël et J. Romain ont fait descendre ces dieux sur la terre, parmi les hôtes d'Ag. Chigi. Leurs académies, en effet, n'ont rien d'éthéré; ils s'assemblent en conseil

comme les visiteurs de la Villa en réunions cour-
toises, où les humanistes lisaient de beau latin,
Beroaldo ses Odes, Sadolet son Laocoon, Bembo ses
Asolani en italien vulgaire ; ils célèbrent un banquet
où coulent le nectar et l'ambroisie, toujours comme
les banquets du banquier, où coulait le vin de Chypre
et où l'on mangeait des langues de perroquet sur une
vaisselle d'argent que les domestiques allaient ensuite
jeter au Tibre, ici tout près. Les Hébé ne manquaient,
non plus que là-haut. Le custode obséquieux, quêtant
l'obole, s'obstine à me vouloir montrer parmi les
immortelles la Fornarina. Il croit, comme tout le
monde depuis ce fantaisiste de Vasari, que Raphaël,
distrait de son travail par le souci d'amour, obtint
d'Agostino la permission de la faire venir à la Farne-
sine où elle logea. Mais la Fornarine était brune, et
toutes ces déesses sont blondes. J. Romain a d'ailleurs
plus de part à leur beauté que Raphaël. Il serait plus
logique d'y chercher Imperia qui fut ou se faisait
blonde comme les blés, comme les eaux du Tibre ou
la mode vénitienne. Fornarine, Farnésine : toutes
deux transtéverines ! Les jolis noms ! ils sont bien
féminins tous deux, caressants et caressés comme des
diminutifs. Imperia, Morosina l'amie de Bembo,
Porzia la belle-sœur de Chigi, d'autres encore,
« dames de cour » ou « dames de palais », vinrent
sans doute encadrer en ces loggies légères qui leur
parlaient d'elles-mêmes sous des traits et des noms
divins bien des heures heureuses, pendant que prélats

et *cortegiani* imprégnés des goûts de Castiglione s'essayaient, en dépit de la fougue de leur tempérament, à deviser avec *honesta*, *civilta*, *dolcezza*.

Furent-ils émus par l'inutile amour de Polyphème, qui dans la salle d'à côté rêve tristement en regardant Galatée et laisse tomber la syrinx dont il joua pour elle? Malgré le feuillage dont il s'est couronné il est laid, il est fruste, deux vices qui parurent impardonnables aux Hellènes et aux hommes de la Renaissance. L'esthétisme de ceux-ci va même plus loin : ils croient que le bonheur est de vivre en beauté, et cela veut dire à la fois, comme il résulte des œuvres de Castiglione et de Cellini, être beau, vivre au milieu du Beau, et faire de sa vie une œuvre d'art où le beau est de réussir. Raphaël fut heureux d'être beau, et Michel-Ange souffrit profondément de ne l'être point. Voilà pourquoi Polyphème ne pouvait être aimé, en dépit de son amour et de sa flûte de Pan. Pauvre Cyclope! Il aura eu tous les malheurs : il fut la dernière fantaisie d'Agostino, et Seb. del Piombo n'eut même pas le loisir de le terminer. Le voilà donc, incomplet dès sa naissance, puis mutilé, dit-on, par Poussin qui le voulut compléter. Mais on l'aime, tout effacé qu'il soit : il semble ainsi avoir souffert davantage du mal d'aimer, ou plutôt il rentre peu à peu dans la brutesse de la matière, dans la maçonnerie de la paroi, comme autrefois dans le rocher où le mythe antique le confondait encore. Lamentable, il est devenu aussi romantique que le héros d'Albert Samain qui veut demander aux flots de la mer, moins salés que ses larmes, l'oubli où tout se noie. Par quel caprice Agostino, financier qui ne connut point de cruelles, voulut-il faire entrer dans cet écrin de bonheur qu'est la Farnésine cette image de l'amour dédaigné?

Et je comprends le chagrin de Polyphème! Ce n'est pas que Galatée n'ait vieilli de son côté et que des barbouilleurs ne l'aient outragée. Pourtant, à qui la regarde avec constance son charme se dégage, vous enveloppe, vous pénètre, comme il pénètre autour d'elle les divinités marines qui s'ébattent, la mer qui sourit, l'air où pousse une génération spontanée d'Amours, et la Nature entière. Imprudent qui l'analyse : n'y touchez pas, il est subtil! Passavant y voit le triomphe de la beauté éthérée sur les plaisirs matériels; Burckardt déclare que la Déesse de l'amour, entourée de nymphes et de tritons passionnément enlacés, n'est que Désir et Volupté. D'autres lui ont trouvé, qui la pureté des marbres antiques, qui la haute inspiration d'Homère, qui un reste de la suavité des madones d'Ombrie. Quelques-uns se contentent de rappeler que Raphaël, en mal d'idéalisme, écrivait à Castiglione qu'il peignait Galatée d'après une idée qu'il avait dans l'esprit. Mais tous commettent près d'elle le péché que commit Psyché sur le lit d'Éros et qu'un élève de Raphaël nous a conté en une fresque du château Saint-Ange : il était assoupi; une goutte d'huile de la lampe tombe, le brûle, le réveille..., et il s'envole. Respectez, analystes et critiques, le charme déjà si profané de Galatée : il est subtil, n'y touchez pas !

A la voûte encore l'amour s'exhale, comme le parfum reste attaché au coffret renversé : ces signes du Zodiaque, ces constellations que nous avons déjà regardées le menton levé, c'est de l'astronomie et de l'ornithologie mythologique, mais c'est aussi de la mythologie galante : c'est de l'Ovide. L'odor di femmina qui sort des Métamorphoses rôde ici autour de Léda, d'Hersé, d'Aglaure et Pandrose, de Scylla qui devint aigrette. Je n'ai pu voir au premier étage ni la grande salle où Peruzzi, presque compatriote de Catherine et de Bernardin de Sienne, deux mystiques passionnés, a peint (toujours d'après Ovide l'aphrodisiaque) Apollon et Daphné, Vénus et Adonis, Bacchus et Ariadne, Diane et Endymion, Céphale et Procris; ni surtout la chambre où le Sodoma, qui était aussi de Sienne mais aurait pu être de Gomorrhe selon Vasari, a célébré les noces d'Alexandre et de Roxane : près d'une loggia pareille à celle où je suis des Amours dévêtent la jeune femme, et Lui, attend. En bas, c'était une grande scène de banquet, ici c'est une scène d'alcôve : partout le prélude de l'hymen ! Agostino avait autour de lui l'émoi des sens, mais enveloppé du prestige de la mythologie, de l'histoire et de l'art.

Quand je sors, un gardien m'offre l'accès d'un cabinet : il est réservé, donc on se précipite. Hélas ! l'amour finirait-il en libertinage ou en orgie à la Farnésine ?

Voici une bacchanale de J. Romain, que la patine des siècles voile comme d'une fumée d'ivresse, un Silène immonde et magnifique de Rubens, et quatre petits bas-reliefs nerveux et fins du Bernin sur l'un desquels Léda est étendue avec le cygne. Ce sont ici figures arétines, et je me souviens à ce propos que l'Arétin, impure canaille, vint à la Farnésine et se vanta d'avoir donné des conseils à Chigi et à Raphaël sur les fresques. Pour mettre en fuite sa vilaine image il n'est que d'évoquer la scène de pudeur charmante qui se passa en ces lieux entre Cellini, très jeune encore, et madonna Porzia, femme de messer Gismondo, « gentile al possibile ed oltremodo bella ». Elle descend voir ses dessins, lui montre un lys de diamants montés sur or et le prie en lui remettant vingt écus de sertir ses autres bijoux. Tout en causant, elle le regarde, le trouve bon et beau (buono e bello) ainsi qu'un éphèbe athénien au temps de Platon; il rougit, elle rougit un peu (arrossita alquanto), et enfin la gentildonna le quitte avec un piacevolissime sourire : « Addio, Benvenuto [1] »!...

Pour sortir il me faut refouler le parfum lourd des orangers. Dans le jardin réservé, du côté du Tibre, le jardinier émonde des camélias, secoue de grosses pivoines superbes et niaises comme des courtisanes de Palma. Par le vicolo Corsini je vois le Janicule, j'allais dire Polyphème, penché sur la blonde nymphe

---

1. *Vita di B.*, I, xix.

du Tibre, qui glisse et échappe toujours : quand le vent passe dans ses pins à aiguilles, c'est un air de flûte qui descend vers les flots. Dans le Transtevère qui grouille autour de l'épicurienne villa, les petites Fornarines à la peau dorée comme le soleil et aux cheveux noirs comme la nuit s'entretiennent près de la friturerie avec les jeunes Chigis en loques qui leur offrent en hommage une racine de fenouil, une tranche de pastèque. Misère, Beauté, Tendresse s'en vont bras dessus bras dessous, comme trois transtévérines, sous ce ciel où semble inscrite sur champ d'azur semé de rayons la devise de Léon X, du Médicis délicat qui fut l'ami d'Agostino et l'hôte de la Farnésine : SOAVE.

V

LE CADRE DE LA VIE PRINCIÈRE :
LA VILLA D'ESTE A TIVOLI.

La Farnésine est une villa urbaine et celle d'un parvenu : la villa d'Este est la plus parfaite image de la vie princière à la campagne. Le Casino est ici moins expressif que le grand parc qui l'auréole, où rôde encore depuis 1550 l'âme d'un prélat grand seigneur, du cardinal de Ferrare Hippolyte II d'Este, qui est l'une des plus complètes incarnations du Sur-Homme selon le rêve de son temps et de Gobineau.

Le casino est immense et vide. Zuccharo et Muziano, décorateurs habituels des palais et casins de l'époque, ont jeté sur ses parois un agrément facile qui caresse les yeux sans rien dire à l'esprit. Les salons s'ornent d'histoire à allusions, les chambres de mythologie fade, les salles à manger de fruits ou de gibier, et partout des emblèmes ou devises proclament la grandeur des Este ; l'aigle et le lys héraldiques se dégradent lentement dans la solitude.

Le grand attrait, toujours vivant celui-là, ce sont les terrasses qui dominent le parc et l'horizon. Des escaliers moussus descendent vers des bassins et des jets d'eau, plus bas vers des allées ombreuses. A droite, les maisons de Tivoli, dévalant de la colline, vont tremper leurs pieds dans le Teverone ; devant moi j'aperçois très loin, entre les pointes des cyprès géants, les collines de Sant Angelo, de Montecelio, et le Soracte à trois dents qui s'incrusta dans l'œil d'Horace comme un camaïeu : fond bleuâtre si approprié, qu'on croirait à une de ces fresques trompe-l'œil des vestibules romains. A gauche, sur les pentes de la Sabine, c'est le poudroiement des oliviers et des avalanches de vignes ; la plaine s'étale ensuite où dorment, sous les pins parasols, les ruines de la villa d'Hadrien ; les anneaux visqueux de l'Anio luisent par places, les sinuosités de la voie Tiburtine vont s'amincissant vers Rome dont la coupole vaticane émerge de la brume ; enfin, plus rien, que de l'air bleu qui vibre : on pressent la mer Latine. Sur tout cet espace le grand soleil verse de l'éblouissement. Il y a sur ces terrasses de quoi passer des heures à contempler. A dominer ainsi les choses, on conçoit un plus vif amour de soi et un orgueil aussi démesuré que tout cela. Quand Sa Grandeur Hippolyte II venait s'accouder à ces balustres pour humer l'air du Latium les terrasses lui soumettaient un gigantesque piédestal, le Monde l'encadrait.

Je descends dans le parc, étagé sur la colline : descente longue, lente, scandée de reposoirs, entre les architectures de buis taillé et de lauriers. Partout le silence, l'humidité végétale où bruit la vie infinitésimale, où dorment les souvenirs. Enfin, me voici dans la vallée. L'âme aussi descend ces étages des choses : car ces jardins sont des compositions fort étudiées, quasi psychologiques, où sont favorisées toutes ses tendances. Aux majestés d'en haut ont succédé les intimités de ce val feuillu : elle planait dans l'espace, maintenant, dans les bosquets fermés, elle se recueille. Pirro Ligorio, l'architecte, qui sait bien qu'elle est docile aux formes extérieures et qu'elle a elle aussi ses terrasses planes, ses gradations, j'allais dire ses gradins, a su faire servir les inégalités du sol à une virtuosité de sentiments.

Et quelle végétation ! Les buis dressent des murailles balsamiques, les chênes verts raidissent leurs petites feuilles, les lauriers centenaires se croisent sur les « gabinetti ». Dans le bas, des cyprès glabres dominent comme des patriarches : ce sont les plus vieux et les plus beaux des environs de Rome. On a pansé de glaise leurs plaies et soutenu d'étais leurs défaillances. Les Italiens (voyez d'Annunzio) aiment ces ancêtres qui sont la gloire du vieux sol : lorsqu'il y a trois ou quatre ans tomba sous un coup de vent le géant que Michel-Ange, dit-on, avait planté dans le cloître de Sainte-Marie-des-Anges, ce fut un regret universel. Nous nous figurons mal sous notre ciel voilé l'effet décoratif de ces arbres en pareil milieu. Chez nous ils éveillent des impressions funèbres; ici ils sont le jet spontané de la terre, des amis pour la casa que leur rigidité abrite contre la tramontane et que leur feuillage noir couvre de son ombre. Tantôt fixes dans l'immobilité de l'air ils projettent leur fuseau vers le bleu; tantôt, quand souffle le vent, ils balancent leur cime avec un calme grave. Si du reste on veut savoir quelle beauté ils communiquent à la terre et reçoivent d'elle, regardez les tableaux ou fresques de F. Angelico, de B. Gozzoli et du Pinturicchio. Ce ne sont pas ici, il est vrai, les petites quenouilles toscanes si seyantes à la grâce des horizons florentins : ils sont touffus dès leurs racines, épais jusqu'à la cime, ils ont la gravité romaine et un peu de la grande tristesse du Latium.

Mais les eaux font la villa miroitante et musicale. Quand l'été brûle l'Agro romano, leur fraîcheur reste captée sous ces charmilles. Une branche du Teverone, dont le vert est laiteux, traverse tout le jardin après avoir en des cascades, jets, nappes, orgues hydrauliques, multiplié sa transparence et sa chanson. Qu'elles dorment, coulent ou jaillissent, à elles aussi la passion de la beauté a imposé la forme : ces gens-là ont sculpté l'eau !

Ils lui ont d'ailleurs rendu son antique divinité et fait sa place dans la mythologie qui peuple la villa. Tritons et Néréides soufflent, versent ou pissent l'onde que notre paganisme d'imagination vénère en eux, comme eux en elle. Et puis, la présence de Diane et de Vénus, d'Esculape et d'Hygie, même des Sibylles si aimées du christianisme à demi païen de la Renaissance, fait de ce parc un bois sacré. Au fond d'une allée Diane d'Éphèse étale le mystère oriental de ses mamelles en quinconces : elle était morte avec le grand Pan dès l'époque des bateliers de Pathmos, mais la Renaissance, même avec ses prélats, l'a ressuscitée. Je l'ai retrouvée dans une fresque du Casino, où elle trône couronnée de bœufs avec la légende : « Rerum Natura » : je l'avais déjà rencontrée, antique ou moderne, au Vatican, au Capitole, dans des galeries privées, jusque sur une médaille de « Raphaël Sanctius Urbinas » où deux cerfs qui représentent les êtres sont reliés par des festons à ses seins, source de la vie universelle. Mais aucune image ne m'a plus frappé que celle-ci, dans ce parc, parce que le symbole en est plus précis au contact des choses.

C'est que l'humanisme du XVIᵉ siècle, du moins en Italie, est moins étroit que Taine ne l'a prétendu. Il lui reproche de n'avoir emprunté à l'antiquité que ses formes, non son âme. Or regardez ce promontoire en rocaille sur lequel le Teverone vient se précipiter : avant que le temps eût rongé les arêtes et comblé les trous la rocaille s'achevait çà et là en forme humaine ; au premier abord on ne voyait qu'aspérités rupestres : à mieux regarder, une Amphitrite et des divinités fluviales surgissaient de la matière indistincte, les stalactites se révélaient progressivement comme une barbe ou une chevelure homériques. Même aujourd'hui ces trous prennent une expression de prunelles et peu à peu le rocher se peuple d'une vie divine. Ce même acheminement de la matière à l'être se perçoit dans l'œuvre de Michel Ange, surtout dans la grotte du Boboli et dans l'inachèvement de tant de ses statues : indiscernable y est la limite précise où la chose inanimée s'organise pour exprimer une âme. Cette parenté inanalysable des êtres et des choses, c'est le sens profond des Métamorphoses antiques. Seul depuis Michel Ange, Rodin eut ce génie mythique qui devine dans la matière brute la velléité du devenir et fait s'épanouir en forme humaine, par des transitions insensibles, l'esprit qui sommeillait en elle. Aussi est-il un dévot de la Renaissance.

Partout d'ailleurs la rocaille étale son artifice studieux ; on l'a contrainte à rappeler non seulement les beautés pittoresques ou la mythologie, mais encore les gloires de Tivoli et de Rome. Ligorio était antiquaire, et je me plais à retrouver ici son archéologie, de pacotille mais si touchante ! Voici une assemblée de dieux sur leurs socles; la louve, près d'un petit Vélabre stagnant, allaite les jumeaux; une *Roma antica* minuscule, une *Rometta*, montre un petit Forum et de petits temples; sur un petit Tibre vogue une petite nef; sur une collinette se dresse le temple de la Sibylle de Tibur exactement reproduit. Ce puéril hommage à de grandes choses m'a rappelé les lettres d'or qui éclatent sur la casquette des agents municipaux de Tivoli : S. P. Q. T., Senatus Populusque Tivolensis ! Au Pincio n'ai-je pas vu déjà les prestigieuses majuscules S. P. Q. R. sur le képi du gardien des latrines?

Il semble en tout cela que l'artifice empiète trop sur la nature. Sans doute ce jardin est un Parnasse où la nature métrifiée chante l'homme ainsi qu'une pastorale de Sannazar, du Tasse ou de Guarini. L'homme n'est-il pas le centre de tout, surtout quand il est prélat romain et de maison régnante? Mais n'exagérons rien : dans la souplesse de leur dilettantisme ils ont voulu connaître l'agrément de la nature libre. Ici encore tant pis pour le dogmatisme catégorique! Ces allées sont en ligne droite, mais dans les cadres qu'elles déterminent s'épanouissent des boscos épais où le mystère dort. Il n'est guère de villa du temps qui n'ait le sien, où lauriers et chênes verts mêlent sans pensée leurs feuillées ingénues; le Boboli à Florence, les parcs de Castello et de Pratolino, Doria à Gênes, Médicis, Mattei et Colonna à Rome ont le leur où par

delà les perspectives géométriques l'œil et l'âme se
ménagent des évasions. En somme l'humanisme de
la Renaissance est éclectique : il va de l'antiquité
à la nature humanisée, et de celle-ci à la nature
sylvestre. Il est comme le Téverone même qui serpente
à Tivoli du roc fruste au temple romain de la Sibylle
et de là dans le jardin arrangé, ou encore comme les
nonchalantes rivières de Touraine, le Loir et le Cher,
qui italianisent depuis Ronsard et ronsardisent en
reflétant tour à tour les loggie « à l'antique », les parcs
ordonnés, les saulaies prime-sautières de la rive.

*
* *

Voilà le cadre, voici le portrait. Ils sont faits l'un
pour l'autre, puisque c'est l'original du portrait qui a
choisi son cadre. Hippolyte II[1] est fils de Lucrèce
Borgia : c'est un illustre début. Lucrèce en était à son
troisième mari, Alphonse, qui en était à sa seconde
femme en attendant la troisième. L'enfant est élevé à
Ferrare au milieu des poètes, artistes, bouffons, condottieri, et, s'il faut en croire Guichardin[2], de la
passion et du crime. Voici en effet comment son oncle
Hippolyte Ier, cardinal de Ferrare, aimait et entendait
se faire aimer : très épris d'une dame qui fait le bonheur de son frère naturel Jules d'Este, il lui reproche
son indifférence ; comme la dame s'excuse sur la

1. 1509-1572. — Cf. Seni, *la Villa d'Este in Tivoli*, Roma, 1902.
2. *Istoria d'Italia*, VI, 3.

beauté des yeux de don Jules, il entre en colère et sur-le-champ veut se venger; il le fait chercher, apprend qu'il est à la chasse, monte à cheval avec quelques sbires, l'atteint sur les bords du Pô, dans les bois, et là lui fait arracher les yeux. Don Jules s'associe à son autre frère pour se venger d'Hippolyte qui l'a fait mutiler et d'Alphonse qui ne veut point punir. Long-temps ces frères ennemis vivent côte à côte, la main sur la dague; enfin, les conspirateurs découverts sont jetés au cachot perpétuel. Notre futur prélat n'a encore que quatre ans, mais voilà le milieu de virtuo-sité italienne où se développe son âme.

Quand son frère Ercole II succède à Alphonse, il trouve dans la nouvelle cour, non plus la cruauté, mais les mêmes traditions de dilettantisme esthétique et moral. Et quand il eut pour belle-sœur Renée de France, huguenote, il y retrouve près d'elle un poète « gallique » qu'il avait connu à la cour de France, et qui avait commis le sacrilège de manger à Paris du lard en Carême, tandis qu'à Rome

> ... l'on bouffait
> Des chevreaulx à la chardonnette.

Maître Clément Marot, laissant là les petits Marot-teaux, avait fui les « sorbonnicques rigueurs, l'ingrate France, ingrate, ingratissime, » et vint à Ferrare, où l'attendait la duchesse tant sage et bénigne[1]. Nous

1. *Epîtres*, XLII, 1535.

avons quelques raisons de croire qu'Hippolyte, sans lui demander compte de ses accrocs au Carême, lui parlait de la France délectable où ils avaient de communs souvenirs.

Car Hippolyte nous appartient presque : apparenté à François Ier par sa belle-sœur Renée, il est l'hôte familier de sa cour, puis de la cour de Henri II. Arrivé tout jeune pour se parfaire en courtoisie, il réussit à merveille dans un milieu du reste tout italien et quasi florentin, où affluent artistes et savants du Lung'Arno, où fleurissent passions, « combinazione », goût des arts, sous la lointaine mais benoîte sollicitude du pape Clément VII, qui est lui même un Médicis. Je ne connais pas de portrait d'Hippolyte à cette époque ; mais un dessin à la plume et la médaille de Poggini, postérieurs, nous le montrent maigre et délicat, fort grand seigneur plutôt qu'ecclésiastique, l'air doux sans rien d'onctueux, avec beaucoup de finesse dans le regard ; une grande barbe lui donne l'air d'un missionnaire, diplomatique sans doute, car c'est ce talent de diplomate qui va faire sa merveilleuse fortune.

Du Roi au Pape et réciproquement il est l'indispensable intermédiaire et de Rome à Paris il brûle bien des fois la route. Cardinal en 1539, il est du Conseil privé de François Ier, protège les affaires de France à Rome, administre le patrimoine de Saint-Pierre, cumule ou échange évêchés et archevêchés à grosses prébendes : j'ai récemment retrouvé son souvenir à

Auch dont il fut encore archevêque ; c'est lui qui fit commencer pour la cathédrale le superbe porche à trois baies pareil à un arc de triomphe,... le triomphe de sa grandeur et de la deuxième Renaissance. Titulaire de riches abbayes, comblé de dignités, il est si papable, que dans trois conclaves son nom est mis en avant avec l'appui des porporati français. Légat du Pape au colloque de Poissy (1561), le beau-frère de Renée de France et l'ami de Maître Clément se montre si conciliant à l'égard des réformés que chaque courrier lui apporte un blâme de la Curia romaine.

Mais la diplomatie n'absorbe pas cet Italien du Cinquecento. Sa vie est une œuvre d'art harmonieusement composée d'action et de beauté : pour exalter en effet toutes ses puissances, il veut tour à tour mener les hommes et jouir des choses ; et peu à peu s'épanouit cette sensibilité rare dont la création de la villa d'Este sera comme la fleur. Mécène de race, d'éducation et de volonté, il groupe autour de lui les artistes et écrivains de l'époque, français ou italiens, voit avec bonheur venir à Paris le vieux Léonard de Vinci et A. del Sarto, et partage l'engouement de François Ier pour le Rosso et le Primatice dont il visite assidûment les fresques aux galeries de Fontainebleau. N'est-ce point ici qu'il aurait conçu l'idée de sa future villa ?

Mais entre tous les artistes Cellini a sa prédilection. Italien et du xvie siècle, Hippolyte devait aimer l'orfèvrerie, qui est à la fois riche de matière et si délicate de travail. « C'est pour lui, écrit l'artiste, que j'avais commencé un bassin en argent orné de poissons en bas-reliefs d'un tel goût, qu'on ne savait qu'admirer le plus, de la richesse de l'invention ou de l'art des ouvriers. Le cardinal venait chez moi deux fois par jour, et nous passions ensemble quelques heures en gaies causeries. Il me donna aussi à faire son cachet épiscopal, du format de la main d'un enfant, où j'intaillai en creux deux petits sujets. En son contentement, il aimait à comparer ce cachet aux sceaux des autres cardinaux de Rome[1]. » C'est le cardinal qui en 1538 le fait sortir du château Saint-Ange où il était emprisonné sous l'inculpation d'avoir volé les bijoux du Saint-Siège, le présente à François Ier, l'installe à Paris, le protège contre la haine de la duchesse d'Étampes, maîtresse du Roi, et réussit à le retenir cinq années durant lesquelles il sculpte pour le Roi la nymphe de Fontainebleau et cisèle pour lui dans les ateliers du Petit-Nesle des vases d'argent et des aiguières d'or.

L'humanisme l'attire autant que l'art : il recherche à Rome Paul Jove dont les « Poissons romains » ne le font point rougir, chérit M. Antoine Muret sans lui demander compte de ses vices contre nature ni de sa fuite de Paris à Toulouse où il fut brûlé en effigie ; aux yeux de Sa Grandeur, d'ailleurs très pure de mœurs, le talent absout, et quatre lignes de beau latin compensent bien quelque licence latine. C'est dire l'affec-

1. *Vita di B. Cellini*, liv. II, 1.

tion qu'il voue à Paul Manuce : il lit un des premiers les œuvres de Cicéron dans le beau texte récemment sorti de l'imprimerie Vénitienne et orné de l'ancre où s'enroule un dauphin. Voilà comment il appelle les talents ou les génies de son temps à collaborer à son dilettantisme ; ardent à moissonner son siècle, il ne prononcerait jamais le mot amer de Pétrarque : « Qu'il est triste d'avoir des contemporains ! »

.
..

Nous voici revenus en Italie avec lui. En 1550, nommé gouverneur de Tivoli, il partage son séjour entre Rome et son gouvernement ; les fêtes de son entrée à Tivoli sont dignes de l'antiquité : ainsi qu'autrefois le Sénat et le Peuple romains allaient jusqu'au pont Milvius au-devant du cortège de César, les Tiburtins se rendent au Ponte Lucano et suivent en jouant des trompettes le char traîné d'esclaves maures où Sa Grandeur est debout comme un Impe- rator. Tels les « Triomphes » que les peintres de la Renaissance ont prodigués sur panneaux, toiles et parois. Sans tarder il fait construire dans la « Valle gaudente » la magnifique villa pour laquelle il quit- tera tous les étés son palais du Quirinal. Déjà, à l'ombre de ces monts Sabins, sous l'œil des bienveil- lants cyclopes qui s'appelaient le Catilius et le Lucre- tile, Horace, Q. Varus, Catulle, Mécène, Hadrien étaient venus installer leur épicurisme voluptueux ou leur lassitude des affaires; ils cherchaient cet air qui blanchissait l'ivoire, cette fraîcheur qui s'élève de l'Anio multiplié, ces horizons qui s'étalent comme une mer figée où s'ancre la galère de Rome.

Le cardinal est fait pour goûter la poésie du site : comme il sent et vénère la vie sacrée des choses, il interdit de le déboiser; lui aussi il aurait exhalé une Élégie contre les bûcherons de la forêt de Tibur ainsi que fit Ronsard contre les « sacrilèges meurdriers » de la forêt de Gastyne; et il avait entendu le Tasse lui réciter la supplication de Clorinde[1], blessée par l'épée de Tancrède dans le cyprès où sa chair et son âme ont passé : « Tancrède, ces rameaux sont animés; homicide qui les blesse! » Voilà pourquoi il érige ici sa villa, parmi la paix élyséenne des oliviers. Ligorio, à la disposition duquel il met les trésors rapportés de France, bouleverse le sol pour lui donner la forme, arrache les rochers, supplicie la nature; comme le Basileus oriental que gênaient pour passer en Europe l'Athos et l'Hellespont, le cardinal sépare ce que les dieux ont uni et joint ce qu'ils ont séparé. Il détourne chez lui l'eau de l'Anio et de la Rivellese, et, dans la rosée irisée, Ligorio fait sortir de terre le casino, que fleurissent de fresques les deux Zuccheri, Muziano et Tempesta. Pour l'orner il réveille de son sommeil millénaire la villa d'Elius Hadrien, là-bas, sous les cyprès : on en fouille les ruines, on en exhume des

---

1. *Gerusalemme*, XIII, 41.

Vénus et des Dianes, des Pallas et des Cupido de l'*ottima maniera antica* en marbre grec, voire une Psyché « avec ailes de farfalla ». C'est l'empereur qui orne le casin du Cardinal ! Du reste la proximité des deux villas, l'antique et la moderne, est à elle seule un symbole : chaque fois que je suis monté lentement de la vallée à la colline entre les vieux oliviers, j'ai cru suivre le lent travail des âges qui a tiré de la mort une résurrection, de la ruine une Renaissance.

En 1570 la villa est épanouie, les fresques des appartements sont dans leur éclat; dans le parc les buis et les lauriers déjà hauts forment la haie, raides comme des lansquenets. C'est peut-être alors que Muretus lui consacre deux délicieuses odelettes horatiennes (*Opera*, t. IV, Vérone). Je crois voir Sa Grandeur aller et venir sur les terrasses à balustres : on dirait que le jardin tout entier aboutit là-haut à cette fleur unique, fleur de pourpre cardinalice. Mais la voici qui descend dans le parc : les bosquets l'invitent à des pensées amènes, elle murmure des vers de l'Arioste ou quelque baladinage marotin qu'écoutent les « gabinetti » confidentiels. Après avoir pensé à Rome où Pie V, moine austère, fait peser sur le Sacré Collège une lourde inquisition; à Ferrare où son neveu persécute le Tasse, puis à la cour de Charles IX où la paix de Saint-Germain fait refleurir pour quelques mois liesse et courtoisie, elle rêve d'art, d'une coupe aux formes inédites, et surtout de faire couler en douze tables de bronze les Métamorphoses d'Ovide; dans les allées sinueuses elle va lentement, un peu lasse de ses soixante ans, et passe devant la Diane d'Éphèse qui avance ses bras hiératiques et sourit.

C'est qu'elle et lui ont le droit d'être contents de l'œuvre accomplie : le jardin est à souhait pour le goût de l'époque, qui savoura la joie d'exister; et s'il écouta jamais des hymnes ou des plaintes d'amour, c'est qu'il avait le premier conseillé d'aimer. « Ici, dit une nymphe d'Armide, on goûte cette joie que l'antique humanité goûtait, libre, aux siècles d'or. » Malgré le silence des documents il est probable que, du moins après la mort du cardinal, Éléonore a conté à ces lauriers son secret que nous cherchons toujours; plus probable encore qu'avant de lire à Hippolyte son *Aminta* et sa *Gerusalemme* le Tasse prit dans le parc où je suis le modèle du jardin d'Armide. Dessin et style sont identiques : « Eaux dormantes, ruisseaux limpides, arbustes, collines agrestes, vallons ombreux, ils embrassent tout d'un regard.... On croirait, tant la simplicité se marie à l'adresse, que les ornements et le site sont naturels. La Nature semble avoir voulu imiter l'Art dont elle est le modèle. L'air est soumis aux volontés d'Armide; des oiseaux sous le vert des feuilles modulent leur volupté, le vent murmure et fait chanter l'onde et l'ombre. » Il y a dans ces lignes comme une ardeur latente et ce sont bien ici et là deux jardins passionnés. Deux ans après qu'il eut achevé la *Gerusalemme* le Tasse était enfermé comme fou au couvent de San Francesco ; décidément, ces buis qui s'écartent n'ont point vu passer que « l'amour vainqueur et la vie opportune ». Mais ce fut un lieu commun de la Renaissance, comme des élégiaques ioniens et latins, que l'indissoluble fraternité de l'Amour, de la Douleur et de la Mort.

Le cardinal meurt en 1572. J'ai lu son testament, fait à Rome en son palais de Monte Giordano « à dix heures de la nuit, dans sa chambre, sept luminaires et plus étant allumés ». En un latin magnifique, qu'emplit déjà la majesté de la Fin, il déclare que « rien n'est plus certain que la mort ni plus incertain que son heure », recommande son âme à « Deus Optimus Maximus et à toute la Curia céleste », et ordonne que son corps soit enseveli dans l'église des franciscains de Tivoli[1]. On lui avait reproché d'engouffrer dans sa villa des millions qui auraient dû aller aux pauvres, et le voilà, lui le prince pourpré le plus riche de son temps, qui prend chez les poverelles de Saint-François son éternel repos ! Plus savoureux encore sera le testament de son neveu et héritier, le cardinal Louis d'Este : il lègue son corps à la cathédrale de Tivoli, ses viscères à Saint-Louis-des-Français à Rome et son cœur à la France. Vraiment, quelque chose de nous, un lointain parfum gallique erre toujours sous ces lauriers.

1. Cf. Seni, à la fin, *Memorie storiche*.

*
* *

La splendeur de la villa dure encore un siècle. Louis d'Este y jette des prodigalités qui émeuvent les chroniques contemporaines. C'est l'époque historique : papes, princes, bourgeois viennent admirer ce chef-d'œuvre dans l'art d'orner sa vie, de l'encadrer de beauté. Alors Montaigne la vient visiter. Hélas ! notre gascon, enfermé dans son moi, est bien étranger au sentiment élégiaque de la nature : il est frappé de la musique des orgues hydrauliques, où l'eau « agite l'air qui y est et le contraint de geigner pour sortir » ; et c'est une joie d'enfant quand les oiseaux mécaniques se mettent à chanter ou que des jets perfides le compissent dans les labyrinthes. Si Montaigne a la sensibilité courte, de Brosses a trop d'esprit : toute grande poésie lui échappe.

Mais les artistes ont aimé la villa : Dupérac, Pérelle et Israël Silvestre la pourtraicturent en estampes, comme on se hâte de fixer les traits de la jeunesse éphémère. Velasquez, Fragonard et Watelet adorent son déclin, si mélancolique. Et ils ont raison, car elle est dans son demi-abandon d'aujourd'hui plus charmante que jamais ; à la beauté des édifices et des arbres le temps ajoute sans cesse, surtout quand il retranche. Elle est aussi plus évocatrice, car les âmes défuntes (notre romantisme le sait bien) n'habitent point les choses neuves. G. d'Annunzio, passionné des belles villas romaines, y a promené ses lyriques pâmoisons. Le maître J.-P. Laurens, qui sait ce que l'histoire ajoute d'intérêt à la beauté ingénue des choses, avoue pour elle une admiration enthousiaste. Son fils a bien voulu m'exprimer la sienne, qu'il a fixée dans un tableau fort suggestif : pendant que fuient en perspective la solennelle avenue de cyprès, les escaliers à balustres et le casino, des jeunes femmes au premier plan dansent un chœur éperdu. Artifice destiné à reculer le fond? Peut-être; mais aussi, comme chez Corot, symbole du paganisme voluptueux qui glisse partout sur la terre de Saturne. Cette œuvre se dénomme la « Ronde » : une de ces rondes latines, sans doute, où l'on croit entendre courir dans le vent le sabot des Faunes. « Renaissance » est ici un mot vide de sens, car l'âme antique n'y fut jamais tout à fait morte, et, comme dans le tableau de P. Albert Laurens, naïades, oréades et dryades y dansent toujours... Voilà pourquoi les plus enviables ici ce sont les simples touristes, quand ils sont simples; le plaisir ingénu qu'ils sentent monter en eux est le plus vivant commentaire au sens de la Villa d'Este : c'est ici que l'aristocratie italienne de la Renaissance a le mieux réussi à exprimer sa passion et son génie du bonheur.

VI

LA SPIRITUALITÉ : LA CHAMBRE DE LA SIGNATURE

Je me suis abandonné avec la Renaissance romaine au culte de la vie universelle, du Mythe où l'antiquité humanise et divinise la Nature, de la Beauté et de la vie heureuse. Ce paganisme voluptueux est évidemment ce qui frappe le plus, dans la Rome du XVI° siècle, les yeux et les sens; dans les premiers jours surtout, quand on court des Loges aux appartements du Saint-Ange, de la Farnésine aux villas d'Este ou du Pape Jules et à la villa Madame, de là dans les galeries dont certaines, telles les galeries Corsini et Borghèse, sont le triomphe du Cinquecento, on est enveloppé, baigné de la Dionysie universelle. Et pour peu qu'on apporte après Taine des idées préconçues sur le splendide épanouissement de la plante humaine, ou après Burckardt sur l'expansion de la virtù; qu'on ait devant les yeux le Sur-Homme de Nietzsche ou qu'on ait reçu de Gobineau le goût de la « volonté de puissance », alors on ne distingue plus l'âme, qui pourtant ici n'a jamais perdu ses droits. Il y a mieux dans la deuxième Renaissance que la faculté de jouir de la Nature, de la Vie et de soi-même : il y a une spiritualité très haute. Aux yeux avertis elle est partout, au plus profond des œuvres; mais le meilleur en est concentré dans la

Chambre de la Signature au Vatican, comme une essence en un coffret précieux. Je n'ai pas la prétention de découvrir la plus célèbre des Stanze, mais j'y veux chercher, pour le dresser en face du Faune, le triple idéal où l'âme du Rinascimento s'est élevée dans une exaltation très pure : l'idéal apollinien, platonicien, mystique, sublimés encore par leurs mutuelles pénétrations.

*
* *

L'apollinisme, c'est la raison lumineuse qui devant les puissances obscures de la Nature et de l'Instinct garde la réserve et se garde. Écoutons la leçon que nous donne, là-haut à la voûte, Apollon châtiant Marsyas ; le dieu de lumière remplit cette Chambre de la Signature où tout est composé selon un profond hermétisme. S'il châtie le satyre, ce n'est pas pour le seul plaisir de renouveler ici les attitudes harmonieuses que tant d'œuvres antiques ont fixées pour la joie des yeux. Raphaël n'a pu connaître le Marsyas du Forum sculpté aux anaglyphes de Trajan, ni celui de Myron qui danse au Lateran en jouant de la cymbale, ni le Scythe écorcheur qui aiguise son couteau aux Uffizi, ni la statue des Conservateurs émouvante comme un Christ, ni la statuette et le sarcophage de la galerie Doria, ni enfin la vibrante mosaïque du Musée des Thermes que signa l'Alexandrin Seleukos : ces œuvres n'étaient pas découvertes. Sans doute il a pu voir la scène sur des monnaies de la République et des médaillons de l'Empire, étudier surtout le magnifique Silène des Uffizi ricanant et cornu, que Donatello, dit-on, restaura ; il garde encore des traces de peinture rouge, rouge comme du sang figé. Et il a certainement connu la fameuse cornaline intaillée qui fit les délices de Laurent le Magnifique et que j'ai revue en sa transparence sanguine au Musée de Naples (n° 213). Mais les autres mythes lui offraient d'aussi belles formes plastiques. Nul pourtant ne lui a inspiré, et à toute la Renaissance, un goût plus vif. Corrège le reproduit sur clavecin, Montagna en estampe, les céramistes sur les majoliques et les graveurs sur les plaquettes de bronze. A Rome, c'est un culte : A. Carrache l'éternise en camaïeu dans le grand salon du Palais Farnèse, B. Peruzzi et le Sodoma deux fois à la Farnésine, et Jean d'Udine en un stuc des Loges vaticanes. Raphaël semble l'aimer plus qu'aucun d'eux : il le reprend en trois dessins, puis dans le frais tableautin du Louvre, frais comme sa propre jeunesse apollinienne (s'il est de lui), ici enfin où il a mis tout son art, toute son âme.

Pourquoi cet engouement de l'époque, dont il s'est fait le coryphée? Regardez : le satyre est suspendu à un arbre par les mains liées ensemble, le corps tombe de tout son poids, droit et rigide, la tête barbue s'affaisse sur la poitrine, et la bouche entr'ouverte exhale une terrible souffrance. Un Scythe découpe avec une lame fine l'aisselle du rustre phrygien, qui eut l'audace de défier avec sa flûte de roseaux la lyre d'Apollon : vaincu, le rustre est supplicié dans sa chair, car il est la chair et l'instinct. L'olympien assis, dédaigneux et presque nonchalant en sa divinité, assiste au supplice, désigne du doigt la tranche à découper, et, pendant qu'un génie le couronne, tient négligemment sa lyre dont le silence vibre de son triomphe. C'est la victoire de la lumière sur les ténèbres, de la raison et de la science sur l'ignorance, de l'âme sur la matière et la sensation, de la Beauté sereine sur la laideur des appétits velus. C'est aussi la victoire de la Renaissance sur le moyen âge qu'elle crut confus et obscur, du monde occidental sur cette Asie satyresque que le berger de Phrygie personnifie dans le mythe, et que les Turcs moustachus et joueurs de cymbales incarnaient depuis quatre-vingts ans dans l'Histoire. Dans le train de sa vie quotidienne, la Renaissance est un magnifique Marsyas, qui chante sur la flûte vulgaire sous les pins du Pincio et du Janicule la joie d'exister et de mettre à profit l'existence. Elle le sait : elle sculpte sa face en ces masques et mascarons de silènes qu'elle fait ricaner partout, aux clefs de voûte, dans ses frises ornementales, en tout son art décoratif. Mais elle a ses heures olympiennes : elle prend alors la lyre, qui est celle d'Apollon, et célèbre son propre triomphe sur elle-même, sur le fils d'Hyagnis ou le roi Midas, qui a gardé ses oreilles velues jusqu'au milieu des roseaux du Tibre.

Après elle on altère le sens du mythe : les Bolonais A. Carrache et G. Reni nous montrent un Apollon qui écorche lui-même et un silène qui hurle en tordant son corps exaspéré; Ribera, sanguinaire à l'espagnole, pousse le réalisme jusqu'à l'atrocité : la peau détachée de la cuisse cède, vient sous la main du boucher céleste comme la toison des moutons retombe à l'étal de Valencia ou de Napoli. L'Apollon de la Renaissance reste un dieu, à qui sied la sérénité, la souveraine maîtrise de soi-même.

Et il est son dieu, c'est-à-dire son idéal divinisé. Il remplace Hercule, qu'aima le truculent moyen âge. Les Papes lui font une place d'élite dans l'Olympe de statues qu'ils installent au Belvédère du Vatican. Dans sa « Description du Printemps », Zenobio Acciaioli lui compare Léon X, assimile leurs actes et gestes [1]; l'Apollon rapproché du Pontife, presque installé sur la chaire de Saint-Pierre,... on se demande qui des deux, au yeux des contemporains, en recevait le plus d'honneur! Mais il y a mieux : chez certains auteurs, dans la Trinité Divine le Père s'appelle Jupiter Optimus Maximus, la Vierge est Diane, et le fils est Apollon. La mythologie déménage de l'Olympe au ciel de l'Évangile, et c'est le dieu de l'harmonie qui y préside aux saints concerts.

1. Cf., ainsi que pour la suite les documents cités par Roscoë, *Vita di Leone X*, Appendix, t. IV, n°ˢ CCI, CCVII, etc.

Aussi le figure-t-on partout, seul ou dans un des mythes apolliniens. Castiglione le veut sur sa médaille, debout sur le char de feu avec la devise « Tenebrarum et lucis arbiter ». Le jour de l'exaltation de Léon X, le Pontormo le dresse sur un arc de tromphe à Florence[1]. Tantôt il voisine avec Pallas Athéné aux yeux clairs, tantôt il poursuit Daphné qui devient laurier, tantôt il tue le Python. Isabelle d'Este, marquise de Gonzague, fait peindre à Urbin un service en majolique où chaque pièce célèbre un épisode de sa légende radieuse. Elle ne se contente pas de manger sous ses auspices : quand elle se retire dans sa « grotte » près de son cabinet de travail, il est là, en deux statues, présidant chez sa fille spirituelle à l'éclosion de la pensée[2].

C'est elle encore qui commande à Mantegna pour son Studiolo le Parnasse qui est au Louvre. Nous voici arrivés à la scène préférée de la Renaissance, celle où elle fête le plus fréquemment, en vers, en prose et dans la plastique, l'apothéose d'Apollon. Ici, en effet, l'idée apollinienne se précise au contact des Muses et des grands poètes, aux bords de la source de Castalie et sur les purs sommets où l'inspiration habite. C'est une vision qui hante l'âge de Jules II et de Léon X : Franciscus Arsillus dans son poème à P. Jove sur les poètes de Rome et A. Fulvio dans ses « Antiquités de Rome », à propos du gymnasium

1. Vasari, éd. Le Monnier, t. XII, p. 38.
2. G. Müntz, *Hist. de l'Art italien à la Renaissance*, II, 278.

d'études grecques installé par le Pontife sur le Quirinal, la fixent avec ses riches éléments, cadre et personnages, dans des « tableaux » qui sont des esquisses de fresques. Tous s'écrieraient volontiers comme l'un d'eux avec une nostalgie virgilienne : « Oh! qui me transportera sur le double sommet du Parnasse! »

C'est Raphaël qui les y a transportés avec le plus de bonheur, et nous après eux. Le magnifique Apollinisme! L'inspiration, l'enthousiasme sont partout épandus, autour du bosco de lauriers, légers et subtils comme l'atmosphère qui les enveloppe, et sur la cime, que n'alourdit point la brutesse ordinaire de la matière : nous sommes au-dessus du réel. La lumière qui vient d'en face et de la fenêtre inférieure baigne de limpidité la colline sacrée. Certes, les Muses sont bien femmes et les jeux du zéphyr découvrent leur sein nu, mais leur chair n'est point sensuelle, leur nudité reste chaste. Sapho elle-même, doublement amoureuse dans sa personnalité antique et dans celle de la courtisane Impéria, que lui prête ici Raphaël, médite sous ses cheveux blonds : elle ne gémit plus sur les servitudes de l'instinct. Autour d'Apollon évoluent les poètes inspirés de lui; ils ont proposé aux hommes l'idéal, qui les enlève sur l'envergure des vers ailés au-dessus de la matière où s'ébat Marsyas, où glisse le serpent Python, où se hérisse la Méduse. Homère élabore derrière ses yeux embrumés l'idéal de la primitive Hellade qui cherche à s'organiser,

Dante près de lui rêve à la cité parfaite où les citoyens se reposeront dans la paix et la justice, Pétrarque et Boccace songent que des temps nouveaux sont venus où le Monde, à l'exemple de l'antiquité retrouvée, va aimer le bonheur dans l'étude, dans les arts et la gloire, et dans l'amour aussi, mais conscient de soi et soucieux d'immortalité.

Apollon est assis au milieu du chœur, la tête et le regard levés vers la poésie ailée qui vole au plafond, je veux dire aux cieux ouatés de nuages : il est tout inspiration (numine afflatur), c'est-à-dire tout spiritualisme. Il est tout harmonie aussi, car il joue de la viole de bras, passionnément. Sapho tient la lyre à carapace de tortue ; Uranie, la Poésie, l'Apollon de l'École d'Athènes tiennent la cithare, et la table de Pythagore contient les nombres symboliques du système des sons. Musique et Mélodie mettent dans ces fresques, dans toute la Chambre et dans toute la Renaissance romaine, un résonnement suave. Raphaël a peint deux fois, ici et en un portrait de la galerie Sciarra, un de ces musiciens qui enchantaient les loisirs du mélomane Léon X et des contemporains. Une mélodie plus subtile encore enveloppe le Parnasse : mélodieuse est la composition où les groupes se répondent avec la régularité des strophes dans un morceau lyrique, où chaque groupe à son tour soumet ses lignes à la cadence et au rythme ; mélodieuse l'atmosphère élyséenne où l'on croit percevoir un écho lointain d'immortalité, comme dans ces sphères éthérées qu'habitent les héros du « Songe de Scipion ». Le Parnasse où règne Apollon est aussi familier aux hommes de la Renaissance que les parcs de leurs villas, lesquels sont d'ailleurs des poèmes où président le Citharède et les Muses, et Apollon lui-même est ici présent en trois effigies; on peut dire de cette chambre de la Signature comme de la Rome du xvie siècle : « ingeminant Pæana », c'est un redoublement de Pæans[1]!

*
* *

Apollinienne, la Renaissance en sa pureté devait être platonicienne. Elle l'est avec délices; et c'est pourquoi je retrouve la statue d'Apollon dans « l'Ecole d'Athènes », présidant en face de Pallas à l'épanouissement de la pensée philosophique sous les portiques de Raison où se résume l'Hellade. Platon et Apollon vont ensemble aux yeux des sages de l'époque : c'est au jour de la naissance du dieu que se réunissait tous les mois l'Académie platonicienne de Florence, car c'était aussi celui de la naissance de Platon ; et l'on savait que Socrate, le Maître, avait foi aux oracles delphiques.

Le platonisme s'étale ici partout, comme une des formes les plus aimées de la spiritualité contemporaine. Ce temple à coupole qui capte la lumière du

____

1. *Hymne de Giraldus à Léon X*, Roscoë, t. IV, Appendice, ccvii.

ciel bleu est un lieu abstrait où n'entrent point de trop minutieuses contingences : il y rôde de l'universel et de l'éternel. Platonicienne est la scène, prise de l'Athènes idéale où Rome cinquecentesque se voudrait conformer : la dialectique, c'est-à-dire la causerie philosophique, assemble ces groupes où les maîtres expliquent, où les disciples écoutent, où les éphèbes charmants au torse et aux jambes nus accourent et prennent des notes. Je reconnais le séduisant Alcibiade et le profil camard, le front chenu de Socrate où habite une pensée si belle. Platon, tourné vers Aristote, lui montre les cieux : c'est bien ici l'apothéose du philosophe de l'immortalité de l'âme et de la transcendance. Raphaël l'a voulu ainsi, avec toute la Renaissance, qui lui sacrifie résolument Aristote si vénéré du moyen âge. Sa prééminence se révèle à l'attitude plus haute, plus sereine, plus divine que celle d'Aristote, à toute sa personne qui est de face, tandis que l'autre est de profil, et à son geste levé vers les cieux. C'est le triomphe de l'âme sur la réalité donnée et le sensible, où s'appuie le solide philosophe de Stagire en Ionie.

Ptolémée et le globe terrestre, Zoroastre et la sphère du ciel sont en bas, baucoup plus bas, aux pieds des protagonistes : ici la distance est intelligente et la perspective respectueuse; elles ont le sens des hiérarchies et reconnaissent la suprématie de la pensée. Diogène-Marsyas, vautré sur les degrés du temple, étale à la lumière sa chair cynique que l'idéalisme philosophique décomposera, mais n'écorchera plus. Jamais on n'a tant affirmé la haute dignité de la raison éprise d'idéal. A la voûte, la Philosophie est assise sur un trône dont les bras sont des Dianes Éphésiennes aux innombrables mamelles : elle s'y appuie, mais pour s'élever au-dessus, pour y trôner. Elle connaît les choses et leurs causes (causarum cognitio). C'est elle, c'est cette Raison maîtresse d'elle-même et du monde par la connaissance, que j'ai reconnue à la Farnésine, dans la Galatée : souriante au milieu des tritons et des nymphes qui s'étreignent passionnément, debout sur la conque tandis qu'ils se roulent aux flots, elle impose les rênes aux désirs tumultueux. Elle écoute sans y céder l'air de flûte que joue le chevelu et feuillu Polyphème : encore un Marsyas!

*
* *

Comme Apollon nous avait conduit vers Platon, le Platonisme à son tour nous achemine au « Triomphe de la Foi » que célèbre la fresque opposée. La Renaissance avide et compréhensive n'a pas cru que la connaissance des choses divines, la Théologie, exclût la Philosophie, la connaissance rationnelle. Foi et raison (fides quærens intellectum) échangent ici de l'école d'Athènes à la « Dispute » des correspondances multiples où la pensée maîtresse du siècle de Léon X se révèle. Voilà pourquoi sont ici les Pères et les Docteurs qui ont admis l'intellect à collaborer à la croyance et ont cru que Platon ne serait point damné, parce que sa pensée, inconsciente une fois, a préparé la voie à Jésus : saint Jérôme, saint Augustin, saint Thomas. Pétrarque déjà, qui sacrifiait les auteurs chrétiens à l'antiquité, faisait exception pour saint Augustin; et Théodore Gomperz dit à son tour : « sans Platon, pas d'Augustin ».

Du reste le Platonisme d'en face se mêle subtilement au christianisme essentiel dont cette fresque est enivrée. La spiritualité platonicienne s'épure encore, et s'exhale en mysticisme. Regardez la dialectique de la fresque : le vert paysage d'en bas nous offre le monde des sens, où rien de complet ni de solide ne s'édifie puisqu'à droite ce temple est inachevé et qu'à gauche, sur la colline plantée de ces arbres où se cognait la pensée de Socrate, se dresse un échafaudage éternellement provisoire. Sur ce monde s'élève la pensée, dans sa dignité sainte : les saints, les docteurs, les papes, les prélats, les grands clercs et les moines se confondent dans une pluralité qui est encore phénoménale, mais leur raison et leur foi, visibles dans leurs gestes et leurs yeux levés, convergent unanimement vers l'hostie eucharistique. De la terre au mystère, de la nature au surnaturel, de la discussion à la révélation, c'est l'ascension progressive, au-dessus de laquelle la Trinité se développe, logiquement graduée elle-même avec le Saint-Esprit, le Fils et le Père dans une transcendance sublime où le vertige mystique plane. La lumière accompagne la gradation de l'enthousiasme : celle qui éclaire la colline et la plaine où nous sommes se spiritualise jusqu'à la gloire éblouissante où les bienheureux contemplent face à face les pures Idées et l'Idée des Idées, c'est-à-dire Dieu. Les gestes, les regards sont imprégnés d'âme. Les mondains eux-mêmes se détournent des phénomènes, du siècle, vers la mysticité : ce jeune noble inconnu, quittant Bramante, lequel tourne le dos à la grande scène, s'achemine à elle, le doigt tendu vers le Saint-Sacrement qui est l'unité de lieu et le centre de cet univers spirituel. Il n'est pas jusqu'à l'espace qui ne soit de l'âme : les anges et chérubins qui font à Dieu le Père une couronne ailée, flottante et ondoyante comme l'air même, ont sans doute une personnalité théologique; mais, légers et subtils, ils se confondent presque avec l'élément où ils participent. Ils sont l'avènement de l'Étendue à la conscience, sa pensée collective ou plutôt universelle : l'Étendue aussi adore. Les derniers et les plus lointains surtout, dont la forme est encore implicite aux nuages et vaguement émerge, réalisent en lui laissant sa fugitivité l'invisible, l'impalpable, presque l'immatériel.

Ici, à vingt pieds au-dessus de la colline vaticane, qui elle-même s'élève au-dessus du niveau moyen de Rome, nous perdons pied, nous entrons dans la vision. Depuis celle-ci qui est la première (1509), Raphaël s'y abandonne volontiers : le songe d'Ézéchiel, la Vierge de saint Sixte, la madone de Foligno, la sainte Cécile de Bologne, la Transfiguration, sont des visions où la Renaissance sensuelle s'élève avec lui d'un grand coup d'aile.

*
* *

L'ésotérisme de ces fresques apparaît mieux encore quand on refait en sens inverse le chemin vertigineux qui nous a menés d'Apollon à Platon, puis à Jésus. D'ineffables correspondances rapprochent ces trois personnages surhumains et les trois scènes pénétrées de leur esprit. Il y a déjà du christianisme dans l'École d'Athènes, et c'est l'influence platonicienne qui l'y a insinué. Le néo-platonisme, mélange presque inanalysable élaboré dans les officines d'Alexandrie, puis recommencé à Florence par l'Académie médicéenne, des doctrines de Platon et des dogmes de Jésus, grise les cerveaux comme une liqueur trop forte où participent les deux essences pures de la philosophie antique et du christianisme. Sous son influence Raphaël place ici Plotin, comme le maître de cette exégèse hybride, le jeune duc d'Urbin et Frédéric de Mantoue, comme les représentants de ces mondains qui étaient accourus à l'appel de Lorenzo de Médici, de Pic de la Mirandole et de Marsile Ficin, apôtre du culte nouveau. Le geste de Platon est presque mystique, le ciel capté par la coupole est glorieux comme un Paradis, et le temple entier, dessiné, dit-on, par le Bramante, l'architecte de Saint-

Pierre, est une église de la deuxième Renaissance. Il y a de l'interprétation néo-platonicienne dans l'effigie d'Apollon de cette même fresque : si Raphaël peint en bas-relief sur le socle des Tritons qui pourchassent des Néréides, c'est que Marsile Ficin, en son commentaire christianisant sur la *République* de Platon, a écrit qu'Apollon, qui est le dieu de l'harmonie, est le médecin des passions. Kraus, Hettner et Springer veulent même que l'entière pensée de la Chambre de la Signature soit empruntée à **M. Ficin**.

Il y a du christianisme dans l'Apollon du Parnasse : il est le dieu de l'enthousiasme, lequel est Dieu sensible au cœur. Mais, tandis que dans l'antiquité il le donne, ici il le reçoit lui-même avant de le communiquer ; ses yeux sont perdus vers un espace plus haut que le Parnasse et plus sacré que l'Olympe : le ciel chrétien, qu'il a tout dans son regard. L'artiste, conseillé sans doute par un humaniste, reste fidèle en plein paganisme à l'esprit des traditions dont s'était inspiré fra Giovanni, l'Angelico, sur la colline de Fiesole. Dante et Pétrarque sont là, qui n'ont point rompu, pas même le second, avec la tradition du moyen âge et n'en ont pas moins aimé Platon. Il y a une arrière-pensée chrétienne, néo-platonicienne, dans le camaïeu de la Sibylle révélant le Messie à Auguste : le Sibyllinisme, que la Renaissance a tant aimé, rapproche dans le pressentiment Apollon et Jésus, l'un inspirant à sa vociératrice la parole où l'autre est annoncé. Il y en a enfin même dans le

Marsyas, la plus apollinienne de ces fresques. L'analogie m'est presque aussi déconcertante qu'un mystère : plastiquement, la Renaissance a vu dans le satyre attaché, pendu et écorché, une ressemblance émouvante avec le Crucifié ; l'anatomie, le modelé, la retombée droite de tout le corps, ne diffèrent point de l'un à l'autre ; si bien que franchissant le domaine de la plasticité ils ont aperçu en Jésus le Marsyas divin qui d'Orient, des confins de la Phrygie, apprit au monde des chants nouveaux, tenta parmi les roseaux du Jourdain de briser la lyre à sept cordes, et fut martyrisé sur le Golgotha par les Apolliniens d'Occident comme le Silène le fut sur le mont Mésogis en Carie. Quand le Christ exhala sur la croix le « consummatum est », dit l'Évangile, le voile du temple se déchira et la terre trembla ; quand Marsyas exhala sur l'arbre son haleine, dit le mythe antique, Cybèle s'émut et pleura : ici et là, à la mort d'un dieu, les lois éternelles et universelles des choses sont suspendues et la Nature est en deuil.

*
* *

Enfin, si l'on ne percevait point l'harmonie intégrale qui unit les fresques de la Stanza en un même ésotérisme, suivez la convergence des regards : l'Apollon du Parnasse, l'Angelico, saint Ambroise, saint Grégoire et Innocent III de la Dispute ont tous les yeux fixés vers des sublimités que l'on voit ou que l'on devine. Plus frappante est la concordance des gestes : Platon, Frédéric d'Aragon, Pierre Lombard et la Sibylle montrent du bras et du doigt levés l'éther où habite l'Idée du Bien, le ciel où siège la Trinité et la Vierge portant le Messie. Le doigt de Socrate et l'hostie eucharistique se font face exactement à travers le vide de la salle selon un calcul mathématique dont notre esprit saisit soudain l'éloquent hermétisme. Et tout autour du Parnasse, du ciel d'Athènes et du Paradis, le bleu, le bleu si riche d'âme, si expressif d'infinitude et d'éternité, épand son harmonie maintenant assourdie, jadis éclatante.

Cela est accablant de spiritualité. Les visiteurs, affaissés sur les sièges, la tête levée vers les fresques, tentent de se hausser au lyrisme inspiré, à la contemplation philosophique et à l'extase mystique. Ce matin, flânant dans cette Rome si païenne (même en son culte), dans le bosquet de la Farnésine ou sous les grands pins des villas Borghèse et Doria Pamphilj, ils écoutaient Marsyas et sa flûte universelle : maintenant, placés entre Apollon, Platon et Jésus, effarés, ils essaient par amour-propre de soulever en eux-mêmes un tumulte de sentiments ou d'ordonner un peu celui qu'ils subissent; ils s'arrêtent de préférence au pied du Parnasse, plus accessible en somme que les autres vertiges, et où le bosco de lauriers, la musique des lyres ou des chants et les glouglous de Castalie leur envoient quelque aménité, puis s'évadent promptement vers les chambres d'Héliodore et de Constantin qui leur offriront enfin, comme déjà la chambre de l'Incendie, de beaux sujets, je veux dire des « Histoires ». Et ainsi, non seulement leur fragile âme d'argile échappe aux flots d'idéalisme qui la briseraient, mais encore ils ne s'aperçoivent point que cette spiritualité est le triomphe de l'art plastique : toute cette âme (c'est le mystère du génie) est élaborée par les lignes et les couleurs, qui sont toute matière ; et c'est parce que cet art est fermement concret, précis et vivant, qu'il réussit à suggérer l'invisible, à exprimer de l'idéal.

*
* *

Cet idéal n'est pas exclusivement enclos dans la Chambre de la Signature : pour qui sait voir, il déborde, il inonde la Rome d'alors et toute la Renaissance. La mythologie, si charnelle, lui est souvent un langage figuré qu'il faut tâcher de lire. Toutes les scènes prises à Virgile, à Ovide, à Apulée, puis reprises par Politien, Beroalde et Pontano, cachent ou « mussent » sous le sens littéral un sens abscond, une arrière-pensée. Le « Songe de Polyphile[1] », qui fut dès le début du XVIᵉ siècle (1499) le livre de chevet des humanistes et des artistes, donne le signal ; « vous y trouverez, dit l'éditeur Léonardo Crasso de Vérone, de la science abondante, à ce point que ne

____

1. *Poliphili Hypnerotomachia*, Ald., 1499, Bibl. Nat., Inv. réservé. Y² 210.

sauriez découvrir dans tous les livres des anciens plus de secrets de nature que n'en renferme celui-ci ». Le mythe y est renouvelé avec un sens hermétique, qui fait soit du texte, soit des merveilleuses estampes un perpétuel symbole, dont les commentateurs et les artistes connaissaient la clé. Voici le mythe de Psyché, c'est-à-dire de l'Ame en ses vicissitudes, si cher aux néo-platoniciens de la Renaissance, qu'après le « Songe » de Francesco Colonna Raphaël le fixe en une suite de dessins que ses disciples transposent aux parois de la Farnésine et du Château Saint-Ange, et le maître de Mantoue en une série de gravures. Les mythes même les plus sensuels en apparence, Antiope que reprendra le Corrège, le sacrifice de Mithra et Léda que reprendront J. d'Udine et tant d'autres, le Sacrifice de Pan que reprendra Signorelli, sont là, suggérant une idée secrète.

La moitié de l'œuvre de Raphaël, toute celle de Michel-Ange a la vie de l'esprit : et quelle vie! La voûte de la Sixtine se doit lire comme un livre et méditer comme un commentaire. Le Jugement dernier même où le public ne voit après Taine qu'un étalage d'anatomies, donne une impression formidable d'éternité. Le Divin l'emplit tout; ces nudités, parce qu'elles sont plus grandes que nature et dépouillées des contingences matérielles, nous transportent par tout l'effort de leurs muscles dans le surhumain, le surnaturel. Bien des œuvres des peintres voluptueux, si on les médite d'une pensée généreuse, laissent entrevoir derrière la beauté des formes un secret qui pénètre par les yeux jusqu'au cœur. Le Vinci, physicien et naturaliste, est un grand hermétique qui déconcerte Édouard Schuré et Péladan eux-mêmes : le geste du saint Jean est celui du Bacchus, ce qui déjà nous trouble, et il renouvelle le geste de Socrate et de Pierre Lombard en s'enveloppant d'un sourire où l'on devine le rictus idéalisé de Marsyas, plus libre et plus heureux que jamais. Ces hermaphrodites de Léonard ont en eux, comme plusieurs natures réunies, la joie phrygienne, la maîtrise apollinienne de soi-même, l'idéalisme socratique, et cette douceur galiléenne que saint Jean-Baptiste créait sous ses pas sur les rives du Jourdain parmi les roseaux dont il faisait la croix. Le profane Corrège parle symbole à ceux qui enten- dent : l'Antiope du Louvre est une « moralité », et le plafond du couvent de Parme est une Allégorie de la vie humaine. La Diane d'Éphèse où s'incarne la nature féconde va devenir chez Tribolo comme chez Rubens la plus haute des Vertus morales : la Charité. Les couleurs mêmes prennent un sens comme dans la symbolique du vitrail gothique et dans certaines enluminures de fra Angelico : dans les fresques de la Philosophie et de la Poésie, à la voûte de la Chambre de la Signature, le vert, le bleu et le rouge ont quelque chose à nous dire. L'art de la Renaissance est souvent aussi parlant que celui du moyen âge ; seule- ment c'est aux formes gréco-romaines qu'il emprunte son langage, et il ne transige jamais sur la Beauté.

Sur la spiritualité et l'hermétisme de la Renaissance je n'ai voulu consulter que l'Art, le témoignage de mes yeux. Mais les lettres, chez les mondains comme chez les humanistes, en sont aussi riches. Vittoria Colonna, Castiglione, Isabelle d'Este, à ne citer que quelques noms bien connus, mettent en réserve sous les mots qui parlent d'amour une arrière-pensée platonicienne qui épure tout. Comme Apollon ils maîtrisent le Silène velu, et les érotiques eux-mêmes, tels Firenzuola, Molza et Bandello, cachent parfois comme le Socrate d'Alcibiade sous l'Hermès impudent la divine statuette. La Renaissance romaine du xvi° siècle est un double Janus, d'un côté sensuel et cornu, de l'autre contemplatif comme un disciple lyrique d'Apollon, comme un philosophe, ou un mystique.... En ajoutant la restriction de ces pages à celles où je n'ai voulu voir que la sensualité faunesque, j'ai le sentiment très apollinien que je « corrige » Marsyas.

V

SUBURBANA

I

Le mont Testaccio a cette originalité d'être à la fois dans Rome et hors de Rome : il est bien contenu dans l'enceinte d'Aurélien, mais il a déjà autour de lui, malgré les empiétements de la population, la solitude anticipée de la Campagne romaine. Il se dresse au-dessus, isolé, comme un autel au Génie de la plèbe, et que la plèbe elle-même éleva de ses mains.

C'est un énorme entassement de tessons et de cassots d'amphores qui se froissent sous le pied ou se brisent avec un bruit sec : bouts coniques fichés dans l'humus comme ils l'étaient jadis dans le sable des celliers, fragments d'anses incurvées, de panses arrondies, de goulots évasés. La mélodie de la ligne y reste, en dépit de la brisure ; quand on tient telle note, l'instinct musical devine la phrase jusqu'à la cadence : ici, quel que soit le bout qu'on tienne aux doigts, l'esprit achève la courbe, de lui-même, par simple besoin d'être heureux. Des gamins en guenilles me précèdent, pieds nus sur ces arêtes, et ramassant un éclat intact me crient : « Antico, signore, antico! » Leurs cuisses moulées et leur peau couleur d'argile s'harmonisent au ton et à la forme des amphores : ils sont bien comme elles les fils de la terre, de la bonne terre glaise, que le Soleil, potier divin, a cuits au four de l'été. L'humus s'est glissé dans les interstices : une herbe rase, que croient brouter quelques rosses alors qu'elles mordent aux tessons, s'y est insinuée, et toute cette argile rosit par places à la lumière comme des lambeaux de chair sous des loques vertes.

La légende populaire[1] s'est installée sur le mont qu'ont formé les pauvres gens. A Rome, dit-elle, affluaient dans des vases de terre les tributs du monde ; pour en perpétuer la mémoire, sitôt que le tribut, dix onces d'or par cité, arrivait, les Romains prenaient l'or, puis jetaient et brisaient le vase près de la porte San Paolo, « là où est le sépulcre de Remus », c'est-à-dire le mausolée de Cajus Cestius. Dans le dessein de donner de leur cité, *donna del mondo*, une très haute idée, ils affectaient de ne faire aucun cas de ces vases envoyés par les provinces et les rois. Et ainsi se dressa cette montagne de pots et d'orgueil. La croix y plante aujourd'hui son « humilité ».

L'histoire substitue tout simplement le travail des prolétaires à cet orgueil de légende : ce sont ici les

---

1. Arturo Graf, *Roma nella memoria del medio evo*, I.

débris des amphores qui lestaient les galères marchandes et que les mariniers du Tibre jetaient au déchargement. La Rome pour laquelle ils déchargaient était celle à qui tant de fierté ne seyait déjà plus : la Rome du iii⁰ siècle ; car on a trouvé sous ces tessons des tombeaux de l'époque qui sont chrétiens, et des briques chrétiennes provenant de Syrie, que j'ai vues au musée du Latéran. Voilà pourquoi la croix n'est point déplacée là-haut : elle couronne le faîte comme elle soutient la base, et elle est à l'honneur après avoir été à la peine. Seulement, elle clame là-haut son triomphe de quinze siècles, tandis qu'au-dessous, minuscule chrisme enseveli à vingt pieds de profondeur, elle reste inhérente à la matière où les briquetiers antiques l'ont moulée. Des deux quelle est la plus sympathique au cœur des simples ? Cette brique humble porte pourtant gravées bien des choses : la décadence de l'Empire, le triomphe de l'Orient avec la religion du Christ, l'avènement d'une société nouvelle, et le prodigieux labeur qui fatiguait ces rives du Tibre.

En effet, le Testaccio est le résidu de l'Emporium, le grand port marchand de Rome installé à ce coude du fleuve, et des grands entrepôts, horrea ou annona, dont les ruines gardaient encore au moment de la découverte, il y a vingt ans, des dents d'éléphants, des matériaux de construction et des amphores pleines de grain. Une activité de ruche bourdonna sur cet espace, fournissant à l'immense ville le miel de sa subsistance quotidienne et entassant le déchet en ce monstrueux gâteau où je médite. C'est dire que les amphores dont je contribue à concasser les cassots n'apportaient point ici des denrées aussi précieuses que celles que j'ai vues dans la cave des Cecilii et surtout dans celle des deux officiers de la cour de Julien, Jean et Paul, aristocratiquement pansues et qui digèrent encore dans le sable humide le vin d'Espagne dont la marque DAVCEVS est sur leur col. Celles-ci n'ont point d'inscription, elles sont anonymes comme la plèbe. Porteuses de grains ou d'huile, simples fournisseuses aux besoins de l'estomac, voici leur Mont Sacré, la Secessio des amphores plébéiennes! Venues des lointaines provinces où Rome s'alimentait, elles sont entrées par mer à Ostie, ont remonté le Tibre jusqu'à l'Emporium, là tout près, et une fois vidées dans les entrepôts, ont été lancées sous mes pieds dans un « han » qui perlait de sueur par les débardeurs et les mariniers dont elles perpétuent l'effort innombrable. A la Rome moderne qui rêve en ce moment d'un port de mer (Roma e suo mare) ce Testaccio est vénérable comme un exemple ou un reproche.

Il ne faut point, en effet, le séparer du Tibre : il en est sorti, et le flot rythme toujours de son mouvement et de son bruit l'activité ouvrière qui grouille à ses pieds. Penché sur l'eau fangeuse au moment où elle s'attarde en un dernier coude avant de quitter Rome, le Testaccio y a vu glisser de bien sinistres aventures. Je ne parle pas des inondations[1]; pourtant celle de 1495 laissa un long souvenir visqueux, et des milliers de cadavres. Alexandre VI Borgia et sa famille renouvelaient à Rome Sodome et Gomorrhe : elle renouvela le châtiment du ciel. Près d'ici, à Ripa Grande, on ramasse un homme à demi mort convulsivement accroché à un tronc d'arbre et qui avait roulé avec le flot depuis Monte Rotondo à vingt-six kilomètres. Tout près d'ici encore est découvert sur la berge un monstre rejeté par le fleuve : tête d'âne à longues oreilles et corps de femme, bras gauche de forme humaine et bras droit en trompe d'éléphant ; le postérieur présente la figure d'un vieillard barbu, le corps entier est imbriqué d'écailles comme un poisson. Cela a été vu ici, donc avec des yeux de peuple; le grossissement des imaginations incultes se reconnaît au monstre, énorme et bossué comme un Testaccio. Cette année-là le mont, dominant le déluge comme un Ararat, put apercevoir au loin dans la campagne la basilique de San Paolo à demi immergée : les flots léchaient le maître-autel ! Les bénédictins priaient, et les fidèles pleuraient sur la fin des temps.

Ce n'était rien pourtant à côté de ce qu'il vit passer en l'an de grâce 1118; avant la Papauté criminelle la Papauté victime. Le conclave venait d'élire pape Gélase II, opposé aux investitures. Cencio Frangipani, chef de la faction impériale, « sifflant comme

1. Cf. le *Liber Pontificalis*, éd. Duchesne, Vita Pelagii, Constantini. Pour le pape Gélase, II, 312-15.

un serpent », force la porte du conclave, saisit le
Pontife à la gorge, le frappe du pied et du poing, le
renverse sur le seuil, l'ensanglante à coups d'éperons
et l'enferme dans sa forteresse. Le peuple délivre
Gélase; mais alors Henri II descend en Italie, marche
sur Rome et pénètre de nuit dans la cité Léonine : le
pauvre Pontife, réveillé par le bruit, se réfugie jusqu'au matin dans le temple antique consacré à sainte
Marie l'Égyptiaque, tout près du Tibre, se jette dans
une barque et descend le fleuve sous une tempête de
tonnerre, de pluie, de grêle, et de flèches lancées de
la rive par les Alamans. Le Testaccio, le mont du
Peuple, accroupi dans l'aurore, regarda voguer le
pontife populaire. Il aurait pu le voir fuir encore,
mais dans la campagne cette fois. Rentré à Rome, en
effet, Gélase officie à Sainte-Praxède, lorsque Cencio
entre dans la basilique et l'assaille à l'autel; dans le
tumulte il s'échappe, est hissé sur un cheval, et galope
éperdument à travers champs revêtu de ses habits
pontificaux, « pareil à un bouffon ». Je n'ai pu savoir
si l'infortuné avait encore repassé sur le Tibre au pied
du Testaccio, pour la dernière fois, quand il s'évada
enfin de ce calvaire pour aller mourir dans la France
délectable, à Cluny.

Mais la colline vit s'écouler et se perdre avec les flots
une autre destinée; et si elle est vraiment plébéienne
elle dut entrechoquer de plaisir ses tessons. En 1503,
avant le lever du jour, elle put distinguer la barque
qui emportait César Borgia hors de Rome, à la joie

universelle, avec l'assentiment de Jules II. Les beaux jours de celui-ci étaient finis. Il revint pourtant; mais l'année suivante, dans la nuit du Carnaval, pendant que Rome se gaudissait, César et sa fortune glissaient sournoisement sur l'eau toujours chargée de boue comme son âme. Il ne devait plus la remonter : on ne remonte pas son destin. Le Tibre avait aussi reçu jadis, puis restitué le cadavre de son frère Juan de Gandia : le Tibre tantôt recèle, tantôt trahit le crime, mais ne le lave jamais. Sannazar, dans une Élégie célèbre, s'écriait en faisant allusion aux armoiries borgiennes : « O taureau qui fuis le péril! » le taureau des Borgia avait été réduit à néant, malgré ses coups de corne, par l'ours des Orsini! Quand les bœufs du Mattatoio beuglent sous le couteau, tout près de moi, ce n'est pas pour me faire oublier cet épisode. En cette nuit-là, qui était celle du *Carnas-ciale*, la cime creuse où je suis devait résonner sous la liesse populaire.

Je regarde autour du mont : beuverie et goinfrerie y perpétuent la tradition. Au moyen âge on s'aperçoit qu'à travers les interstices des tessons fuse un air frais : on se souvient que les matières poreuses con-servent la fraîcheur du contenu; alors le Testaccio, monceau de morceaux d'amphores, apparaît à son tour comme une amphore monstrueuse, un gigan-tesque alcarazas, à qui confier indéfiniment ces bons vins du Latium que dégustait Horace, et des castelli romani d'aujourd'hui, qui font que l'on voit rouge dans la nuit, la nuit des dimanches.... Je distingue, en effet, les caves profondes qui le transpercent, grottes du dieu Λυαῖος ou Liber, « qui délivre » des soucis. Quand le soleil cuit et recuit encore après les potiers antiques l'argile dont il est modelé, l'intérieur est plus frais que la prison Mamertine ou les Catacombes. Ci-gît le vin des bons vivants, que cinq ou six *osterie* ressuscitent en détail à la lumière et à la joie des hommes. Des voitures passent, chargées de barriques et de fiasquettes cerclées de paille. Une odeur vineuse monte, monte des entrailles du mont.

Est-ce sa griserie qui monte au cerveau de ces deux amoureux? Ce sont deux Allemands. Les Anglais ne viennent guère compromettre en ce lieu de plèbe leur aristocratisme. Elle a inséré dans son corsage le myrte qu'elle vient de cueillir, à côté, dans le cimetière protestant où dort le fils de Gœthe; pendant que son mari lui lit le Bædeker elle suit la description sur le vaste horizon de Rome, puis écoute bruire en son âme d'argile les impressions que filtrent ses yeux vert-bleu comme les lacs de Bavière. Le vent du Tibre fait claquer sa robe sur ses hanches sans corset; tout à coup, fatiguée, elle se baisse, et sur le mont des amphores pose lourdement la sienne : je veux dire qu'elle s'assied. « Antico, signore, antico! » leur crie sans cesse le marmot chargé de tessons.

Le marmot a raison, car l'antique génie de ce lieu lui est resté fidèle. Au moyen âge le bas peuple célèbre ici ses jeux, courses de chevaux ou de taureaux ; du sommet se précipitent des quadriges. Avec le produit des fêtes on entretient au Capitole le lion, qui incarne avant la louve d'aujourd'hui la force et l'orgueil de Rome. Rienzo le libertaire aime ce mont : il l'aime en tribun, comme un Aventin plus récent où la peine et la vigueur du peuple sont visibles à l'œil nu. Ici on voit comment on soulève de terre une montagne ! Il force les habitants du territoire romain à venir participer sur ces cassots à des fêtes olympiques. Plus tard, c'est le carnaval et les vendanges qui prennent leurs ébats sur la croupe aride dont les profondeurs recèlent l'orgie ; dans la « Talenta » de l'Arétin l'action se passe au milieu d'une Rome solitaire, désertée pour la fête du Testaccio. Au XIXe siècle Stendhal[1] y vient faire tapage et s'amuser autour des guinguettes avec de jolies femmes ; Gœthe, puis Byron viennent y célébrer les Ottobrate : l'un, quoiqu'Olympien, se mêle à la Dionysie, l'autre, quoiqu'Anglais et lord, se frotte à ces minorenti qui sentent le vin et dansent le saltarello au son du tambourin. Ici, au cours des siècles, le bonheur simple a oublié les heures, et les compliqués se refaisaient simples.

Tambourins et saltarello se sont tus. Sur les Prati del Popolo Romano les maisons modernes posent leurs immenses cubes gris, alignés sur des rues tirées au cordeau. Mais cette géométrie sèche grouille de fécondité prolétaire. Et ainsi le génie du lieu

---

1. *Promenades dans Rome*, II, p. 27.

se retrouve encore, immortel, sous les changements qu'accumule le progrès; des circonstances plus fortes que les hommes lui ménagent toujours son cadre de plèbe, de travail gagne-pain et de mangeaille. Derrière moi, là-bas, voici la pyramide fameuse de Cajus Cestius, qui fut du collège des Septemviri Epulones, c'est-à-dire chargé de l'organisation des festins sacrificatoires; à gauche, le Mattatoio, dont le fronton porte un groupe de bœufs cabrés et d'où s'exhalent des relents fétides d'hécatombes; en face, l'Aventin, le mont maudit où la plèbe balbutia ses premiers droits; à droite, le Cælius où la plèbe d'aujourd'hui pousse clairsemée parmi les légumes; à mes pieds, le quartier neuf en équerre, où nichent les ménages ouvriers avec des portées d'enfants qui piaillent. Dans la via della Marmorata les commères, sur les portes, secouent dans un fracas de gestes et de paroles leurs énormes pendants d'oreilles, leurs colliers de corail et leurs poux. La graine de socialisme est éparpillée en pleine rue; les ouvriers causent sur le seuil de l'antica pizzicheria, et au bas du mont les tailleurs de cailloux font sauter les éclats sous les auspices de la « Coopérative romaine des ouvriers carriers et tailleurs de pierre siciliens » dont le local est tout proche. Il se dégage de ce quartier pour s'évaporer au sommet du mont dans l'air qui vibre une Beauté auguste, celle du travail, de l'humble effort, j'allais dire de la misère.

Le Testaccio eût mérité une place dans les œuvres où les peintres de la Renaissance, qui n'étaient pas tous des aristocrates, nous montrent le charpentier de l'Évangile, les bergers, les pêcheurs de Galilée, ou encore les habitants des faubourgs vaquant à leurs métiers tandis qu'en ville s'accomplissent les religieux mystères. Je n'ai jamais rencontré son effigie. Les artistes des xv° et xvi° siècles ne percevaient pas la personnalité des monts. Ils posent bien derrière leurs scènes religieuses ou historiques les monts Euganéens comme Mantegna, les collines de San Miniato et de Fiesole comme Angelico, les reliefs austères et suaves tout ensemble de « l'Umbria verde » comme le Pérugin, les âpres montagnes de Cadore comme le Titien et le mont Mario comme Jules Romain. Mais ce sont là monts antiques comme la Cosmogonie, et consacrés par la légende ou l'histoire : le Testaccio ne remonte pas si loin, ne monte pas si haut, et il est peuple. Il est deux fois beau pourtant : sa forme est harmonieusement ronde, comme celles que modelaient les coroplastes, et son expression est émouvante puisqu'elle dit la peine passée des pauvres gens et leur idéal de demain. Que Coppée ou Adda Negri, Raffaelli ou Steinlen viennent ici : ils y retrouveront la poignante poésie faubourienne, mais illuminée cette fois de la gloire du ciel romain. Les oripeaux squalides, par la magie de la lumière et de la couleur, prennent des airs de drapeaux : les drapeaux du labeur sacré. Comme tel chimiste virtuose se flattait d'extraire de l'alcool des bâtons de chaises, le Soleil, grand extracteur de quintessence, dégage de cette crasse une splendeur rayonnante, un nimbe, devant lequel la piété d'un artiste ou simplement d'un homme tomberait à genoux. C'est parmi ces *poverelli* que Benedetto, le Saint de Fogazzaro, vient renouveler l'apostolat mystique de saint François.

Sans doute on recueille çà et là autour du Testaccio d'autres impressions : dans la semaine, il prête sa solitude discrète à l'amour et à la mort. Quand le soleil descend derrière le Janicule, il étend son ombre comme un linceul sur le cimetière protestant où Gœthe aurait voulu dormir, comme son fils, et où sont recueillies les cendres brûlées de Shelley, sous les cyprès graves. C'est un désert très doux : la vapeur d'eau qui s'élève du Tibre et le crépuscule y posent une gaze de mélancolie. Les roses du cimetière épandent mieux leur parfum dans l'air sublimé du soir, les cloches de l'Aventin tintent plus cristallines : c'est l'heure merveille où l' « Enfant de Volupté », André, amène Marie ; la chute du jour, l'extrémité de Rome que clôt le mur d'Aurélien, le voisinage des morts, la fuite de l'eau, le déclin de leur amour, tout leur dit la fin de tout.

Mais, le dimanche, le Testaccio tend sa croupe au petit peuple en liberté. Pendant que papa se roule sur l'herbe rase les quatre fers en l'air, maman extirpe des pieds de salade (de la romaine, sans doute !) et le bambin force le grillon dans son trou. En bas les guinguettes retentissent dans leurs claies de roseaux des rires en goguette : on exhume des entrailles du Cyclope, qui restitue ainsi l'outre que lui offrit Odysseus, les fiasques frais, moites de sueur et qui sentent la paille. Autre jour, autre chanson ! Le Testaccio a supplanté le Mont Sacré dans la vénération du prolétariat : en mai 1906 j'y ai vu se tenir, vers le Mattatoio, la réunion du Comité exécutif de la « Camera del lavoro », à laquelle on avait interdit l'accès de l'Antiquarium. S'il est aride, « Germinal » y pousse encore : c'est le nom d'une section des Syndicats. Et dans les rues qui l'enserrent, régularisées comme doivent l'être les activités individuelles dans une démocratie un peu tyrannique, j'ai entendu crier l'*Avanti*, l'Avanti seul, qui répète tous les soirs au peuple en marche le chant d'un Tyrtée qui ne boite plus. Sa clientèle pullule, qui a pour lui le sou facile.

Je rentre à Rome par la via della Marmorata. Les ouvriers reviennent de leur journée ; autour du tramway soudain arrêté un rassemblement se forme : un moineau s'est échappé de sa cage, suspendue là à cette fenêtre entre un pot de géranium et une loque à sécher ; il sautille, sautille effaré, et va se cacher sous le moteur électrique. Et voilà les Lesbia plébéiennes, toutes à genoux dans la poussière de la voie d'Ostie, essayant de saisir le passereau que guette Proserpine. L'autre jour, sur la même route de Saint-

Paul-hors-les-Murs, un de ces bœufs à longues cornes de la Campagne romaine, que l'on menait à l'abattoir, s'évada. Peut-être avait-il vu, suspendus en effigie à la frise de quelque monument antique comme le mausolée de Cecilia Metella dit Capo di Bove, les bucranes de ses congénères. Il ne veut pas de cet honneur posthume : au moment d'entrer par la porte de San Paolo il tourne à gauche, court le long du mur d'Aurélien vers le Tibre. Le buttero, des paysans, des ouvriers qui passent s'élancent à la pourchasse, suivis à leur tour d'une populace en rupture de travail ; l'ample croissant des cornes s'abaisse, puis disparaît à la pente qui descend au fleuve. Et vraiment, c'était un spectacle de bas-relief orgiastique que cette théorie d'archigalles criant et gesticulant derrière la victime rétive au sacrifice....

Par-dessus l'enceinte aurélienne le vieux mont plébéien passait sa tête rase, ronde comme une amphore, et regardait....

II

SOUS LES MURS DE ROME

Il est naturel, quand on a ou qu'on croit avoir possédé Rome, de lui rattacher sa ceinture. Combien pourtant, parmi ceux qui se piquent de la bien aimer,

pensent à faire le tour de la muraille aurélienne?
C'est une des joies, je ne dis pas les plus vives, mais
les plus paisiblement pénétrantes que Rome réserve
à la piété de ses amants; on frôle ses flancs dans un
perpétuel tête-à-tête, on intercepte au passage le grand
colloque silencieux entre elle et la campagne qui vient
abdiquer à ses pieds, comme à regret.

C'est dans sa partie méridionale que le mur, qui a
16 kilomètres de tour, est le plus pittoresque. Entre
la porte San Giovanni et le Tibre il est quasi seul
entre deux néants, protégeant l'un contre l'autre; sauf
aux portes et aux faubourgs, en effet, la vie s'est
retirée, si bien qu'il flotte entre la Campagne et la
pseudo-cité comme un vêtement flasque entre un
corps amaigri et l'ambiance. Qui arrive de la place de
Venise par la via Appia a l'impression étrange que la
cité déchue finit avant d'être close. Et le mur ne fait
que scander, rythmer la solitude, car elle recommence
au dehors, au pied même du mur : solitude immense
qui entoure Rome de neuf cercles de silence et encadre
à souhait le lyrisme fiévreux de Gabriele d'Annunzio,
le grand Latin, quand il vient dans la malaria se
refaire une morbidesse. Les quelques traces d'activité
qui l'oppressent la font ressortir : un douanier chan-
tonne, un troupeau de bœufs chemine lourdement
vers le Mattatoio, une charrette de jardinier cahote,
des clairons et tambours de V. Emmanuel, rangés en
cercle, éclatent et tapent en un fracas qui brusquement
s'apaise. Rien de semblable à la banlieue animée des

grandes villes, de Paris par exemple, si souvent
exprimée en sa poésie populaire par le pinceau de
Raffaëlli ou la plume de F. Coppée : là les fortifica-
tions grouillent le dimanche d'une vie spontanée
sur l'herbe rase ; aux jours ouvriers l'aventure rôde le
long du fossé, les grêles cheminées d'usines raient
le ciel gris que les cloches jardinières essaient de
capter. Mais ici, de ce côté de Rome, en dehors des
grandes voies, la Campagne étale sa tristesse infinie :
le long du mur c'est la route de poussière, puis des
haies où palpitent de rares oiseaux, puis des potagers,
puis les lentes ondulations stériles. Et l'on se souvient
devant tout ce vert pâle du contresens si juste de
Rienzo sur le mot antique de *pomerium*, qu'il entend
pomarium : « le jardin fruitier de Rome ».

C'est donc le Mur qui attire et retient le regard. Il
marche pesamment, comme un vieux soldat fatigué
qui fait à intervalles des pauses, lesquelles sont les
portes, par intervalles aussi marque le pas là où sont
les tours. Il dévale des pentes du Cælius dans la vallée
de la Marrana, puis remonte un peu à la via San
Sebastiano pour redescendre insensiblement boire au
Tibre. Selon les besoins de la défense, il se replie vers
Rome ou pousse droit vers la Campagne ; entraîné par
la voie Appia, il se projette en avant en une pointe
formidable. Tantôt il se dresse vertical, tantôt il finit
en glacis penché comme s'il avançait un genou. Et les
tours, qui sont rondes aux portes comme pour atténuer
d'accueil leur méfiance, restent carrées à l'enceinte.

Comme il est bâti avec des siècles, ses assises horizontales ressemblent aux lignes d'un livre d'histoire. Aux briques d'Aurélien d'un rouge pâle se superposent les briques d'Honorius et d'Arcadius, qui sont jaune et rouge et séparent de leurs chaînons le petit appareil cubique de pierre ; par-dessus, les briques plus modernes s'entassent, de couleurs plus fraîches. Ce sont les restaurations successives qui se lisent ainsi de bas en haut. Élevé par Aurélien en 271, il est restauré en 402 par Honorius sur les conseils de Stilichon, qui connaît par expérience l'audace d'Alaric. En 536 Bélisaire, qui vient d'arriver à Rome, le répare pour résister à la poussée des Goths de Vitigès, qui lèvent le siège. En 547 il le répare encore pour faire face aux Goths de Totila. Regardez la porte Appia : voici à la base les blocs de marbre que Bélisaire arracha à un temple de Mars et aux tombeaux prochains, et, sur la clef de l'arc, autour de la croix bysantine circonscrite du cercle de gloire, l'inscription votive qu'il dédia aux saints grecs Conon et Georges, patrons de ses soldats. Pauvre Bélisaire ! L'enceinte garde d'autres souvenirs que ceux de sa valeur militaire : comme il habita le Pincio, la légende du peuple veut que, tombé en disgrâce, repoussé par l'impure Antonine, devenu aveugle, il ait tendu la sébile au passant à la Porta Pinciana ; et dans les temps modernes, Nibby dit avoir distingué encore sous la crasse des siècles le graffiti encastré au mur : « Donnez l'obole à

Bélisaire ». A ses restaurations celles des papes succèdent, plus visibles à l'œil nu sur ces briques que dans le Liber Pontificalis ou les documents des Archives Vaticanes. On se demande à quel moment ce Mur, que remua un perpétuel devenir, exista. Sa forme reste, mais sa substance a changé, sans cesse rongée par les assauts et le temps, restituée à mesure par les Empereurs et les Pontifes.

Voilà pourquoi il est divers et polychrome, comme une mosaïque. J'aperçois des tables de marbre posées en long, des morceaux de colonnes comme des rondelles de mortadelle, en vert antique, en porphyre rouge, en rouge de Numidie, en granit oriental ; des fûts cannelés et des éclats de chapiteaux. Tout près de la porte San Sebastino, un torse d'enfant, marbre blanc rosé qui frissonne comme un épiderme, est prisonnier. Dans la hâte de la peur, on prend tout pour renforcer le Mur ; avant de défendre la Cité et pour la mieux défendre il la désagrège, et sa validité martienne n'est faite que d'une agonie. Remis à neuf avec du vieux, recomposé avec de la ruine, il participe de l'émouvante beauté de Rome : phénix immortel, elle passe sa vie à renaître de ses cendres.

Les Goths sont partis, mais le Temps est encore là, Totila inlassable et toujours vainqueur. Il a fait courir des lézardes qui se chauffent au grand midi à côté des trous percés par les projectiles, tomber les créneaux, bomber la maçonnerie sous la poussée des terres et surtout des hauts vignobles. Le mur titube çà et là comme un vétéran légionnaire qui porte aujourd'hui la hotte de raisin sur le dos, et il a son plumet, cheveux au vent, pour avoir trop bu de soleil. Quand celui-ci se penche au ras de terre, le mur l'absorbe tout : il devient doré, puis rose, puis rouge, enfin violet et comme aviné. Puissante est la suggestion qui sort des choses! Aurélien qui l'a construit n'est-il pas le fils d'une prêtresse du Soleil? Sur sa monnaie d'or sa tête est radiée comme l'astre, et son nom en invoque l'éclat ; il élève à Rome au dieu de sa mère un temple où l'on prodigue l'or et les pierres précieuses, qui boivent et reflètent le Soleil dans leur belle eau. Il sacrifie à Mithra comme à son patron favori. Par-dessus l'enceinte le Soleil, entré par la porte Majeure, arrêté à midi sur la coupole du Panthéon dont l'ouverture circulaire absorbe son orbe, sorti enfin par les portes du Janicule crépusculaire, décrit régulièrement sa courbe quotidienne. Ce mur est cuit, recuit et ambré comme les ruines du temple de Baal à Palmyre, qu'Aurélien renversa. Et Zénobie, quand elle vint captive à Rome en 273, le vit terminé et l'inaugura de son infortune. Après avoir franchi ses portes derrière le char de l'Imperator à son entrée triomphale, elle sortit par la voie Tiburtine pour aller finir dans la villa d'Hadrien sa destinée de prisonnière. Mais elle est bien vengée : l'enceinte Aurélienne est une ruine comme celles de Palmyre et le désert qui enveloppait sa capitale est venu assiéger Rome.

Avec la paix le Mur s'est mis au vert, tel un retraité

qui pratique la campagne, porte des gerbes, et pique
des fleurs à son chapeau. Il est coiffé de végétaux qui
font avec ses briques une admirable harmonie. Par-
dessus les murs de l'ancien monastère du Latran, là
où s'étendaient jadis les jardins que Joachim et Pie
fleurissaient de leur innocence liliale [1], des pins parasols ébouriffés en coup de vent s'élancent vers
l'horizon des monts Albains. Non loin du bastion de
San Gallo un figuier se cramponne : ses figues, en ce
mois de septembre, sont mûres, trop vertes tout de
même parce qu'elles sont peu accessibles; des gamins
les regardent, puis leur jettent des pierres. Entre cet
arbuste et les vignes d'en face les voilà « moitié figue,
moitié raisin » ; et vraiment c'était inattendu de voir
ainsi accrochée au mur d'Aurélien la rondelette épi-
gramme de l'Anthologie [2] : « Passant, si tu rencontres
l'amateur de fruits Démocritès, dis-lui que moi,
figuier, je porte pour lui des figues blanches, déjà
mûres, régal friand que la Nature seule apprêta. Mais
comme j'occupe une place mal défendue, qu'il se hâte,
s'il veut le premier les cueillir sur mes branches
intactes. » Vers San Paolo les cyprès raides, lancée
droite, veillent sur le cimetière protestant où le fils de
Gœthe repose parmi les roses. Partout, sur la crête
brisée, les herbes folles et les giroflées virevoltent au
vent; romantiques à souhait, elles ont le sentiment
des ruines. Comment se fait-il que M. le vicomte René

1. Gebhart, *Autour d'une tiare.*
2. *Epigr. descriptives*, I, 569.

de Chateaubriand, si épris du pittoresque que composent à Rome les vieilles briques et les jeunes fleurs, ne soit point venu égarer ici sa haute mélancolie ?

Mais cette végétation n'arrive pas à recouvrir l'histoire. Bâti avec du passé, maçonné avec de l'âme, le Mur a une prestigieuse personnalité ; le silence qui l'entoure nous conte des Annales, et lui-même garde un souvenir marqué en chaque trait de son visage ; si bien qu'il me semble lire sur son pourtour comme sur le filet des monnaies auréliennes : « Dominus et Deus ». En 270, Aurélien est battu à Plaisance par les Alamans ; Rome prend peur, et le Sénat ordonne autour du Pomerium, à peu près où nous sommes le Mur et moi, une procession expiatoire, l'amburbium, accompagnée de chants sacrés. L'Empereur prend sa revanche à Pavie, mais, pour mettre Rome à l'abri d'un coup de main, il la munit en trois ans de cette enceinte de 16 kilomètres. Voilà comment elle a dans ses fondations, sous les briques, de la prudence stratégique et de la piété. Elle concrétise l'esprit même d'Aurélien : unitaire, militaire et religieux.

Mais les portes surtout parlent, comme des bouches. Les gares et lignes de tramways les ont dépouillées de leurs fonctions sacrées ; mais, au IIIe siècle encore, entrer dans la ville ou en sortir pour de longs jours est un acte religieux, auquel elles président du haut de leur cintre. En franchissant ce seuil où commençait, où finissait une partie de sa destinée, l'ancien, romain ou pérégrin, fait une prière sous l'arc auguste et grave. Joie du retour ou regret de l'éloignement, voyage, exil, amnistie, ont sanctifié durant des siècles ces baies énormes et remplissent d'âme le vide qu'elles circonscrivent. Écoutez Rutilius Namatianus, notre aïeul des Gaules, sous la porte d'Ostie : « Je couvre de baisers ces portes qu'il me faut quitter, c'est malgré moi que mes pieds franchissent ce seuil sacré. Mes larmes implorent son indulgence.... C'en est fait, je m'arrache aux étreintes de la ville aimée[1]. » Voilà pourquoi les fleurettes qui poussent entre les briques ressemblent à des bouquets d'ex-voto suspendus là par des nostalgies apaisées.

La porte Asinaria, aujourd'hui fermée, est une magnifique guerrière qui se souvient d'avoir vu Bélisaire en 535 et surtout Totila en 546 passer sous elle, de nuit, par la trahison des soldats isauriens. Les trompettes sonnèrent pour avertir les habitants de se réfugier au plus vite dans les églises : le Latran et la basilique Hélénienne en absorbèrent une grande quantité. L'immense place qui va d'ici à Sainte-Croix dans l'herbe et l'isolement semble témoigner encore que le Goth voulait faire de Rome « un lieu de pâturage ». Elle s'est appelée depuis porte Saint-Jean du Latéran : tout le monde sait, grâce au délicieux Jacques de Voragine[2], que là, selon la tradition, avait été cachée (latuerat rana, Laté-ran), puis fut retrouvée et brûlée la grenouille que les médecins de Néron

---

1. *Itinerarium de reditu suo*, I.
2. *Légende Dorée*, saint Pierre apôtre.

lui firent avaler pendant son sommeil parce qu'il désirait connaître une grossesse, et dont un vomissement l'avait « délivré ». La grenouille est revenue, tout comme le fantôme de Néron ne cesse de hanter Rome : je l'ai entendue ici noctambuler et coasser dans les humides soirs d'été.

La porte Appia ou Saint-Sébastien, la plus belle de toutes, est plus triomphale encore de souvenirs que belliqueuse d'aspect. Les siècles qu'elle superpose, de ses pieds de marbre à ses créneaux emmêlés de feuilles, «comtemplèrent » en 1536 l'entrée solennelle de Charles Quint à son retour de Tunis. Sangallo l'avait adornée de trophées et de peintures où l'on voyait un Romulus, les bras étendus, poser une couronne sur la tiare et une sur le globe : Romulus, fidèle à ses origines de paysan madré, ménageait la chèvre et le chou. C'est à Sangallo du reste que le Mur doit son détail le plus attachant : le bastion que Paul III lui fit construire en 1537 pour surveiller la Campagne entre les voies Appienne et d'Ostie. C'est une proue, un éperon de brique et de pierre qui fend les ondes de verdure, tout sculpté d'armoiries papales et empanaché de petits figuiers que le vent du large secoue. Nature, Renaissance, Pontificat militaire règnent là-haut sur les glacis, dont la décision redoutable m'a rappelé la citadelle de Pérouse : quel ingénieur que Sangallo, et quel soldat que ce Paul III! En 1571 la porte se penche sur l'entrée triomphale de Marc-Antoine Colonna, le vainqueur de Lépante, que j'ai déjà rencontré à l'Ara Cœli : il était suivi des dépouilles et des prisonniers turcs, des compagnies du Peuple, et des patrices de Rome « in abito di grande formalità[1] ». Mais aujourd'hui, lasse des pompes, elle n'encadre plus que la rusticité. Des bœufs à longues cornes, dont l'inflexion est pareille à son cintre renversé, et des petites jardinières chargées de légumes passent. Me voilà revenu en souvenir à Rome étable ou basse-cour, qui voit Jupiter dans l'aigle, Menerva dans la chouette et Juno dans le paon ; qui a pour enseigne une botte de paille, nomme une de ses portes du mugissement des bœufs, est sauvée par le cri des oies, et confond en son parler odorant comme la glèbe fertilité et bonheur, maladie du blé et calamité, sortir du sillon et délirer. La Patrie n'est encore pour elle que l'ensemble des terres que ses citoyens-paysans cultivent. Regardez ici l'enceinte aurélienne : sans doute Rome devenue grande capitale atteint aujourd'hui le demi-million ; pourtant la Campagne l'enserre et la pénètre ; à certains jours de fête, quand les contadins affluent, l'odeur du petit-lait et de la bouse de vache erre sur le pavé au cœur même de la ville. Je m'assieds sur la borne, j'allais dire sur le cippe pomérien, tout près du charretier, pendant que la douane ausculte les sacs de pommes de terre et les paquets de fenouil ; les grands bœufs nonchalants, l'un contre l'autre arcboutés, marchent pesamment au sacrifice, et les moutons

---

1. Cf. *le Mura di Roma*, Cesare Quarenghi, Roma, Lœscher, 1880.

passent avec un piétinement multiplié qui fait sur la poussière comme une pluie de juin. Voilà pourquoi dans l'invocation byzantine de là-haut, Ἅγιε Γεώργι, je ne veux voir que le sens originel du nom propre de Georges : « Saint Travailleur de la Terre! » Le monogramme constantinien qui l'accompagne, avant de saluer l'après-midi les processions de pèlerins ou de touristes qui se rendent aux Catacombes, bénit à la grecque, dès l'aube. la Géorgique lente qui chemine.

L'originalité de la porte San Paolo, c'est qu'elle encadre un tombeau, la fameuse pyramide de Cajus Cestius du collège des Septemviri Epulones. Elle est le prototype de ce décor égyptien qui passionna les anciens avant d'envahir l'art moderne, surtout l'art de notre xviiie siècle finissant, du Directoire, du Consulat et de l'Empire. Chère pyramide familière! Même quand on est loin d'elle, on s'y heurte partout à Rome, dans la légende, dans les tableaux et fresques, sur les tombeaux. Après avoir été le « Sépulcre de Remus » où s'arrêtaient les tributs d'or que les villes sujettes envoyaient à Rome dans des amphores, elle orne les œuvres de Cosimo Rosselli (Gal. Colonna), de J. Romain (Harangue de Constantin), du Poussin surtout (par ex. : Moïse sauvé des eaux), de Panini et d'Hubert Robert. Le Bernin la reproduit en mausolée çà et là, à Santa-Maria del Popolo particulièrement, pour abriter les cendres de Sigismondo et d'Agostino Chigi, Pharaons de la finance. Tout le néo-classicisme de l'époque se cris-

tallise à sa cime pointue, où se joignent et se touchent
le prestige de la vieille Égypte, la gloire de Rome et
l'idée de la mort. Près d'elle il fallait passer, au moyen
âge, pour aller vers l'auguste basilique de l'apôtre
Paul ; aussi est-ce une autre originalité de la porte
San Paolo que d'ouvrir l'accès vers un des lieux les
plus saints de Rome : tout le moyen âge a défilé sous
elle pour aller là-bas faire ses dévotions ; et le Pogge
nous conte comment, par une belle lune, un Romain
allant soigner ses vignes vit hors de la porte d'Ostie
une femme qui marchait devant lui : des pensées
libertines l'assaillent, il assaille à son tour la femme,
« et, quand ce fut fini, elle disparut en laissant une
odeur de souffre [1] ».

Après l'archéologie, après la légende et l'histoire,
l'épigraphie et l'héraldique chétiennes trouvent à
cueillir sur le mur d'Aurélien. Il est couvert des inscriptions et armoiries des Pontifes restaurateurs, cartouches de marbre incrustés dans la brique, qui font
l'effet de la soutane blanche pontificale parmi la
pourpre cardinalice. De la porte San Giovanni au
Tibre le chêne des **La Rovere** pousse sur le mur, les
lys Farnèse sont plantés en rang d'oignons, l'abeille
des Barberini butine le miel des souvenirs, la colombe
d'Innocent X se pose avec son rameau d'olivier au
bec, les *palle* des **Médicis** sont fichées là comme de
petits boulets, et le lion de Pie IX vers la porte Saint-

1. *Facéties*, CVI.

Paul se dresse comme à l'escalade : je me demande si c'est pour entrer ou pour fuir !

Mais deux stemmes surtout m'ont frappé. D'abord la tiare et les deux clefs croisées de Nicolas V, le pape exquis de la Renaissance chrétienne, avec son monogramme en briques verticales, Dans un pavement en majoliques du château Sant Angelo j'y ai vu ajouté, bleu sur blanc, un dais ou parasol frangé, petit parasol de plage ou de jardin japonais : c'est le dais pieux et pacifique qui protège l'hostie, symbole de l'amour et du sacrifice d'un Dieu, et ce sont les clefs qui ouvrent désormais l'accès du Vatican, du monde chrétien, du ciel même à la Beauté et à l'Art. On comprend que Nicolas ait fait graver autour de l'effigie des remparts sur la médaille commémorative de ses restaurations l'antique exergue : « Roma Felix ! » Que ses armes sont charmantes à côté de celles d'Alexandre VI Borgia ! Il est vrai que le taureau est bien à sa place ici ; car il regarde la campagne où paissent ses congénères entre des enclos, et il est sur le chemin du Mattatoio vers lequel ils défilent, au pied du Mur, pour l'hécatombe de demain. Et je songe, en les voyant eux et lui, à la part énorme qu'il a au passé de Rome. C'est lui précisément qui traça, selon Tacite, l'antique pomerium ; il donne son nom à une des premières portes du village palatin et participe aux stratagèmes des paysans du Samnium contre Hannibal. Partout cette race de paysans, qui vit près de l'étable, met le mugissement et l'odeur du bœuf. Sa

masse lourde se profile sur l'æs signatum du Latium,
et vous pourrez voir au musée Kircher, comme en
une Exposition de Concours agricoles, les numéros
primés. Il creuse les sillons des « Georgiques » et
rumine dans les fermes modèles de Columelle ; son
bucrane desséché est suspendu à la frise des monuments, sa graisse chargée de bandelettes processionne
sur les bas-reliefs du culte. A la fin de l'Empire il
tombe dans les tauroboles sous le couteau de Mithra,
comme près d'ici sous le marteau des bouchers. C'était
la destinée du peuple Romain d'avoir un jour pour
pape un Espagnol qui tirerait des manades de Valencia
le toro parlant de ses armoiries : Alexandre VI le fait
peindre et mouler en stuc dans les appartements
Borgia où il perpétue le mythe d'Apis et d'Osiris ; et
du haut de ce mur, quand je lève la tête, je crois
entendre l'écho du *meuh* formidable que le Pontife
aux fauves instincts poussait à certains jours sur la
Rome d'Augias. Écoutez maintenant dans la Campagne
romaine ce beuglement véridique, profond comme le
passé et large comme le Latium : il porte des réso-
nances d'Histoire qui ébranlent l'espace et s'élargis-
sent, indéfinies, pour venir se heurter au Mur. Toutes
les fois que je rencontre le taureau dans les bas-fonds
fiévreux de ces solitudes, siégeant gravement entre
ses cornes, ou encore cheminant comme ici sur la voie
du sacrifice, je le reconnais et je l'aime : il est un peu
aux humanistes, aux romanisants, ce qu'il était pour
notre animalier Constant Troyon : « un vieux frère ».

Mais le soir tombe, et les cornes du croissant lunaire pointent dans le crépuscule par-dessus le Mur d'Aurélien : rentrons dans Rome.

III

DE DOMITILLE EN COMMODILLE

Rien ne bouscule la sensibilité comme d'aller par la voie delle Sette Chiese de catacombe en catacombe à travers la mort et la foi à l'immortalité, la fièvre des marécages et la joie dionysienne des vignes.

Avant d'aller aux catacombes de Commodilla, récemment découvertes et qu'on inaugure cette après midi, je passe devant le cimetière de Flavia Domitilla et ne puis me tenir d'en revoir l'atrium. Celle qui fit construire pour ses humbles frères du christianisme, dans ses propres domaines, cette demeure funéraire, était de la famille impériale des Flaviens et la propre nièce de Vespasien. La superstition venue d'Orient, qui avait été jusqu'ici réduite aux petites gens et à quelques égarés de l'aristocratie, elle l'installe au Palais des Césars. Il est vrai que l'exil la punit. Mais elle a aujourd'hui autour d'elle le renom de l'histoire, le nimbe de la sainteté et le prestige captieux de la légende : Jacques de Voragine [1] nous conte comment Nérée et Achillée,

1. *Légende Dorée*, LXX.

qui étaient émasculés, lui vantèrent la gloire de la virginité. Ils eurent la tête tranchée et Domitilla fut reléguée dans l'île de Pont. L'exil ne la dompta point. Alors Aurélien, son fiancé, qui avait un frère nommé Luxurius, se rendit auprès d'elle avec deux jeunes gens et trois jongleurs, afin de célébrer son mariage avec elle. Il la met de force sur sa couche, ordonne aux jongleurs de chanter, aux deux jeunes gens de danser avec lui, et se veut entraîner de la sorte à mettre à mal la jeune puelle. — Mais bientôt les jongleurs se lassèrent de chanter, les deux danseurs de baller, et lui, emporté par le vertige, ne s'arrêta point de tourner, tant qu'à la fin de fatigue il trépassa. Domitille a reposé près d'ici, ainsi qu'une Flavilla dont le monogramme exquis est accosté d'une colombe, d'un Flavius Sabinus qui fut petit-neveu de Vespasien, un Flavius Clemens qui fut cousin de Domitien, et la « très douce » Petronilla de la famille des Aurelii.

Leur souvenir m'est présent dans ce vestibule authentique où ils sont venus, où ils se sont assis sous ces fresques, si expressives de leur nouvel idéal. A l'entrée, sur le stuc d'une paroi de briques, une Psyché ailée cueille les fleurs du Printemps Éternel pendant qu'Eros, nu comme un génie Pompéien, verse de son côté dans une corbeille sa cueillette éclatante et parfumée. La malaria n'habite point cette campagne mystique où les âmes et l'amour divin errent dans la félicité. En haut, sur la route, il y a non loin d'ici autour d'un oratoire un petit parterre de verdure et de roses; « Paradiso », dit l'enseigne : le langage de tous n'a fait que consacrer l'image jolie que le christianisme, depuis le peintre du 1ᵉʳ siècle jusqu'à Fra Angelico, s'est faite du séjour des élus : un jardin fleuri où rien ne fane, où il n'y a pas que les immortelles qui ne soient point éphémères. A droite s'ouvre la chambre de réunion avec sa banquette peinte au minium où se sont reposés les frères de la petite communauté; puis deux cubicules ornés de génies et de fleurs pour égayer les agapes funéraires. Ces agapes, on y peut assister un peu plus loin : autour d'une table où sont posés le pain et le poisson, dont le nom ésotérique et mystique offre les initiales de Jésus-Christ Sauveur des hommes, deux convives sont assis et servis par un ministre debout. C'est, sous terre, le banquet céleste. A gauche du vestibule, voici la chambre creusée d'une cisterne avec son couvercle de pierre et des amphores : là on puisait l'eau lustrale et la boisson pour les repas sacrés. Tout cela est minuscule et charmant : on y revoit la petite famille chrétienne resserrée dans l'intimité, choyant ses morts qui vivent l'éternité là, tout près, et pratiquant son culte symbolique dans un décor où les profanes auraient cru reconnaître les Champs Élysées, où les initiés savaient deviner le Paradis.

Mon cicerone est cette fois un des maîtres-maçons qui restaurent la basilique souterraine des Saints

Nérée et Achillée : taché de plâtre, il ressemble à s'y méprendre à un de ces fossores dont l'image est fixée aux parois des catacombes qu'ils ont eux-mêmes creusées. Il achève de manger un morceau de pain; les miettes tombent sur le sol humide du cubicule où Domitilla, Flavilla, Petronilla vinrent rompre le pain et se nourrir sous ces espèces de la chair de Jésus. Quels jolis noms que ceux de ces chrétiennes! A mesure que s'avance la décadence impériale les noms se dévirilisent : Antonius devient Antoninus, Augustus Augustinus, Faustus Faustinus ; les noms féminins surtout vont diminuant, pour n'être plus que des.... diminutifs. Voici la petite Domitia, la petite Petronia, la petite Flavia, comme qui dirait la Blondinette. Leur grâce légère, qui semble avoir deux ailes (tant pis pour le jeu de mots) sied à ces âmes qui connurent la joie de l'exaltation. Car le public peu instruit s'y trompe : ce christianisme souterrain n'a rien de triste. L'ambulacre où nous descendons en pente douce est tout fleuri de la vigne eucharistique aux innombrables volutes où des amours se jouent; elle ombrage aussi le caveau d'Ampliatus, parmi des paysages qui circonscrivent de l'infini.

*
* *

Paganisme riant du décor, allégresse de la foi, perpétuels symboles d'immortalité, solitude peuplée, tout cela change quand je ressors au niveau de la

Campagne romaine. Sur les ondulations du terrain l'herbe maigre a la fièvre : jusqu'à la Sabine bleue et aux monts Albains plus sombres presque rien, que des tombeaux, quelques fermes. Le mausolée de Cecilia Metella se dresse solitaire sur la voie Appienne, avec ses créneaux en queues d'hirondelles : on dirait qu'un vol las s'est posé sur sa crête. Plus près, c'est la Tor Marancia, où l'on a trouvé ces admirables peintures de l'antiquité, Pasiphaë, Phèdre, Scylla, Myrrha, Canacè, qui se reposent aujourd'hui dans la bibliothèque vaticane et dans les tercets du Triomphe de l'Amour de Pétrarque[1]. Fièvre de la malaria, fièvre de la passion, tout consume ce paysage. Dans le fond, un massif épais d'eucalyptus dit le courage désespéré avec lequel les trappistes des Trois-Fontaines luttent contre le mal que cette terre couve.

Pourtant, cette humidité funeste c'est le suc, le sang généreux de ces vignes. Elles bordent sur la droite et un peu sur la gauche la via delle Sette Chiese où je poursuis ma marche, j'allais dire ma paisible bacchanale : vignes de Mérode, Nicolaï, Armellini, Artero, Giuseppe Fiori. Elles sont un des traits de la banlieue de Rome, où elles perpétuent le souvenir des grands domaines d'autrefois. Bourgeois riches, cardinaux, papes allaient à cheval, à dos de mule, puis en carrosse, enfin en chaise, humer aux

1. II, derniers tercets.

heures de loisir l'air et le vin du Latium. On sait que les Romains, dit le Pogge, ont l'habitude de bien soigner leurs vignes, et Sadolet déclare « qu'un chacun s'en va prendre son plaisir à sa vigne avec les amis ». Dans Rome même elles étalaient de larges plaques rustiques : c'est dans la vigne de Vannoza, mère de César, près de Saint-Pierre-aux-Liens sur l'Esquilin, qu'Alexandre VI Borgia aurait été empoisonné. Il en reste encore quelques-unes, sur le Palatin autour de Saint-Bonaventure, sur l'Aventin, sur le flanc est du Janicule ; mais aujourd'hui (comme autrefois) c'est surtout hors de Rome qu'elles se donnent de l'espace. Quand on sort de l'enceinte aurélienne par les grandes voies, on longe interminablement leurs murs monotones qui interceptent l'horizon. Car le vignoble n'est pas toute la vigne : en général, un portail monumental fermé d'une grille y donne accès, parfois un écusson dit l'antiquité de la famille, et de grands piliers supportent les boules de tuf traditionnelles. Derrière, un ou deux pins parasols, qui donnent la note seigneuriale, prêtent leur ombre au fermier ou au maître quand il pénètre sur le seuil ; une ferme sur escaliers, le casale, chauffe sa lèpre au soleil, quelques chevaux maigres, quelques bœufs à longues cornes où le panorama de Rome s'encadre broutent le tuf, et, sur les ondulations, les vignes appuyées aux faisceaux de roseaux ont l'air de bataillons campés qui laissent reposer leurs armes. A vrai dire, ce n'est ici qu'une avant-garde : les légions innombrables couvrent les monts Albains et les pentes de la Sabine; là, sur chaque faisceau, des milliers de centurions (ceux qui dorment sous le sol sans doute !) ont posé leur « cep » où repoussent déjà quelques feuilles ; on les dirait à l'étape pour célébrer avec des libations la fête de Bacchus Liber. Et c'est pourquoi l'on a retrouvé sur ces terres, surtout vers la villa d'Hadrien, tant de Bacchus en marbre blanc ou en rouge antique, qui cuvent dans les galeries du Capitole, des Thermes, du Vatican et de Naples la joie orgiaque de cette campagne, et lèvent encore la grappe en riant. Ici le cep puise sa sève au christianisme ; vigne eucharistique sous terre, vigne réelle au-dessus : on dirait que les racines de celle-ci refleurissent en symbole au fond des catacombes, dans le caveau d'Ampliatus. Toutes en effet plongent sur des cœmeteria ou des hypogées antiques. Ici le lieu commun est de mise : le vin des bons vivants est sécrété par la terre des morts.

Ceux-ci d'ailleurs nous parlent même au ras de terre. A l'entrée d'une vigne, les bornes qui flanquent la porte sont des fûts de colonnes ; le mur de clôture encastre dans ses briques des plaques de marbre blanc, des éclats avec des dessins d'imbrications, des fragments de bas-reliefs, entrelacs et rosaces. Sur un débris je distingue une lance et un bouclier qui ornaient sans doute quelque tombe militaire, sur un autre VIRO DECVR... HORATI SOROR... Près d'un portail est fixée une tête antique, un Jupiter probablement, barbue et chevelue, surmontée d'une tour comme le Jupiter d'Otricoli au Vatican; il est le custode de la vigne après avoir veillé sur les latifundia. Étrange terre où l'humanité se compose de plus de morts que de vivants! Et dans les choses rien ne se perd, tout se transforme. Ici la loi de l'évolution est partout visible à l'œil nu.

*
* *

De vigne en vigne me voici arrivé à celle de M. le chevalier Serafini. C'est l'antique domaine de Commodilla, qui en donna comme Domitilla une partie à ses frères chrétiens pour y dormir « in pace ». M. Serafini, dont le nom est séraphique, a fait comme elle : il a prêté ou loué son terrain pour recreuser, déblayer les catacombes ensevelies sous l'oubli et les terres. On les rouvre aujourd'hui solennellement, et c'est une chance de pouvoir revivre quelques heures chez les morts la vie paléo-chrétienne.

On a érigé un décor de fête : sur le portail le chrisme constantinien est fixé, un grand lustre byzantin en bois est suspendu, que de fausses gemmes adornent. Derrière, s'étalent des prairies poudrées de soucis jaunes et de marguerites, où des vaches indolentes paissent. Une petite foule s'agite autour d'une cabane; je m'enfonce dans le trou noir, je descends précautionneusement les marches creusées dans le tuf il y a dix-sept cents ans, rongées par l'humidité, usées par les sandales des pèlerins. A la lueur falote du lustre je distingue les stries dont la pioche des fossores a blessé le tuf. Enfin, tout au fond, s'élargit la crypte cimetériale, vraie petite basilique, où sont inhumés les saints Félix et Adauctus. Ces catacombes sont à la fois immenses et petites ; c'est que la pensée qui les a disposées est surtout associationniste ou collective : une foule innombrable s'y loge, mais à l'individu la place est strictement mesurée, sauf quand la personne humaine sanctifiée par le martyre prend une valeur ineffable qui la rapproche de Dieu. Et encore ! Dans cette crypte funéraire comme dans les basiliques officielles les saints sont souvent réunis, ne fût-ce que deux à deux, comme Pierre et Marcellin, Nérée et Achillée, Cosme et Damien, Jean et Paul, ici enfin Félix et Adauctus. Non seulement, en effet, la contagion du martyre les a joints souvent l'un à l'autre, comme cet anonyme qui voulut suivre Félix au supplice et qu'on appela faute de mieux l'Ajouté, l'Adjoint (Adauctus), mais encore dans la sainteté l'individu perd son moi, centre d'orgueil ; et le principe de l'église, *ecclesia*, c'est-à-dire assemblée, est le même que celui de la *Religio* qui « relie » les hommes dans la foi et le culte. Voilà pourquoi dans ce monde immense de la mort la basilique est étroite comme une chapelle. Cette exiguïté matérielle, d'ailleurs nécessitée par les circonstances de l'excavation, n'est que la figure de l'intimité morale où les premiers chrétiens, serrés les uns contre les autres, se sentaient les coudes comme nous.

D'un lucernaire un peu de ciel tombe, pose un nimbe autour des fronts, distribue sur les loculi scellés de briques où dorment encore les défunts une clarté qui n'est ni celle du jour ni celle des lampes : elle est quasi surnaturelle. C'est la grande trouvaille de l'art chrétien, si ingénieux au clair-obscur, depuis les catacombes jusqu'aux cryptes romanes et nefs gothiques. Comme aux iie et iiie siècles pour l'Ecclesia on a suspendu des couronnes de violiers et de pensées, des guirlandes de buis amer et des palmes nazaréennes. L'odeur de la cire qui brûle et de la terre humide se mêle à leur parfum ; accablé de sensations, oppressé du souterrain et des siècles, je me laisserais aller à terre ; mais la communauté bariolée qui est là me tient en éveil ; ce sont des séminaristes de toutes nations, donc de toutes couleurs, des prêtres, des moines surtout dont le costume est presque antique. Près de moi des étrangers sentent la peau d'Espagne ; au fond, des contadines, trayeuses de vaches de M. Serafini, suintent le petit-lait. Rappelez-vous les temps quasi apostoliques où se réunissaient autour des tombeaux l'artisan et le patricien, et aussi les envoyés des sept Églises d'Orient, et vous comprendrez mieux le sens du mot *Catholicon.* Cette religion nouvelle, pour quelque temps du moins, nivelait les hiérarchies et confondait les races en supprimant l'espace.

Le silence se fait tout à coup dans la crypte, et le

professeur Orazio Marucchi, de la Commission d'Archéologie sacrée, déroule le passé de ces catacombes. De son masque vitellien (quelle ironie!) sortent de beaux mots italiens et latins, lentement et fortement rythmés, qui tombent dans le silence comme des gouttes de bronze. A peine a-t-il fini, que les cierges s'allument dans l'abside, les litanies des saints se lèvent reprises par l'assistance, et aussitôt après la procession s'ébranle et s'enfonce dans les galeries ténébreuses. Je ne perçois bientôt plus dans les profondeurs qu'une lueur qui vacille, un écho étouffé; les nuages de myrrhe estompent tout dans leurs volutes.

Me voici donc seul avec les inscriptions et les fresques. Mais quelle solitude innombrable! Sur leurs plaques de marbre tous ces morts me parlent d'eux-mêmes : la truelle me dit que celui-ci fut maçon, le baril que celui-là fut tonnelier; partout la feuille de lierre ou la colombe au rameau d'olivier disent que tous s'attendaient à l'immortalité. Mais cette figure m'attire : la matrone Turtura s'est fait peindre au vi⁰ siècle aux pieds de la Vierge et des deux saints patrons Félix et Adauctus; elle écarquille des yeux fixes pleins d'infini et d'éternité : ce sont les mêmes que ceux de Myrrha ou de Pasiphaë, ses voisines de Tor Marancia, les pauvres passionnées. Émouvante analogie! Ici et là, très grands et sombres ils captent toute l'ombre, l'ombre de la chambre funéraire païenne, l'ombre de la crypte cimetériale. Et pourtant une flamme intérieure les anime : ils brûlent d'ardeur, mais là-bas c'est la passion, ici c'est le mysticisme. Irradiés, enfiévrés comme tout le paysage qui enveloppe Tor Marancia et mes catacombes, ils se souviennent d'Alexandrie ou de Byzance et en gardent la nostalgie. C'est là sûrement que le peintre a puisé les principes de son art : païen ou chrétien, qu'il soit du 1er siècle ou du v1e, il obéit à l'esthétique de sa cité, de sa civilisation, qui tantôt diminue et tantôt exalte les puissances humaines. A Pompeï il m'offre des petits génies artisans qui sont des miniatures de l'humanité, ici et à Tor Marancia il nous présente des êtres qui d'un bond s'affranchissent d'eux-mêmes pour se perdre dans l'infini. Précieux, lyrique ou ascétique, il ne connaît guère l'état normal, la commune santé de l'âme humaine. Pour que les yeux que voici reflètent des sentiments ordinaires et reviennent à la mesure de tous, il faudra attendre la Renaissance du xive siècle : la Vierge de majesté de Duccio de Boninsegna, dans son tableau de l'Œuvre en 1311, a pour la première fois des yeux en amande, dont les paupières demi-closes semblent restreindre le champ de ce qu'il faut aimer, pour le mieux aimer. Douceur, tendresse, recueillement ont remplacé extase ou frénésie, Sienne a remplacé Bysance. Mais qui dira la beauté de ceux-ci, et surtout leur attrait morbide? A les regarder, seul à seuls, comme je comprends que Taine ait chèrement caressé un projet que la mort seul intercepta : étudier les deux civilisations transitoires où l'âme humaine a perdu son équilibre et presque changé son essence : Byzance et Alexandrie. N'est-il pas curieux que ce savant, qui finit dans une certaine rigidité protestante sur les bords d'un petit lac suisse, se soit épris de ces mondes décomposés où quelque chose de nouveau fermentait? Quoi qu'il en soit, la donatrice, jolie mais grave d'exaltation contenue, penche la tête sous les longs doigts effilés de la Madone. Elle s'appelait, dit l'inscription, Turtura, et tourterelle (turtur) elle était vraiment, car elle avait la pureté et les ailes pour voler à Dieu. Un pieux pèlerin du VIe siècle, très plébéien sans doute, et très méfiant, a gravé au couteau dans un coin de la fresque : « *Non dicere ille sicreta alla bocce*, ne pas révéler le secret avec la bouche », précieux graffito où se mêlent encore le latin qui va disparaître et le parler vulgaire des temps nouveaux.

Enfin! me voici remonté sous le ciel bleu dans l'allégresse des choses. Les vaches du chevalier Serafini se sont approchées; de leurs grands yeux doux où se mirent les prés elles regardent émerger un à un ces gens qui prenaient plaisir sous terre, près des trépassés. Leurs mamelles pendent jusqu'au sol, dont la sève a fait leur lait. Et dans le chemin qui me ramène à Saint-Paul, c'est un vacarme de nids et de chants; on quitte la désolation de la Campagne romaine pour traverser en tranchée les collinettes de San Paolo coiffées de verdure; moineaux, pinsons, merles font l'amour pendant que la Nature fait le printemps, tout fait la nique en cet avril grisé à la mort, à l'immortalité et aux martyrs. Près de la Basilique patriarcale les paysans, attablés dans les osterie, en plein air, caressent la panse de leurs fiasques cuirassés de paille : au contact des catacombes s'est tenu frais le bon vin qui leur fait prendre goût à la vie.

VI

DANS LA CAMPAGNE

I

LES GRÈVES DU MONT SACRÉ. — LE PASSÉ VIVANT

Le mont Testaccio a vu les ébats du peuple : le mont Sacré fut témoin de sa colère. Non pas de celle qui se rue à la violence, mais qui triomphe de l'oppression en se maîtrisant elle-même. Sa force lui vient de la conscience du droit. Protestation organisée, silencieuse, quasi solennelle par son unanimité, elle est la première des grandes grèves historiques et confère au piédestal qui la porta, colline de tuf à quatre kilomètres de Rome, la majesté sacro-sainte d'un autel. Étrange destinée des mots! Les plus anciennes revendications populaires s'élèvent ici sur des collines, l'Algide, l'Aventin, le mons Sacer; mais chez nous la grève, avant d'être le refus du travail, est la rive sablonneuse, proche la Maison de ville, où l'ouvrier oisif flâne côte à côte avec le flot de Seine. La « Grève du Mont », voilà une de ces savoureuses alliances que se permettent les jeux du langage et du hasard.

En allant sur la voie Nomentane j'ai beau écarter tout ce passé. Ce passé, c'est le présent, c'est l'incroyable suggestion des lieux. Rome encore aujourd'hui est le commentaire le plus évocateur de sa propre histoire : douée plus qu'une autre d'éternité, les sites y changent peu d'aspect, et tout de suite on y voit surgir le souvenir des passions qui y furent semées, y prirent la saveur du terroir et d'ailleurs sont éternelles comme eux. Tout ici s'achemine au prolétariat : j'ai quitté à la porta Pia le plus riche, le plus moderne quartier de Rome, je laisse à droite les villas Patrizzi, Torlonia, Mirafiori qui mettent entre elles et la promiscuité de la voie des cyprès prétoriens, au port d'arme; la basilique Sainte-Agnès m'offre en passant l'éclat de ses marbres précieux, la somptuosité byzantine de sa mosaïque absidale; puis, après la villa Crostarosa, dernière oasis de richesse patricienne, c'est le faubourg pauvre, c'est la plèbe. Une osteria propose par un graffito analogue à ceux de Pompeï des « œufs de la journée », une autre son « optime cuisine ». *Alla Collina del Chianti* un orgue de barbarie moud de la musique, et deux couples tournent, tournent. Sur le pont Nomentane je traverse le Teverone; lui aussi, descendu de l'aristocratique Tivoli, s'est fait plébéien : il rôde dans la campagne, en zigzags comme un chemineau, il est jaune, il a la fièvre. Je croise des butteros sur leurs petits chevaux poilus, la pique en travers de la selle, et après une « Vacherie Vieille » où des troupeaux paissent le tuf, me voici au pied du mont Sacré.

Pour de si grands souvenirs quelle collinette! Trente-sept mètres à peine : une rondeur de bonhomie, une trattoria dans des treillis de roseaux, et tout autour l'herbe rase. Entre ses deux croupes une petite vallée, où blanchit comme une toge enlevée par le vent à une boutique de foulon : c'est une nappe de marguerites. Le gamin d'en bas qui me talonne m'offre du vin blanc et des salumi, et je m'assieds à la table crasseuse, là où le crasseux Menenius Agrippa conta aux grévistes affamés la fable des membres et de l'estomac. Car c'est ici, en dépit des controverses. La tradition est là, puis la distance de Rome, trois milles, donnée par les historiens, puis l'éloquence même des lieux : la colline est enserrée par un nœud de l'Anio, donc admirablement défendue; elle domine la voie Nomentane là précisément où la voie le franchissait dans l'histoire; et si elle est arrondie, adoucie, c'est que depuis la grève l'usure du temps et des pas, qui ne font grève ni l'un ni les autres, a effacé les arêtes comme les rancunes.

Donc, l'an 494, les fermiers qui composent l'armée ne sont pas contents [1] : chaque fois qu'après la guerre ils rentrent à la ferme, c'est pour retomber sous la dure loi des débiteurs; si la récolte est maigre et qu'il faille demander au patron une avance de blé pour

---

1. Tite-Live, II, 32.

vivre et pour ensemencer, ils doivent restituer en intérêt un boisseau sur quatre ; s'ils empruntent une vache, une brebis, ils doivent ajouter à la restitution un veau, un agneau ; s'ils sont insolvables, c'est la prison, le travail ou la vente de l'esclave. Les aspects éternels me remettent cette vieille histoire sous les yeux. Voici les *casale* où travaillent les arrière-neveux de ces fermiers : eux aussi ils quittent la ferme pour le régiment et y reviennent, mais souvent mécontents de l'État et du propriétaire. Voici paître les vaches de la vaccheria Grannini : elles posent sur le pré avec la gravité du bronze, telle la vache qui alourdissait de sa masse le massif as latin, rare encore au temps de la grève ; avant d'effigier la monnaie, les vaches sont elles-mêmes la monnaie.... Un jour que l'armée est sous les armes aux portes de Rome, elle quitte son chef, son camp, et, conduite par ses tribuns militaires, plébéiens comme elle pour la plupart, marche en ordre jusqu'ici, monte sur cette colline qu'entoure l'Anio, creuse tout autour un fossé bordé d'une palissade et se prépare à fonder la cité nouvelle de la plèbe. A cent mètres de moi une ruine insignifiante perpétue pour mon imagination le souvenir du camp fortifié, et ces pauvres gens en rupture de travail qui grimpent sur les lacets semblent les attardés, les traînards de la grève antique....

Ils attendent ; Tite-Live dit : quelques jours. Républicain secrètement sympathique aux grévistes, il lui serait difficile d'expliquer comment ils vécurent. Très tranquilles, dit-il, ils ne prirent que juste ce qui leur était nécessaire ; la modération des nécessiteux, c'est un lieu commun des politiques qui font de la morale aux hautes classes de leur temps et des rhéteurs qui font de l'histoire. Mais l'Histoire toute pure[1] dit : quelques mois, et qu'ils pillèrent congrûment tout le district. Ils l'avaient d'ailleurs fort bien choisi, comme le plus riche de ce pays sabin, et la bourgade sabine de Crustumeria leur était une réserve à portée de la main ; son nom même a un parfum de gâteau, crusta, que la villa Crostarosa (étrange coïncidence !) semble perpétuer ; et toutes les *osterie* du bord de la route font aujourd'hui avec les œufs « de la journée » et du lait de délicieuses crostas. Il est donc inutile d'invoquer pour les plébéiens, comme fait la légende, l'assistance d'Anna Perenna qui venait, paraît-il, leur apporter chaque jour des gâteaux tout chauds. C'était une déesse, ne vous déplaise, très aimée de la plèbe et qui l'aimait. Ovide nous conte que les petites gens de son temps venaient tout près d'ici la fêter en buvant sec le vin du Latium, j'allais dire des Castelli ; et sur la route Nomentane que voilà, le soir, à l'heure où Pan fait danser ses chèvres dans le clair de lune, ils rentraient à Rome bras dessus bras dessous, en titubant ; devant notre Ovide en gaieté, une vieille ivre traînait son vieux, ivre[2]. Qui sait si ce n'était point Anna elle-même ? Car je la connais, vous la connaissez : on l'a

1. Cf. Mommsen, t. 1.
2. *Fastes*, III, v, 523-675.

ramassée là-bas, sur la voie Nomentane, à la place où elle était tombée, saoule, un soir de fête. On l'a pieusement transportée dans un hospice, je veux dire au musée du Capitole, car les musées sont les hospices des dieux. Tête renversée, yeux perdus, elle crispe sa main sur le goulot de l'amphore et fait glou-glou dans sa gorge. Les Romains l'appellent familièrement la *Vecchia Ebbra*, et les visiteurs plébéiens du dimanche *rigolent* devant la bonne aïeule qui savait déjà (on parle de progrès!) noyer la raison soucieuse, et consacrait de sa divinité l'oubli qu'on puise au flasque. Ses gâteaux et son vin ne seraient point superflus aujourd'hui, car Crustumeria n'est plus, et sur ce district si fertile, où les grévistes stipulèrent leurs conditions parmi les stipules du blé, l'herbe des *latifundia* et la fièvre des marécages se sont triomphalement étendues. La misère y vient bien : sur la colline qui est de l'autre côté de la route, un hameau de cabanes de chaume s'élève; il y en a beaucoup comme cela dans la Campagne Romaine, camps mobiles et fragiles de la pauvreté en quête d'un destin. Des poules picorent les brins de chaume, des loques multicolores sèchent sur des pieux, et sur la pente de la colline, le long de l'antique « tombeau de Néron », je vois monter lentement deux fillettes qui viennent de puiser l'eau à l'Anio ou à la fontaine de la route. Le rythme de ces choses, vie, gestes et attitudes, est éternel....

Les Romains sont là depuis quelques mois, retranchés où je suis. L'horizon leur est hostile : à gauche, la Sabine montueuse est pleine de menaces sous sa toge bleuâtre ; plus loin le Samnium s'étale, qui sera si dur à vaincre bientôt ; devant, la cité patricienne se profile, avec le Cælius tout proche, si fier aujourd'hui de son Latran : la batterie Nomentane, le fort Pietra-lata semblent perpétuer sa colère, et la douane armée, à quelques centaines de mètres, impose encore les denrées nécessaires à la vie du pauvre. Derrière, c'est la sombre, la grimaçante Étrurie, et, au nord, la per-pétuelle hantise d'une invasion : par là en effet vont descendre les Gaulois géants aux chevelures fauves et aux yeux bleus. Immédiatement autour de la plèbe s'arrondissent les domaines des riches, qui sont tou-jours là sous des noms nouveaux : *tenuta* de' Pazzi, Torlonia, Truzzi, Aguzzano. Enfin, au pied du mont, passe la route qui entre à Rome par la porte Colline. Ils regardent, ils ne voient rien venir….

Cependant Rome a peur ; presque plus de plébéiens, ni fermiers, ni artisans. Et cette ville nouvelle, là-bas, quelle menace pour l'avenir ! Alors le dictateur Manius Valerius, selon l'histoire, négocie un compromis ; le sénateur Menenius Agrippa, selon la tradition, arrive au mont Sacré avec neuf délégués. Il s'agit de rame-ner la plèbe.

C'est à ce moment que se passe ici une scène de haut goût. Mais avant d'écouter Menenius je l'ai voulu connaître. Le leader du patriciat a pour la circon-stance cette vertu d'être issu de la plèbe et populaire.

L'onomastique nous apprend sur lui quelque chose d'essentiel : il s'appelle de son nom « Menenius », où l'on perçoit l'idée d'intelligence (men), en l'occurrence de finasserie, et de son prénom « Agrippa ». Qu'il faille rapprocher celui-ci d'Agricola ou d'Agripeta, toujours est-il qu'il y a des champs, de la terre chez Menenius. Cet ancien plébéien devenu sénateur est sûrement gros propriétaire; et voilà comment mene-nius de naissance (je veux dire intelligent), persuasif par nature, il a encore l'éloquence de l'intérêt per-sonnel. J'ai beau demander à Tite-Live des renseigne-ments : ce noble n'a guère le sens de la rusticité, ce déclamateur la couvre des plis compassés de sa toge; il dit bien que la harangue de Menenius est « horride », archaïque et fruste, mais il la polit à la moderne. Heu-reusement je sais où en retrouver l'odeur d'étable : dans son Coriolan[1] Shakespeare nous présente Mene-nius, le bon, le vrai, avec une divination étonnante, plus qu'humaine. Le voici bien, le paysan sénateur, qui sent le petit-lait et la paille. Comme un paysan il est finaud, mais il enveloppe sa finasserie dans une cosse de jovialité; il a toujours le mot pour rire parce qu'il le faut pour le peuple : « Allons voir si mon vieil esprit aura raison de cette multitude ». Il ne hait pas un fiasque de bon vin sans une seule goutte d'eau du Tibre; c'est pourquoi il lui arrive plus souvent de voir la croupe noire de la nuit que le front riant de l'aurore.

1. Cf. surtout II, 1 ; III, 3.

Sa faconde ramasse ses vocables dans l'atelier ou dans les champs : « Votre meilleur raisonnement, leur dit-il, ne vaut pas un poil de votre barbe, qui toute entière ne vaut pas la bourre de nos selles ». Et il proclame qu' « une ortie ne sera jamais qu'une ortie et un fou un fou ».

Je comprends mieux, j'entends maintenant cet apologue des membres et de l'estomac qu'il conte à la plèbe massée autour de lui sur ce Mont Sacré. Il leur conte un apologue, par goût et par choix : pour ces primitifs il faut que l'idée soit vêtue d'une image, comme la noix ou l'amande l'est de sa coque. Les membres l'écoutent, se taisent : mutisme de paysan qui rumine sa pensée. Menenius-estomac a dit, et, très tranquille, redescend le Mont Sacré ; quelques brins de chaume, stipules de blé, sont accrochés à sa toge, et, tirant des plis nombreux quelques kikerones ou pois-chiches, il grignote en s'en retournant vers Rome. La plèbe convaincue rentre dans ses pénates, ses dettes lui sont remises et des tribuns lui sont donnés. Et moi, avant de redescendre, je réfléchis comme elle : le vent de la Campagne, accourant des fermes voisines, siffle à mes oreilles. C'est la grande voix de la plèbe, la voix des grèves, anonyme et innombrable comme tout cet espace ; brutal, il enlève mon chapeau et m'arrache un salut.

*
* *

Quarante-cinq ans plus tard, une autre grève monte ici[1]. Cette fois, c'est à une belle enfant du peuple que la tyrannie patricienne veut arracher son bien, capital et intérêts; sa joliesse et la passion d'un décemvir précipitent l'issue de la question sociale et politique. Appius Claudius désire violemment Verginia, fille de Verginius, plébéien. Un jour qu'elle se rend avec sa nourrice à l'école primaire, dans une des petites tabernæ ou boutiques du Forum, il tente de l'enlever. L'enfant s'effraie, le vieux magistrat, « fou d'amour », insiste : il a du goût pour l'acerbité de la quindecinette, dont la beauté d'ailleurs « excellait ». L'art de Tite-Live est trop classique pour s'attacher au détail concret des choses ou au portrait physique des personnages; quelquefois un trait bref nous incite à une vive synthèse. Ici, rien; mais il suffit de se rappeler les petites Transtevérines, ou plutôt, puisque c'est au Forum que se passe la scène, les adolescentes qui dans la via S. Lorenzo in Miranda sont assises sur les seuils ou scandent de leur jolie taille le vide de la porte : brunes comme l'*oliva speciosa*, ambrées comme l'orange quand elle n'est plus tout à fait aigre sans être encore pleinement mûre, c'est à quinze ans qu'elles sont en fleur et c'est

1. Tite-Live, III, XLIV-L.

alors qu'on les cueille. En vain Appius Claudius offre de l'argent, puis des promesses; alors : « Licteur, écarte la foule, fais-moi place, j'ai à prendre mon bien ! » La nourrice crie, appelle. Verginius, voyant que ni lui ni le fiancé ne sauveront la vierge du stupre, demande la permission de lui faire ses adieux, saisit à l'étal d'un boucher un couteau et le lui enfonce dans la poitrine. A quelques jours de là, indignés, l'armée et la plèbe, et tous ceux qui peuvent marcher, avec les femmes, les enfants, les vieillards valides, se traînent en longue file sur la voie Nomentane et montent, montent ici où je suis, sur le mont des protestations plébéiennes. Peu après Appius Claudius se tuait, et la plèbe recouvrait ses tribuns.

Quelle énergie sauvage dans la passion, dans la vengeance! Déjà ces Latins ont le couteau prompt, et le désir. Camille, Lucrèce, Tarpeia, Verginia,... toute cette aurore de Rome est rouge : il y pleut du sang de femme, comme sur son crépuscule impérial. Qu'on lise telle page de Tite-Live ou de Tacite, qu'on songe aux jeux de l'amphithéâtre, à ce terrible décret contre les Bacchanales qui englobe dans la mort les femmes et les hommes, aux pratiques sacrificatoires depuis la triple boucherie du triomphe jusqu'aux aspersions sanglantes du taurobole mithriaque reçues par l'initié dos courbé, qu'on visite enfin au Vatican la salle des animaux : ces fils de Lupa Martia sont restés carnassiers, leur appétit charnel ne lâche point sa proie. D'Appius Claudius à Néron, à Tibère, à Caligula, à Commode la violence sanguinaire leur est une volupté, le viol ne leur est qu'un geste.

Le récit de Tite-Live quitte son train de sénateur, frémit d'émotion en son décorum et halète un peu. Par les dieux, quand on écrit sur la cire une affaire d'amour et de sang comme celle-là, il y a stylet et stylet! Le premier acte du drame se passe au Forum, autour de l'autel rond de Venus Cloacina, dont la base a été remise au jour. Venus? c'est fort bien, et la via di Marforio tout près de là offre à la déesse du matin au soir un perpétuel hommage d'impureté; Cloacina? j'y veux voir le cloaque qui dormait au cœur du Décemvir. Autour de l'antique autel je me rappelle avoir vu moi aussi des jeunes filles, mais de race aristocratique et fine, blondes comme le soleil de la Tamise tamisé par les brumes : à la place sinistre où s'affaissa Verginia, elles cueillaient pour l'album des souvenirs des soucis jaunes et des trèfles à quatre feuilles...

*
* *

Le Mont Sacré vit une troisième grève, mais de loin : elle passait là-bas, sur la voie Tiburtine, qu'on voit nettement monter vers Tibur ou Tivoli accrochée comme une boucle d'argent sur l'écharpe bleue des monts Sabins. C'est la grève des joueurs de flûte, que Tacite nous conte avec un beau mépris transcendant. Comme on leur a défendu de prendre leurs repas dans le temple de Jupiter selon un antique usage, les voilà qui s'assemblent, puis s'en vont en ordre compact. Plus personne à Rome pour jouer aux cérémonies sacrées.

Le sénat est très ému; car la musique n'est pas un simple accompagnement, un accessoire du culte officiel : elle en est un élément obligatoire et fait partie intégrante du rite. L'âme peut sans inconvénient s'absenter, mais il faut que les pratiques liturgiques soient minutieusement exécutées chez ce peuple qui, en dehors des superstitions orientales, n'a connu de la religion que le scrupule formaliste. Voilà pourquoi le tibicen est nécessaire : la mélodie qu'il tire du bois sonore dispense précisément de ce lyrisme intérieur qui s'épanche des cœurs pieux. Tacite, latin dans la moelle malgré son origine ombrienne, dit fort bien qu'il ne parlerait pas de l'incident soulevé par cette racaille s'il ne lui avait paru toucher *ad religionem*, c'est-à-dire à un ensemble d'observances traditionnelles qui sont à l'égard des dieux de la part de l'État plus qu'un engagement : un contrat strict.

Aussi le Sénat envoie à Tibur pour prier qu'on ramène à Rome les tibicen. Les Tiburtins les haranguent en vain, puis, changeant de tactique, les invitent séparément, soi-disant pour jouer au repas, les enivrent, les empilent ivres-morts sur des chariots et les font transporter à Rome. Quand ils se réveillent, c'est en plein Forum, et le jour, dit Tacite, « tombe sur leur crapule ». Le peuple fait cercle autour d'eux, et, quand ils ont fini de cuver, on parlemente : sur la promesse que trois fois par an ils auront licence d'aller dans les rues en costume d'apparat et en jouant, ils restent et s'engagent à accompagner de la flûte les sacrifices publics.

Ils ont tenu promesse, ils jouent encore. Si les pifferari ne descendent plus des montagnes comme naguère pour souffler, aux jours de fête, devant la Madone et le Bambino, les antiques tibicens sont toujours là, sur les reliefs des sarcophages, sur les socles des statues, sur les panses des grands vases, partout où se déroule une scène de cortège, de bacchanale ou de sacrifice, soufflant à pleins poumons dans la flûte rustique aux roseaux juxtaposés ou dans la longue flûte à simple ou double tige. Le petit bout aux dents, les joues gonflées d'enthousiasme, les doigts alternativement posés ou levés sur les trous du roseau, du buis ou de l'ivoire, ils envoient vers l'espace divin le chant aigre et allègre du paganisme, de Pan universel. Dans les galeries d'antiques du Vatican, du musée des Thermes, du Capitole et des Conservateurs, une lointaine et grêle mélopée s'élève des marbres ; on y entend chanter le silence sacré. Et si les tibicen, dans leur retraite à Tibur, étaient accompagnés de leurs femmes ou de courtisanes, comme il est probable; s'ils se sont assis dévêtus sur la route que crible Apollon, comment ne pas évoquer l'adorable joueuse de flûte archaïque du musée des Thermes? Assise toute nue sur des coussins, elle joue pieusement à la naissance d'Aphrodite. La déesse au nez sémite, souriant à la volupté partout épandue, sort de l'eau marine comme une aube d'orient; pendant que sur le corps divin la chemisette aux petits plis innombrables comme le sourire des flots tombe, coule, ondoie, la flûtiste joue encore, joue toujours; pour jouer sans fatigue elle a croisé l'une sur l'autre ses jambes fines. On perçoit dans la petite salle une modulation aigrelette : elle chante l'avènement de la Beauté qui surgit avec l'Anadyomène des flots d'Ionie sur l'Hellade et le monde.

Mais l'air des flûtes grévistes était sans doute plus rageur. Le voici : le vent éternel souffle aux roseaux de l'osteria où j'écoute tout ce passé. Juxtaposés en claies comme de grandes flûtes de Pan fichées en terre, ils sifflent, sifflent dans la campagne, sans trêve ni grève. Je redescends du Mont Sacré. Là-bas l'Aqua Virgo s'allonge, dont l'eau est pure comme Verginia; au-dessous du mont l'Anio, le même Anio où s'abreuvèrent les fermiers réfractaires, roule son eau jaunâtre entre des osiers propres à tresser des cabanes et des roseaux propres à faire des flûtes; sur la route une énorme ruine couve dans ses anfractuosités des nichées plébéiennes. Je m'informe : « le Sépulcre de Néron ». C'était pour Stendhal en 1828 le tombeau de Menenius Agrippa : des vaches l'habitaient, dont l'officier intermittent, démissionnaire, quasi gréviste en son esprit frondeur, buvait le lait tout chaud en contant à des bourgeois effarés la grève des soldats agriculteurs [1].... Écoutons à notre tour ce que dit ce vent furieux qui vient des tumultes du passé et court à ceux de l'avenir...

II

LE BEAU LAC DE NÉMI : SES ÉPOUVANTES

> Le beau lac de Némi qu'aucun soufle ne ride
> A moins de transparence et de limpidité,

dit Lamartine des yeux de Graziella. C'est en effet à travers leur suavité, dans l'enchantement que Sorrente et Procida mettaient autour de ses vingt ans, que son souvenir a revu le lac. Aveuglé d'un incurable optimisme, pinçant partout et toujours sa harpe élégiaque, il n'a point discerné l'horreur sacrée de ce paysage.

Il est un détail qu'il a vu : cette eau ne frissonne jamais, elle est morte. Pourtant, le vent chasseur de nuages court là-haut derrière le troupeau échevelé. Il est rare qu'il ne soit point en chasse : mais il n'éveille sur le visage de Diane ni sourire ni ride. Le soleil lui aussi a beau verser ses ruissellements : la surface reste morne et glaciàle. Un oiseau de proie tournoie. Des rives abruptes s'enlèvent, surplombent,

1. *Promenades dans Rome*, I, p. 276.

assombries par les grands châtaigniers; et le Monte Cavo, géant nu et chauve, surveille cette austérité universelle.

Bientôt le génie du lieu se précise. C'est lui que sur la route de Némi mon petit Curiace me signale en montrant les laves de son doigt : Il fuoco ! Nous allons entre des cassures vives de basalte, comme celles où est nichée l'auvergnate Royat, sur une pouzzolane grise et rouge, telle qu'elle crie sous les pieds autour du Puy de Gravenoire. Et si le lac est rond comme une coupe, c'est qu'il est un « cratère ». La suggestive analogie des mots ! Dans l'entonnoir où bouillonne le chaos primordial les pluies et les sources dorment, un peu sinistres comme si elles se souvenaient des épouvantes géologiques. « Perle des monts Albains », dit le Bædeker; perle sombre en tout cas et sertie d'âpreté ! Déjà, sur la voie Appia, j'avais heurté la coulée de lave descendue d'ici : près des mausolées en enfilade, sur la solitude peuplée de fièvre, elle perpétue la malfaisance de cette Terre que Lucrèce, qui avait le sentiment angoissé des origines, appelle « dura tellus ». Puis, c'est la montée vers Marino, toujours dans le basalte et les couches plus basses de lapilli granuleux; la petite locomotive s'oppresse, halète comme un Empédocle qui veut empiéter sur le volcan; le lac d'Albano, le val d'Ariccia, le laghetto de Turnus étalent d'autres cratères desséchés ou non. A Genzano, dans le sentier qui descend au lac, les déjections humaines ont intercepté ma marche : à chaque avril que j'ai vu, des petits Nemenses, accroupis en face de cette nature qui n'est plus que la grande Mère après avoir été une marâtre, déposaient les minuscules déchets de leur vie sur une cosmogonie figée. Alors je songeai à l'incroyable suggestion des métaphores populaires, à ce mot de cheyre dont les Arvernes du plateau central nomment les coulées de lave, à ce puy de la Vache, dont la fiente archi-millénaire porte aujourd'hui la bourrée comme celle où je vais porte, le dimanche, le saltarello. Rocca di Papa et Nemi sont suspendues sur le rebord des cratères comme des crachats au bord des lèvres; tout ce massif albain est un relief chancroïde, dont la carte fait penser à une photographie médicale où les lacs apparaissent comme des purulences restées fraîches. Le Monte Cavo, Encelade refroidi, est encore « égueulé » au sommet; l'ancien couvent des passionnistes parait tout petit : la civilisation et le Christ n'ont pas réussi à remplir les creux que la colère de Volcanus y a laissés.

Sur l'échine de ces volcans l'air est vif; les végétaux d'où émane un charme de Méditerranée, chêne-vert, laurier, olivier, sont assez rares; mais voici les pommiers, à peine étoilés d'avril, avec des vaches que j'allais croire normandes, des vieux châtaigniers pensifs, des ormeaux chenus dont l'un, montre mon petit Albain, est frappé de la foudre. Ici elle a toujours sévi, surtout pour s'associer aux grands orages de l'histoire; pendant les guerres Puniques, dit Tite-

Live, une statue de Jupiter et un arbre furent touchés sur le mont d'Albano ; des prodiges fréquents accompagnent à la surface de ce sol les événements que Rome orgueilleuse croit extraordinaires parce que sa destinée y est en jeu. Je n'entends pas le tonnerre, mais j'entends les bûcherons qui abattent du bois sur les pentes du lac ; des charbonniers en brûlent çà et là : tout autour du cratère s'élèvent ainsi des fumerolles, comme le réveil sournois du volcan.

* *

Je dépasse Némi et je descends au temple de Diane. Retrouverai-je près d'elle la douceur lamartinienne ? J'aperçois dans le bas un quadrilatère d'oliviers et de saules : cramponnés aux soubassements, ils perpétuent la figure de l'enclos sacro-saint, la vie même du bois sacré ; au centre un carré de verdure plus petit détermine le temple, où une cabane toute blanche est posée comme la cella de la déesse. A travers les nuages un coup de soleil illumine Djana. Terrible déesse ! Le génie du vieux Latium est en elle. J'ai vu au Musée des Thermes son effigie archaïque retrouvée près d'ici ; elle est sans sourire. Ses yeux sont ronds et mornes comme le lac, son lac ; je ne sais quoi de farouche erre sur ce visage, la même expression que celle de ces forêts sur ces pentes de lave et autour de ce cratère. Même dans les statuettes votives qu'on lui offrait aux abords du temple la crainte religieuse de cette nature a passé.

Et quelle légende, quel culte! C'est le temps où les violences volcaniques viennent à peine de s'apaiser; Albe la Longue bâtit ses cabanes coniques sur les scories, pose immédiatement sur les cendres les nécropoles où nous retrouvons aujourd'hui ses poteries funéraires : en forme de chaumines et noires, leur faîte est surmonté de petites cornes qui semblent une jettatura contre le mauvais destin. Par les sacrifices humains le geste des indigènes s'harmonise à la fureur des choses : le feu du sol leur monte au sang, ils aiment le sang. Pour succéder au prêtre de Diane il faut le tuer : durant des siècles l'assassin, couteau sous le manteau, rôde dans ces bois, autour de ce temple qu'il convoite; le prêtre, consumé d'insomnie, écoute leur silence hostile. Une angoisse terrible occupe les jours, pèse sur les nuits surtout, qui enveloppent l'attentat de leur majesté sacrée : Diane est là-haut qui attend, pâle dans le bleu froid des cieux, l'issue du duel institué par elle et pour elle. Renan en frémit dans sa graisse de chanoine, Taine est ravi dans sa passion des énergies primitives.

Et moi, je retrouve ici avec une joie qui m'égale aux dieux les éternelles correspondances qu'échangent les sites, les hommes et les légendes. Impérissable est l'âme des choses, le génie du lieu. Diana Nemorensis est la déesse des bois, et je vois sur les pentes du lac dans ces châtaigniers, ces chênes et ces ormeaux, les arrière-neveux des selves où régnaient ces vieux rois d'Albe qui tous s'appellent Sylvius, « les rois des bois ». Diane y chassait, car elle est la déesse « cacciatrice » : nous l'avons tous vue dans les galeries d'Antiques, dans le marbre isolé des statues ou sur les bas-reliefs des sarcophages, poursuivant la biche, mais voilant désormais ses appétits carnassiers de grâce hellénique, parfois souriante, toujours sereine. Je crois bien qu'elle n'y chasse plus : non pas que les dieux soient morts ! Mais le gibier est mort, morte aussi l'énergie nécessaire au chasseur latin pour user de sa sandale ce sol montueux, tour à tour trop dur ou grésillant. Enfin Diane est Séléné : je n'ai pas vu son croissant, et pour cause ; mais les poètes, qui savent sans avoir vu, nous ont montré passant d'une rive à l'autre avec son reflet dans le lac la Vierge à la pâleur argentée. Elle se regarde la nuit dans ce speculum, ce specchio pur et froid. Mais on n'entend plus, sous le portique du temple disparu, le cri soudain qui déchirait la nuit : une femme accouchait sous le clair regard de Lucina, Lucna, Luna. La descente lente des terres a écarté du temple la rive ; il était plus près autrefois, assez près pour que l'assassin heureux pût venir avant de sacrifier à Diane laver son poignard, et la victime noyer son agonie ; c'était une eau doublement lustrale ! Selon Tite-Live elle redevenait à certains jours sanglante, « cruenta » : son tragique secret lui remontait du cœur aux lèvres, je veux dire aux rives. Je m'en vais avec un frisson.

*
* *

Je m'approche du lac; sans frissonner, il garde en ses profondeurs des souvenirs, je veux dire des débris de volupté romaine et impériale, c'est-à-dire deux fois cruelle. Près de la casa del Pescatore où l'on me mène, à quelque distance du bord, deux galères impériales dorment sous l'eau depuis près de deux mille ans[1]; les archéologues, et le premier Leo Batista Alberti au xv⁰ siècle, se sont penchés sur le mystère opaque; de temps à autre quelque objet arraché, tuiles de bronze, poutres de bronze, antéfixes d'argile, colonnes de marbre, pavement en mosaïque, le rendaient toujours plus irritant. On descella surtout au flanc de la plus belle de ces galères une merveilleuse tête de Méduse et des mufles de hyène, de loup et de lion, qui serrent encore entre leurs dents de bronze les anneaux des amarres : on les peut caresser chez M. Eliseo Borghi, leur actuel propriétaire, et voir au Musée des Thermes quelques autres débris. La tête du loup surtout est d'un naturalisme hirsute et féroce. Il fallait bien qu'on le rencontrât au cœur du Latium, sur ces montagnes et au milieu de ces forêts; n'est-il pas chez lui? Il allaite la préhistoire romaine,

1. Cf. *le Navi romane del Lago di Nemi*, par le Prof. Emilio Giuria, Rome, Lœscher, 1901.

préside au collège des Luperques, les « prêtres-loups »,
ulule à la mort de César dans les nocturnes de Virgile,
se fige en bronze sur les places publiques de Sienne
et de Rome, et descend encore (les journaux du
9 décembre 1905 m'en ont appris la nouvelle) dans
la Campagne Romaine à la veille des grands froids.

Mais son effigie sied admirablement au souvenir du
prince voluptueux et féroce qui venait prendre sur la
plus proche de ces galères ses ébats d'été : un tube
en plomb retiré de l'eau porte gravé « C. Cæsaris.
Aug. Germanici ». Quel fauve que ce Caligula!
« Jambes grêles, dit Suétone, yeux enfoncés, corps
velu, visage horride. » C'est bien ainsi qu'il apparaît,
en buste et calvitie en moins, sur son aureus et son
quinaire d'or, surtout sur l'admirable camée en sar-
donyx du Cabinet des médailles : ici il est avec
Drusilla, sa sœur et sa maîtresse, en deux profils qui
s'épousent, j'allais dire s'accouplent, et si parallèles,
si ressemblants, qu'assurément en possédant sa sœur,
cette autre forme féminine de soi-même, l'érotomane
entendait, non perpétrer un inceste, mais compléter
sa nature. L'hermaphrodisme le séduit, comme une
perfection. Il veut tout absorber en sa divinité
anticipée, l'eau, la terre et le feu.

C'est pourquoi il trouve ici son site d'élection. Le
génie volcanique du lieu l'attire à la fois et l'effraye [1] :
déjà il avait fui de Messine parce que le grondement

____

1. Suétone, XXXI-LI.

et la fumée de l'Etna lui faisaient peur, mais il souhaite à son règne un tremblement de terre. Il a d'ailleurs à sa façon la folie de l'eau, rêve qu'il a un entretien avec la mer, fait jeter de Baïes à Pouzzoles un pont de bateaux avec des buffets et des reposoirs, projette de percer l'isthme de Corinthe, construit une galère liburnienne à la poupe gemmée, aux voiles versicolores, portant des portiques et des triclinia, même des vignes et des arbres fruitiers : étendu là parmi des chœurs et des symphonies, il longeait lentement les rives campaniennes. Aussi, dans la galère ici submergée son âme luxurieuse et sinistre nage encore. Dès juillet, il vient s'embarquer avec sa femme Cesonia, ou Drusilla sa sœur et sa maîtresse, peut-être aussi avec la courtisane Pyrallis : on détache les amarres à la gueule de bronze des loups ou des lions ; couché sous les édicules fastueux dont on repêche les débris, il viole passionnément la virginité de Diane. La nuit, quand la lune brille, il la prie avec instances de venir l'embrasser et coucher avec lui. Il aime son culte sanglant : au grand-prêtre de Némi, parce qu'il détenait depuis trop longtemps le sacerdoce, il suscite un concurrent plus vigoureux, et attend, la nuit, comme Diane elle-même le résultat de la rixe à mort. Je me penche sur le lac, j'essaie de pénétrer son opacité, que tant de légende et d'histoire ont sans doute épaissie. En vain : malgré le doigt obstinément tendu de mon guide je ne distingue pas la galère de Caligula ; mais il me suffit d'évoquer ses pareilles, la galère en relief du palais Spada, surtout la riche galère en mosaïque du Musée des Conservateurs, où un personnage, couché sous un pavillon blanc entre un ciel de saphir et une eau d'émeraude dont les molécules scintillent, paraît se laisser aller au fil de sa vie heureuse : alors la vision vermeille s'élabore, et monte, monte des profondeurs.

Hélas ! elle risque d'y redescendre et de s'envaser : afin d'enlever les deux navires, trésor archéologique de musée, on a projeté d'abaisser les eaux en ouvrant un second émissaire. En Angleterre et chez nous, des poètes, des peintres, ont célébré passionnément les lacs : presque en même temps que Wordsworth chantait ceux du Cumberland, Richard Wilson caressait de son pinceau trempé de septentrion les contours et l'atmosphère du « Lake Nemi ». Ici aussi on les aime, mais les archéologues et les ingénieurs y sont plus forts que les lakistes : après le Régille et le Fucin, le Trasimène et le Nemi sont menacés de dessèchement partiel ou absolu. Déjà, par le seul jeu des éléments, qui n'aide que trop aux émissaires déchargeurs, l'histoire s'y rétrécit, s'y évapore. Les soldats du génie ont violé Diane plus intimement que ne faisait Caligula : ils ont exploré, brisé, et morceau à morceau déchiqueté le flanc harmonieux des galères. Enfin l'électricité s'est voulu mêler de les renflouer. Mais avant de me désoler je songe qu'elle n'est que le feu du ciel capté par le génie des hommes et qu'elle est bien à sa place ici où la lave et l'éclair ont si longtemps fait rage, Que Prométhée fasse jaillir à son caprice l'étincelle qu'il a dérobée, c'est une revanche légitime contre Jupiter, Pluto et Vulcanus qui ont exercé sur cette terre, dessous et dessus, la furia dont elle garde les traces.

*
* *

Chose curieuse! Les anciens ramassent ici à pleines mains la légende et l'histoire, assez sombres toutes les deux et couleur du sol; mais ils ne paraissent pas avoir compris les violences cosmogoniques, pourtant fixées en instantané sous leurs yeux. Ils sentent bien, comme Tite-Live, que des phénomènes anormaux se passent sur cette terre où la foudre se rue et sur cette eau qui à certaines époques s'est ensanglantée, mais ils n'y voient que prodiges « historiques », ils n'en pénètrent point le mystère originel et profond. La mythologie même et l'onomastique, ou, si l'on veut, la toponymie l'ont oublié. L'Etna occupe tragiquement leur attention : il rougeoie à l'horizon des vers immenses de Virgile, comme le Vésuve fume dans les Orientales de Victor Hugo : c'est Lui, toujours Lui. Même avant que le Vésuve se fût réveillé, ils ont deviné le vulcanisme qui couvait sous la Campanie heureuse : les légendes phénico-helléniques des Cyclopes, les phénomènes étranges des Champs phlégréens, les émanations infernales du forum Vulcani (la Solfatare) et de l'Averne, leur faisaient peur. Dans la grande plaine même du Latium, qui est couverte de tuf, c'est-à-dire de cendres agglutinées, autour de la Roma Quadrata, le mythe de Cacus, géant qui vomit du feu dans une caverne, est un ressouvenir inconscient des attentats de la Nature, où les Hercules-pasteurs perdaient leurs bœufs. Mais, sauf erreur, le vulcanisme des monts Albains n'a point laissé d'écho particulier et local. Il paraît pourtant, d'après la découverte de silex et vases en terre cuite sous les masses de peperino, que les indigènes déjà civilisés ont été témoins des dernières éruptions; des monnaies de la République même et des fibules de bronze semblent contemporaines, selon É. Reclus, des laves supérieures. Mais la légende archaïque ne voit plus dans le cratère du Nemi que le miroir de Diane, la légende plus récente ne reconnaît plus dans le cratère du Monte Cavo que le Camp d'Hannibal. Décidément, les volcans albains se sont éteints dans le langage, dans le mythe et dans l'histoire.

Et moi, je remonte à Nemi accrochée au promontoire de basalte, à pic, autour d'un nid d'aigle qui est le château des Orsini. Autour de la tour grise circule le vol mortuaire des corbeaux, âmes des Colonna et des Orsini défunts qui ont ici niché, couvé et fait leur proie. Mais tout cela n'est plus que villégiature : tel un baron sur le sein de sa dame, le château des Orsini somnole sur Nemi endormie. J'erre dans le parc étagé sur les scories, percé de vues théâtrales sur le lac et les monts. Enfin! voici, sur ces lacets, une petite oasis de douceur. Ce n'est pas trop tôt! Quelques frêles orangers frissonnent au vent : le jardinier du comte Ruspoli m'explique qu'il faut les rentrer dès octobre. Des camélias blancs répondent d'ici aux camélias pourpres de la villa Cesarini. Chère villa! Elle aussi sur le podium du cirque énorme fait descendre jusqu'à l'eau sa verdure brodée de fleurs, comme un tapis de loge impériale; mais dans l'amphithéâtre du volcan la Naumachie cosmogonique de l'âge tertiaire est finie, les antiques hostilités sont noyées sous cette eau, qui elle-même est morte : Have, Cesarini! Ici je marche sur des violettes dont beaucoup sont blanches, surtout sur des fraisiers fleuris où verdissent à peine quelques fraises, les jolies, les exquises *fragole* de Nemi, qui envoient leur défi aux figues de Tusculum. Avec l'assentiment du jardinier je me mets un peu de baume à la boutonnière, aux lèvres et au cœur; je cueille une violette, un camélia, une fraise acerbe; puis je me rends au vent du Latium qui souffle, souffle toujours. Sur le mont Artemisio, sur le mont Cavo surtout quand se tenait autour du temple de Jupiter Latiaris le grand festival de la Confédération latine, il collait les toges sur les cuisses. En descendant de ces cratères il emporte toutes les fadeurs.

Au retour, le long du lac, entre le basalte et la pouzzolane, je me souviens que Stendhal effrayait ses jolies amies avec des histoires vraies de brigands dans la forêt d'Aricia. Son culte des énergies impulsives trouvait ici à se satisfaire : énergie des détrousseurs, énergie de la Nature; dans l'âme comme dans les choses c'est le régime de l'explosion, de l'éruption, auquel ce disciple du Corse-condottiere voudrait ramener le ton normal de l'humanité. Corot, amoureux comme tous les paysagistes de 1830 des lacs, des étangs et des mares, dont l'eau fraîche frissonne sous le frisson de l'air parmi le frisselis des feuilles, Corot a peint bien des fois après le lumineux Claude Lorrain le lac d'Albano, de l'autre côté du Monte Cavo. Et je comprends sa prédilection : c'est une coupe évasée qui boit toute la lumière, avec, sur les bords, une couronne d'argent : les oliviers. C'est, agrandie, la merveilleuse tasse du trésor de Bosco Reale, cerclée d'une branche où pendent des baies. Mais du lac de Némi Corot n'a peint directement que des études [1]; la toile célèbre connue sous ce titre n'est qu'un très vague « souvenir », argenté par les lointains de l'absence, et encore des environs; devant cet austero profond son âme virgi-

---

1. Catal. de Moreau-Nélaton, n⁰ˢ 165, 455, 456.

lienne se fermait. L'âme volcanique de Gabriele d'Annunzio s'y est reconnue : ce paysage est un spasme pétrifié où s'éternise le souvenir des passions brûlantes qui torturaient le chaos. Chacun de nous trouve ainsi quelque part, dans les choses, la figure de son paysage intérieur ; tout site est la projection d'un état d'âme, et la Nature entière est un vaste poème plastique où nos sentiments se transposent en formes, lignes et couleurs. Quand les romanciers et les poètes amènent ici l'amour, c'est que son feu s'est éteint ou va s'éteindre, et qu'il n'a plus que cendres à la bouche : les amants du « Triomphe de la Mort » déjeunent à la villa Cesarini sous les camélias, mais dans le froid miroir de Diane ils voient se refléter leur triste secret : ils ne s'aiment déjà plus ; dans la plus poignante des « Elegie Romane », le poète croit voir l'ombre de l'aimée se promener avec lui sur le *lido* infernal. Zola trouve le lac sépulcral ; et c'est parce que la mort plane ici que tant d'héroïnes de la fiction viennent y chercher le courage du suicide. Vraiment, malgré la villa Cesarini, l'allégresse n'habite point sur ces rives stygiennes, pas plus que sur les bords de l'Averne en dépit de la tarentelle des filles de Baïa ni sur les bords du lac Pavin en dépit de la bourrée. Cette nature est un cri figé.

Sous les vieux ormes de Genzano les petits pouilleux me poursuivent en grelottant : la fièvre dévore leurs yeux, et leurs yeux dévorent leur visage ; mais eux ne dévorent rien : ils voudraient manger. Il y a deux ans, au moment où j'entrai à la gare d'Albano, une grande foule maintenue par des agents accompagnait une litière ; un homme âgé précédait en pleurant. Sur le quai de la gare un séminariste, avec bonne humeur, m'apprend qu'une jeune femme vient d'être « ferita del ragazzo », blessée par un garçon, son amant. Pour servir Diane il fallait verser le sang : pour obtenir l'amour cet Albain avait failli tuer ; ils devaient revenir de Nemi ! En fait de camélias pourpres, il en est d'autres que ceux de la villa Cesarini : il y a ceux qu'on plante brusquement, du côté gauche, à la boutonnière de son ennemi ou au corsage de sa maîtresse. La coltellata fleurit rouge ici, surtout le dimanche, lorsque le petit vin de Marino et de Genzano fait monter au cerveau des fils du Latium, nourrissons de la Louve, les énergies cosmiques.

Près du lac j'ai mieux compris les vieilles et sombres poteries d'Albano, la loi des XII Tables, la prose de Caton et les vers de Lucrèce, les gestes des barons de Tusculum ou des contrebandiers d'il y a cent ans : race farouche sur une terre âpre. Non, ces gens-là n'eurent jamais la vision vermeille de la vie !

VII

ÉTERNELLE ET MONDIALE

Dire que Rome est la Ville Éternelle n'est ni un lieu commun littéraire ni une hyperbole d'amoureux : c'est énoncer un fait d'expérience. On sent, on éprouve à Rome l'éternité de Rome, à chaque instant, comme on sent la douceur de l'heure qui passe.

Et cela veut dire d'abord que devant notre attention et nos yeux les Romes diverses se pénètrent : impossible de s'arrêter à l'une d'elles sans que les autres se présentent, souriant comme l'une des faces d'un Janus de nos vélleités d'analyse. Au moral les traditions s'enchevêtrent ; au point de vue extérieur les ruines des différentes époques s'amagalment en bloc compact. Dans le Forum que fouille l'excavateur, toutes les antiquités, depuis la préromuléenne jusqu'au christianisme baroque du xviiie siècle, empruntent l'une à l'autre appui, principes de construction, modèles de styles et matériaux ; si bien qu'il ne faut point parler de strates successives, mais de pénétration intime et indissociable. Et dans l'âme de l'excavateur ou du terrassier lui-même, à la fois élémentaire et très compliquée, les superstitions antiques, la foi médiévale, la patience de l'esclave, les revendications sociales et syndicalistes se fondent en un mélange qui fait de ce pauvre diable un vivant résumé d'histoire. De la nécropole antéhistorique au monument de Victor-Emmanuel II et de la croyance au mauvais sort à la dernière nouveauté industrielle ou révolutionnaire les civilisations ici se pressent, roulent l'une sur l'autre et se confondent comme les gouttes d'eau dans « l'Océan des âges ». Rome est hégélienne : elle est, perceptible aux sens, la grande idée de Hegel qu'aujourd'hui est fils d'hier et père de demain selon une généalogie où les contradictoires ne se succèdent pas, mais coexistent. Si l'homme est pour le philosophe du devenir un animal historique, Rome est la plus humaine des cités puisqu'elle vit à la fois dans le présent, le passé et le futur.

Être éternel, c'est aussi n'avoir ni commencement ni fin. Et sans doute, pour reconnaître à Rome ce caractère, il faut le faire descendre de son absolu dans la relativité de la vie et de l'histoire. Rome a eu un commencement, mais, chose curieuse, non seulement les anciens ne le connaissaient pas et suppléaient à leur ignorance par des mythes qui étaient à la fois pour eux un symbole et une garantie d'antiquité, mais encore ces commencements remontent tous les jours plus haut dans le passé. Rome apparut plus vieille à Niebuhr qu'aux Romains, elle apparaît plus vieille aujourd'hui qu'il y a vingt ans et qu'hier encore. La Roma Quadrata du Palatin est une très jeune ville à côté de la préhistoire que les fouilles du Sepulcretum ont exhumée. De ces puits à incinération et de ces fosses à inhumation un vertige de rétrospectivité monte au cerveau. Nous voici sur les routes des migrations où les tribus, pélasgiques ou sicanes, s'arrêtent pour célébrer le Printemps Sacré.

En touchant ainsi le tuf primitif, c'est la simple éventualité, la pure virtualité de Rome que l'on rencontre, perdue pour l'imagination dans les brumes du lointain comme elle est pour les yeux enfoncée dans le sol brut. Et ainsi on peut dire, sans paradoxe, qu'au cours des recherches patiemment conduites depuis les historiens latins eux-mêmes jusqu'aux exégètes mythologues et aux archéologues d'aujourd'hui, jusqu'au directeur des fouilles M. Giacomo Boni, Rome devient de plus en plus éternelle ; unique en son genre elle vieillit doublement, puisque, à mesure qu'elle avance, elle voit sa naissance reculer. Et cela déconcerte les ressources du langage, parce que cela est presque métaphysique.

A mesure que son passé recule son avenir se prolonge, la perspective s'étend devant elle. Dans l'histoire elle renaît d'elle-même deux ou trois fois : à la fin de l'Empire, à la fin du moyen âge, à la fin du pouvoir temporel des papes. Dans son actualité elle ne date que du Risorgimento, et s'élance vers le futur avec une ardeur de jeunesse que les déceptions qui ont suivi son avènement de capitale n'ont point arrêtée. En elle affluent, comme au cerveau, les ambitions et les rêves de la quarantième année (1870-1906), qui est pour une nation ce que les seize ans sont pour l'individu. Sans doute au point de vue économique l'industrieuse et industrielle Milan la dépasse, et la populeuse Naples l'accable de son grouillement ; mais petit à petit la fière patricienne, qui atteint aujourd'hui le demi-million d'habitants et qui est à la fois royale et pontificale, met la main au travail et se ménage une revanche : elle tâche d'assainir sa campagne, y étend le réseau de ses communications, endigue son Tibre, projette d'agrandir et de recreuser Ostie ou quelqu'autre point de la côte, et de redevenir port de mer.

Mais précisément, et c'est là le plus curieux aspect de l'éternité romaine, cet élan n'est qu'un retour. La capitale de la troisième ou, si l'on veut, de la quatrième Italie n'inaugure pas, mais reprend le cours logique de sa destinée. Toutes ou presque toutes ces nouveautés sont pour elle de très vieilles choses. Si par hasard vous vous laissez circonvenir dans la rue, au café, au théâtre, dans les bibliothèques, académies, journaux et congrès, par la Rome d'aujourd'hui, réfléchissez : voici qu'autour d'elle les autres se lèvent, s'approchent et viennent faire corps indissolublement. Elles sont consubstantielles dans la perpétuité. Sans doute Rome fait encore peau neuve : en attendant de ressusciter dans sa Campagne, la malaria une fois tuée, la vie innombrable d'autrefois et de se réveiller port de mer, elle loge partout son activité nouvelle dans des cadres appropriés : ses députés vont avoir une nouvelle Chambre, ses Beaux-Arts ont le Palais de la via Nationale, ses affaires financières le Palais de la Banque d'Italie, sa magistrature et ses lois auront incessamment le fastueux Palais de Justice, la Fortune de Rome et le créateur de l'Italie unifiée ont déjà leur monument sur la colline sacrée du Capitole. Elle entasse les projets édilitaires, n'entend point laisser son âme adolescente ou virile étouffer dans la momie millénaire sur laquelle les étrangers qui ont fait leurs classes viennent pieusement se pencher.

Mais elle a ceci de saisissant que sa physionomie et son âme ne se renouvellent guère qu'avec du passé, avec son passé. C'est de sa propre substance qu'elle tire sa Vita Nuova. Cette passion édilitaire est presque aussi vieille qu'elle-même : elle reprend la fantaisie et le geste d'Auguste, qui reçut sa Rome de briques et la voulut laisser de marbre. Le Romain est resté grand bâtisseur, et la persistance de sa vocation est telle, que lorsque les circonstances le forcent à restreindre les proportions de l'édifice il se rattrape sur le nom : ce sera toujours un Palazzo. Et presque tous ces monuments modernes, surtout l'admirable monument de Sacconi, sont faits ici plus qu'ailleurs avec des souvenirs gréco-romains recomposés parfois par une originalité souveraine. L'autel à Rome capitale et à Victor-Emmanuel II se dresse sur le Capitole parce que l'unité nationale de 1870 est l'idée proprement romaine, l'idée de Rome impériale et centre de l'empire. Le Corso, centre du modernisme, n'est que l'antique voie Flaminienne. Aujourd'hui marche ici dans le sillon du passé.

De même, en son âme, Rome actuelle s'enchante de rêves modernes; mais ce modernisme n'est souvent que sa tradition lointaine, et son progrès a quelque chose d'archéologique. Si M. Guglielmo Ferrero, qui a été de la politique à l'histoire, écrit l'histoire de Catilina et de César avec l'arrière-pensée du présent, c'est qu'il perçoit dans les faits économiques, sociaux et politiques d'aujourd'hui un écho qui vient de loin. Rome caresse le rêve méditerranéen : mais il est fort naturel à qui a dénommé la Méditerranée, l'a possédée sept ou huit siècles et reste lancée au milieu de ses flots. Elle caresse le rêve africain : est-il présomptueux à qui dompta Carthage et colonisa la rive qui va de Gabès aux colonnes d'Hercule? Elle caresse l'idéal américain, s'éprend de mécanicité, s'essaie au culte de l'énergie et préconise par la bouche ou la plume de ses hommes cultivés la conception « héroïque » de la vie; mais cet apparent exotisme est encore le ressouvenir plus ou moins confus d'une réalité passée qui voudrait renaître : américaine à la Roosevelt, pratique, avide de force et de domination sur des races dites inférieures, Rome le fut à l'époque de ses Césars, dont certains barbares septentrionaux tentent de lui voler le nom prestigieux. Elle caresse le rêve d'unir la démocratie sociale à la monarchie : là encore elle s'affirme césarienne. Sa religion, du moins chez le peuple, est réduite à des pratiques et à des formules, comme la religion officielle des Pontifes et des Collèges, sœur de l'État.

* *

Enfin Rome Éternelle caresse le rêve mondial. Cela, de plusieurs façons. D'abord elle regarde passionnément le monde : ici, comme du reste dans les grandes villes italiennes, on sait fort bien les langues pour les parler, les lire ou les écrire ; rien des nations voisines, activité politique, philosophique, littéraire, artistique, n'échappe à ses esprits cultivés qui sont citoyens de l'univers. Ils tournent de préférence vers les civilisations du Nord leur attention studieuse, qui n'a d'égale que la curiosité inquiète de leurs ancêtres latins, de Tacite à Claudien, à l'égard de la menace blonde qui rôdait sur la frontière. D'autre part Rome est et veut être Cosmopolis : dans les galeries d'Antiques, au café de l'Aragno, autour de la Pierre Noire du Forum, toutes les langues émettent dans l'air romain des paroles ailées. En avril des congrès scientifiques, artistiques ou techniques réunissent dans un microcosme qui est le Collège de l'Université ou l'Institut Technique l'univers qui pense. En 1905 la réclame du Grand-Hôtel

(Dieu me pardonne!) proclamait que « cette vie cosmopolite fait de Rome de novembre en mai une capitale sans pareille, qui n'est pas une imitation de Londres, une contrefaçon de Vienne ou une caricature de Paris. Rome est Rome. Elle a un charme à elle et sa beauté est impériale. La suggestion qu'elle dégage par la vie moderne quintessenciée, greffée sur les ruines illustres de trois âges de gloire *mondiale*, est unique au monde. » Et je cueille ceci dans le programme du Théâtre de l'Argentina pour la campagne 1905-1906 : « Il est électique : national, étranger, antique, moderne, contemporain. La première représentation sera d'une haute importance, *romaine et mondiale*, comme le héros qu'elle amènera devant les spectateurs : Jules César, de Shakespeare. » Cette réclame de Rome pour Rome n'est pas seulement une invite : elle est une aspiration propre, et en son principe une claire conscience de soi-même.

Enfin Rome rêve toujours de rayonnement universel, et c'est encore un rêve ancien. Roma fut la caput et le centre du monde, l'urbs et l'orbs finirent pour elle par s'identifier. La légende médiévale, reprenant cette ambition, arrête sur le Janicule ou le Palatin l'arche de Noë et fait tinter au Capitole ou dans la *rotonde* d'Agrippa les clochettes où retentit l'agitation de telle ou telle province. L'empereur des Romains la reprend à son tour : aussitôt après son couronnement il monte sur le mont Mario, se tourne vers Rome, puis vers les quatre points cardinaux en disant : « Tout ce que je vois est mien, et à mes ordres obéit l'univers[1] »; démarche de possession intégrale et circulaire, dont Rome est le noyau et dont la figure est la sphère mondiale que de Charlemagne à Charles Quint les empereurs se passent de main et main. La Papauté veut et a la suprématie « catholique », c'est-à-dire universelle. Cet idéal est plus vivant que jamais, du moins en un sens : les Romains sont convaincus avec raison que le foyer le plus actif de l'Idée dans le monde c'est, avec Paris, Rome. Ils veulent qu'elle soit un centre attractif et expansif de civilisation supérieure, d'art, de beauté. Les romans de G. d'Annunzio, tels que *la Vierge aux Rochers*, les journaux, expriment constamment cette aspiration. Trois fois dans l'histoire ce fut une réalité. Voilà pourquoi la marche en avant, c'est ici de rattraper le passé.

En dehors même de l'intellectualité elle tend à être mondiale. Elle élève la voix dans « le concert des nations »; récemment (1906) elle se faisait la médiatrice entre deux puissances continentales et pendant trois mois ses diplomates ont presque tenu dans leurs mains la paix ou la guerre européenne. Elle recommence, quoiqu'avec prudence, le grand mouvement d'expansion des *coloni* de la Rome antique : ses nationaux, je veux dire les Italiens, dont Rome est la capitale, pullulent sur les rives de la Méditerranée et de

1. Graf, *Roma nelle immaginazione del Medio Evo*, I, p. 209.

l'Amérique, gardant en terre étrangère l'individualité civique dont la formule s'élabore à Monte Citorio et l'individualité politique qui les rattache au Quirinal. Étonnez-vous après cela que le mot de « mondial » encombre le langage et les journaux de Rome, comme le mot « Kolossal » chez les Allemands, et que l'expression « Romain et mondial » leur soit une synonymie familière.

Et dès lors que Rome est mondiale et éternelle, elle se blase et nous blase en un quart d'heure de l'Espace et du Temps. Le 11 mai 1906 la commission exécutive de la Chambre du travail proclamait par une affiche, au lendemain de la grève générale, que cette grande manifestation aurait des effets durables « nel tempo e nello spazio ». Même l'ouvrier, du fond de l'atelier étroit et obscur, voit ici les choses sous l'aspect de l'infinitude et de l'éternité ; les catégories de Kant leur sont devenues aussi habituelles que la généralisation l'était aux avocats de 1789, lesquels légiféraient et déclaraient les droits, non seulement pour les fils de Voltaire, mais pour l'Humanité. Comme le sol de Rome communique à certains, des pieds à la tête, le sens historique, il est très vrai que son air donne à la pensée des ailes et un vertige tournoyant.

*
* *

Le lieu de Rome où la pensée prend le plus spontanément cette envergure, c'est, me semble-t-il, au pied de la statue de Garibaldi sur le Janicule[1]. L'œuvre admirable de Gallori a surgi en 1895 comme la fleur subite de l'esprit national. C'est une statue équestre; il y en a beaucoup en Italie, surtout de Victor-Emmanuel. Presque toutes sont de mauvais goût, soit que le roi fût d'un physique peu sculptural, soit que le cheval se cabre avec emphase. Garibaldi, fantassin ou cavalier, a généralement mieux inspiré les artistes. Ici sa monture et lui ont une force aisée et sereine; ce n'est plus la lutte, encore moins la défaite : le vaincu de Mentana se repose dans un triomphe qui fut bien un peu le sien puisqu'il l'avait préparé et dans la contemplation du résultat qui est cette magnifique cité étalée sous les flèches du désir. Le groupe est d'un rythme tranquillement héroïque qui s'harmonise par les belles après-midi romaines avec le calme olympien des choses et la majesté de l'horizon.

Ce qu'il a de paisible ressort mieux par contraste avec les groupes belliqueux qui sont sous ses pieds : ces petits soldats piémontais vifs, nerveux, qui s'élancent avec une furie endiablée dans l'envolement de leurs plumes de coqs. Le haut piédestal rectangulaire, je ne sais quoi de viril dans l'ensemble m'avait rappelé le Colleoni de Venise. Tous les deux sont bien des condottières; mais le Vénitien n'est qu'un mercenaire à la mâchoire de fer, sa force crée le droit; Garibaldi, après avoir été le contrebandier du patrio-

1. Cf. le beau sonnet de Rom. Pantini (Antifonario, Vasto, 1905).

tisme, n'est plus ici que l'exécuteur d'une grande loi historique, le Destin fixé au bronze.

Le Destin, c'est que Rome, pour redevenir éternelle et mondiale, devait être italienne, nationale, et tout ensemble royale et pontificale. C'est pourquoi il n'y a sur la physionomie de Garibaldi ni colère ni insulte à l'égard du vaincu ; il fait face à la Porta Pia où entrèrent par une brèche les soldats piémontais le 20 septembre 1870 et regarde en se tournant légèrement le Vatican : mais son regard, s'il est ferme, reste grave, de cette gravité qui convient à la logique impersonnelle des événements. Comme la poésie est plus vraie que l'histoire, il a pris dans l'œuvre d'art l'expression qui sied, non à ce que fut Hier, mais à Aujourd'hui, à Désormais. Le temps n'est plus en effet, où Zola, debout sur le Janicule comme le prophète de la Rome moderne, vaticinait : fixant tour à tour le Palatin, le Quirinal, le Vatican, il immolait en des phrases hécatombales l'antiquité au moyen âge, le moyen âge chrétien et la Papauté à l'Italie nationale. Il n'y a point immolation, mais compromis : l'hérédité antique, Rome en est toute pénétrée, et quant aux deux pouvoirs qui lui parurent se défier du haut de leurs collines, elle leur reste attachée, à chacun en particulier et à tous deux ensemble bien qu'inégalement. Temporelle et spirituelle, sa vie est intégrale. La logique coupante qui mène l'esprit français n'habite point en cette ville si vieille et de si riche complexité morale : les « combinazione » y règnent, dont la vie et le bonheur (ici du moins) sont presque toujours faits.

Garibaldi a sous lui un quadruple piédestal. Sur le premier, granit gris et rose qui semble la cime sculptée de la colline, sont taillés en bas-reliefs un résumé du monde et les âges extrêmes qui rythment l'éternité de Rome : la cuirasse romaine voisine sur la frise avec la blouse garibaldienne, le casque du centurion avec le bonnet du condottière; près du sol la louve allaite les jumeaux qui ont fondé Rome pendant que là-haut le cheval porte celui qui l'a libérée. L'Amérique est assise sur une face avec l'Industrie et le Commerce, sur l'autre l'Europe avec l'Histoire et le Génie. Sous ces symboles immenses des couronnes d'immortelles et de fleurs fraîches sont posées, des petits bersagliers se rompent le cou à regarder là-haut leurs frères, immortalisés au granit; les automobiles s'arrêtent ou filent dans un teuf-teuf qui dégage comme une fumée de bataille; sur les pentes, les lauriers de la villa Corsini montent la garde, et le Soleil du crépuscule crible de gloire la statue, auréole le front de bronze et l'idée qu'il couve.

Le second piédestal, c'est la colline. Fier Janicule, qui porte la durée et émerge de l'étendue! Il a l'âge cosmogonique : à double visage comme Janus, il voit tous les jours le soleil naître et mourir sur chacun de ses côtés; il est l'écran de Rome et scande ses heures comme il domine son horizon. Il fut aussi sa citadelle contre la menace étrusque. A gauche de Garibaldi il porte l'église de Saint-Pierre où certains veulent que l'Apôtre soit mort, à droite Saint-Onuphre où repose le Tasse. Il connut encore les batailles en 1849 quand Oudinot prit la porte Saint-Pancrace. De tant de sainteté, de poésie et de gloire militaire il se repose aujourd'hui au frais et au vert; il n'entend plus que le sifflet des merles et le bruissement des eaux dans les jardins qui vont du bosco Parrhasio à l'Académie des « Arcades », à travers les lauriers Corsini et la promenade « Marguerite ». Seul un petit canon, aux pieds de Garibaldi, tonne encore le soir : il tonne le coucher du soleil, éternel et mondial.

Et sous le Janicule c'est le troisième piédestal, plus large encore, c'est Rome. Rome est là toute, en effet, Rome antique à droite, Rome moderne surtout étalée d'ici au Pincio, Rome de demain même, dont les blocs éclatants du Palais de Justice et les échafaudages du monument dédié à sa Fortune et au père de la Patrie proclament l'indéfectible orgueil.

Rome elle-même repose sur ses collines, et ses collines sur l'immense plaine du Latium, déterminée par les monts Étrusques, la Sabine, les monts d'Albe, les monts Volsques et la mer. Mais cet amphithéâtre d'où sont descendus les peuples qui ont fait Rome est à son tour traversé de vomitoires, les grandes trouées ou voies qui convergent ici de l'orbe illimité du monde : HAVE ROMA!

Je redescends le socle de Garibaldi, les pentes du Janicule, le pont du Transtevère. Décidément Venise est chatoyante, Florence exquise et fine, Pérouse et Assise suavement ombriennes, Naples voluptueuse, Palerme étrangement sarrasine dans ses bosquets des *Mille et une Nuits* : mais Rome est bien profonde! Du tuf primordial à la superficie que foulent les piétons elle superpose de l'indéfini, et dans le périmètre d'Aurélien elle circonscrit l'au-delà.

TABLE DES MATIÈRES

V

SUBURBANA

VI

DANS LA CAMPAGNE

VII

ÉTERNELLE ET MONDIALE......... 315

1423-06. — Coulommiers. Imp. PAUL BRODARD. — 12-06.

COLLECTION

DES GUIDES JOANNE

LES VOLUMES SONT CARTONNÉS EN PERCALINE GAUFRÉE

ET CONTIENNENT

UN GRAND NOMBRE DE CARTES ET PLANS

I. GUIDES FORMAT IN-16

POUR LA FRANCE ET L'ÉTRANGER

France, Algérie et Tunisie

ITINÉRAIRE GÉNÉRAL DE LA FRANCE

16 VOLUMES, QUI SE VENDENT SÉPARÉMENT

Paris (69 plans et 1 plan de Paris). 1 vol.	5 »
Environs de Paris (16 cartes et 22 plans). 1 vol.	7 50
Auvergne et Centre (12 cartes et 15 plans). 1 vol.	7 50
Bourgogne, Morvan, Jura, Lyonnais (12 cartes et 19 plans). 1 vol.	7 50
Bretagne (16 cartes, 12 plans). 1 vol.	7 50
Cévennes (9 cartes, 11 plans). 1 vol.	5 »
Corse (7 cartes, 3 plans). 1 vol.	6 »
Dauphiné (10 cartes, 6 plans, 1 panorama). 1 vol.	7 50
La Loire (5 cartes, 10 plans). 1 vol.	7 50
De la Loire aux Pyrénées (56 cartes, 23 plans). 1 vol.	7 50
Nord, Champagne et Ardenne (12 cartes, 34 plans). 1 v.	7 50
Normandie (41 cartes, 24 plans). 1 vol.	7 50
Provence (10 cartes, 24 plans). 1 vol.	10 »
Pyrénées (15 cartes, 17 plans, 6 vues à vol d'oiseau et 8 panoramas). 1 vol.	7 50
Savoie (51 cartes, 6 plans, 2 panoramas). 1 vol.	7 50
Vosges, Alsace et Forêt-Noire (63 cartes, 14 plans). 1 v.	7 50
Algérie et Tunisie (11 cartes, 23 plans). 1 vol.	12 »

Guide du Voyageur en France, par Richard. 5 vol. brochés.

I. *Réseau de Paris-Lyon-Méditerranée* (Bourgogne, Morvan, Bourbonnais, Forez, Lyonnais, Franche-Comté, Bresse, Savoie, Dauphiné, Auvergne, Provence, Corse. — 5 cartes, 27 plans). 1 vol. . . . . **4 »**

II. *Réseaux d'Orléans-Midi-État* (Orléanais, Touraine, Anjou, Poitou, Charentes, Vendée, Bordelais, Gascogne, Landes, Pyrénées, Périgord, Limousin, Cantal, Cévennes, Languedoc. — 4 cartes, 44 plans). 1 vol. . . . . **4 »**

III. *Réseau de l'Ouest* (Normandie, Bretagne, Maine et Perche. — 3 cartes, 33 plans). 1 vol. . . . . **3 »**

IV. *Réseau du Nord* (Picardie, Artois, Flandre, etc. — 1 carte, 13 plans). 1 vol. **2 50**

V. *Réseau de l'Est* (Champagne, Ardennes, Lorraine, Vosges, Belfort, Alsace. — 2 cartes, 16 plans). 1 vol. **2 50**

Étranger

Allemagne septentrionale, Copenhague, Saint-Pétersbourg, Moscou et Varsovie (49 plans, 12 cartes). 1 vol. . . . . **10 »**

Allemagne méridionale, Forêt-Noire, Tirol, Bavière, Autriche-Hongrie, Bosnie et Balkans (32 plans, 8 cartes). 1 vol. . . . . **10 »**

Belgique et Hollande (8 cartes, 36 plans). 1 vol. . . . **7 50**

Londres et ses Environs (36 plans, 6 cartes). 1 vol. **7 50**

Espagne et Portugal (6 cartes, 50 plans). 1 vol. . . . **10 »**

Italie et Sicile (7 cartes, 72 plans). 1 vol. . . . . . . **10 »**

Suisse (26 cartes, 15 plans, 4 panoramas). 1 vol. . . . **7 50**

De Paris à Constantinople (17 plans, 9 cartes, 1 panorama). 1 vol. . . . . **15 »**

Athènes et ses environs (8 cartes, 6 plans). 1 vol. . . **6 »**

Grèce continentale et Iles (17 cartes, 22 plans). 1 vol **20 »**

Égypte (7 cartes, 104 plans, 54 illustrations et 28 tableaux synoptiques). 1 vol. . . . . **20 »**

II. GUIDES DIAMANT
Format in-32, cartonné

Bretagne, les routes les plus fréquentées (11 cartes et 6 plans). 1 vol. . . . . **2 »**

Normandie, les routes les plus fréquentées (9 cartes, 5 plans). . . . . **2 »**

Paris (7 plans). 1 vol. **1 50**

Paris en anglais (en préparation).

Pyrénées, les routes les plus fréquentées (1 carte, 7 plans). 1 vol. **2 »**

Stations d'hiver (les) de la Méditerranée (7 cartes, 8 plans, 30 gravures). 1 vol. **3 50**

Suisse, les routes les plus fréquentées (8 cartes, 5 plans). 1 vol. **2 »**

III. MONOGRAPHIES

Format in-16, avec gravures et plans, broché.

PREMIÈRE SÉRIE A 50 CENTIMES

Angers.	musée Condé.	Lourdes.	Orléans et ses
Arles et les Baux.	Chartres.	Montpellier et	environs.
Avignon.	Châtel-Guyon et	ses environs.	Poitiers.
Blois.	Riom.	Mont Saint-Mi-	Reims.
Chamonix et la	Dijon.	chel (Le).	Tours.
vallée de Cha-	Gérardmer.	Nancy.	Valence et ses
monix.	Le Havre.	Nantes.	environs.
Chantilly et le	Lisieux.	Nîmes.	

DEUXIÈME SÉRIE A 1 FRANC

Aix-les-Bains et envi- rons.	Royat, Thiers. Issoire et Pontgibaud.	Musées de Paris.
Ajaccio.	Compiègne et Pierre- fonds.	Nice, Beaulieu, Mo- naco et environs.
Alger.		Pau.
Arcachon.	Contrexéville, Vittel,	Plombières, Bains,
Bagnères-de-Bigorre.	Martigny, Bourbonne- les-Bains.	Luxeuil et Bussang.
Bagnères-de-Luchon.		Rouen.
Biarritz, Bayonne, St- Jean-de-Luz et envi- rons.	Dax.	Royan
	Dieppe et le Tréport.	Saint-Malo, Dinard.
	Fontainebleau et la Forêt.	St-Raphaël et l'Esterel.
Bordeaux.		Saint-Sébastien et ses
Boulogne.	Genève et ses envi- rons.	environs.
Bruxelles et ses envi- rons.	Iles anglaises de la Manche.	Toulon, Hyères et les Maures.
Caen, Bayeux et les environs.	Liège.	Toulouse.
	Lyon.	Trouville et ses envi- rons.
Cannes Antibes, Grasse et environs.	Marseille.	
	Menton.	Tunis et ses environs.
Cauterets et ses envi- rons.	Milan (en préparation).	Versailles.
	Le Mont-Dore et la Bourboule.	Vichy.
Clermont-Ferrand,		

Monographies en anglais :
Aix-les-Bains. — Biarritz. — Cannes. — Menton. — Nice. — Pau.
Monographies en allemand : Menton. — Nice.

TROISIÈME SÉRIE A 2 FRANCS

Grand-Duché de Luxembourg. Un vol.
Les Plages de la Bretagne de Brest à Saint-Nazaire. Un vol.

Rome et ses environs, 17 grav., 18 plans, 1 grand plan
de Rome, 1 plan des environs. Un vol. cartonné. .   2 50

JOANNE (P.) : **Géographies départementales de la
France et de l'Algérie.** 88 vol. in-16 cart. :

La description de chaque département, accompagnée d'une
carte et de gravures, et suivie d'un dictionnaire alpha-
bétique des communes, se vend séparément. . . . .   1 »
Le département de *la Seine*. Un vol. 1 50
L'Algérie. Un vol. 1 50

SUR ROUTE Tout ce qu'il faut voir en France.
Atlas-Guide de poche pour : *Cyclistes, Automobilistes, Touristes.*
Cet Atlas-Guide contient 36 cartes imprimées en 4 couleurs, la
nomenclature de toutes les villes principales et de tous les centres
d'excursions, ainsi que toutes les curiosités à visiter en France.
Un vol. in-16, relié percaline. 3 50

IV. GUIDES ET CARTES

POUR LES VOYAGEURS, PAR DIVERS AUTEURS

Rochegude (Marquis de) : *Guide pratique à travers le vieux Paris*. Maisons historiques et curieuses; anciens hôtels pouvant être visités en trente-trois itinéraires détaillés. 3ᵉ édition revue. Un vol. in-16, cart. percaline. . . . . 5 »

Cartes départementales de la France et de l'Algérie. 88 cartes en couleurs, pliées et cartonnées format de poche, chaque carte. . . . . 50 c.

Plan de Paris, imprimé en couleurs, plié et cart. . . 2 »

Le même, collé sur toile, plié et cartonné ou avec gorge et rouleau. 4 50

Carte de France, dressée sous la direction de M. *Vivien de Saint-Martin,* à l'échelle de 1/1 250 000, indiquant le relief du sol, les voies de communication, les chemins de fer, les routes et canaux, les divisions administratives, etc. 1 feuille. . . . . 3 »

   La même carte, montée avec gorge et rouleau. . 5 »

Nouvelle Carte de France au 1/100 000, dressée par le service vicinal, par ordre du Ministre de l'Intérieur. 587 feuilles en couleurs. Chaque feuille. . 80 c.

   Chaque feuille pliée et cartonnée. 1 05

Carte de France extraite de l'*Atlas de Géographie moderne* de Schrader, une feuille en coul. (63×90). 2 »

   Pliée et cartonnée. . . . . 3 »

Carte des Chemins de fer français, avec l'indication de toutes les stations, les buffets, etc., pliée et cart. 1 50

Carte des environs de Paris, au 100 000ᵉ, collée sur toile et pliée. . . . . 3 »

Carte des environs de Paris (est), pliée et cartonnée. 1 05

Carte des environs de Paris (ouest), pliée et cart. . . 1 95

Carte des environs de Paris, au 400 000ᵉ dans un rayon de 80 kilomètres, à l'usage des Cyclistes et les Automobilistes, par MM. *F. Schrader et Anthoine,* pliée. 1 »

Environs de Paris, 4 cartes réglées par Becherel, pliées et cart. . . . . 4 »

Carte de la Forêt de Fontainebleau et de ses environs, pliée et cartonnée. 1 05

Carte de Saint-Malo et de ses environs, pliée et cart. 2 50

    Ces dernières cartes sont extraites de la carte de France au 1/100000 dressée par le service vicinal, sous la direction de M. Anthoine, ingénieur.

Carte de l'Algérie, dressée à l'échelle de 1/1 600 000, par le commandant *Niox,* d'après les documents publiés par le Ministre de la guerre, et des travaux inédits. 1 feuille. . . . . 2 »

www.ingramcontent.com/pod-product-compliance
Ingram Content Group UK Ltd.
Pitfield, Milton Keynes, MK11 3LW, UK
UKHW022324090726
13658UKWH00001B/56